Oscar Marcel Hinze/Theodora Hugentobler

DER LICHTWEG DES SĀṂKHYA

Veröffentlichung der
Akademie für Phänomenologie und Ganzheitswissenschaft

Im Weinberg 12, D-78345 Moos-Weiler

Oscar Marcel Hinze/Theodora Hugentobler

DER LICHTWEG DES SĀṂKHYA

In Vorträgen dargestellt von O. M. Hinze,
vom Tonband niedergeschrieben und redigiert von Th. Hugentobler

Akademie für Phänomenologie und Ganzheitswissenschaft
Moos-Weiler/Bodensee

1. Auflage 1996

Herausgeber: Akademie für Phänomenologie und Ganzheitswissenschaft

Textaufbereitung DTP
und Layout: Theodora Hugentobler, Moos/Weiler (D)

Illustration Umschlag: Dominique Dégranges, Zürich (CH)
Koordination und Lithoarbeit: Studio Meurer, Olsberg (CH)

Druck und Ausrüstung: Boehm-Hutter AG, Reinach (CH)

ISBN 3-9521049-1-4

INHALT

VORWORT

Diesem Buch liegt die Niederschrift eines Wochenseminars mit dem Titel: *Der Weg des Sāṃkhya* zugrunde, gehalten von Oscar Marcel Hinze im Internationalen Kulturzentrum Achberg im Jahre 1989.

Wie kam es zu diesem Buch?

Sāṃkhya hat, seit ich es in den siebziger Jahren kennenlernte, immer eine starke Anziehung auf mich ausgeübt, gibt es doch, unter anderem, einen speziellen Schlüssel zum Verständnis des vielschichtigen Wesens des Menschen, angefangen mit seinem unvergänglichen Wesenskern, seinem PURUṢA, über sämtliche geistigen und psychischen Bereiche bis hin zu seiner grobstofflichen Einbindung in der Welt. *Diese* Tagung nun erwies sich als speziell unter dem PURUṢA-Thema stehend. Immer wieder machte sich das besondere *Licht*, das mit dem PURUṢA verbunden ist, bemerkbar und es ergaben sich Momente einer fast »greifbaren« PURUṢA-Nähe. Im Anschluß an das Seminar begann ich einige dieser Abschnitte, die ich die »Durchbruch-Stellen« nennen möchte, vom Tonband niederzuschreiben. Durch das langsame Schreiben dessen, was als gesprochenes Wort so schnell vorübergeht, geschah es, daß ich unvermittelt »in die Tiefe« gelangte und die einzelnen Zusammenhänge viel deutlicher vor mir sah. Dabei kam mir auch dieses spezifische *Licht*, das bereits während der Tagung wirksam gewesen war, wieder daraus entgegen und entfaltete eine wohltuende Ruhe und Gelassenheit. Auch fühlte ich eine gewaltige transformierende *Kraft* davon ausgehen. Schließlich hatte ich dutzende Seiten vor mir, und es verdichtete sich in mir die Idee, ein *Buch* daraus zu machen, um diese Sāṃkhya-Juwelen auch einem größeren Freundeskreis zur Verfügung zu stellen. Dafür mußten diese Texte aber in einen umfassenderen Sāṃkhya-Kontext gestellt werden.

Also vervollständigte ich die Niederschrift dieses Seminars und begann anschließend, sie nach Themen zu gliedern, wobei ich die im Kurs gegebene, aus dem

Moment heraus entstandene Reihenfolge – dazu gehören auch Zwischenbemerkungen und Fragen von Seminarteilnehmern, soweit sie von allgemeinem Interesse sind – nach Möglichkeit erhalten wollte. Dennoch erwiesen sich gewisse Umstellungen als sinnvoll. Einige Abschnitte, die mehr zur Peripherie des Ganzen gehörten, wurden dabei weggelassen. Einige inhaltliche Wiederholungen wiederum (bedingt dadurch, daß der Text ursprünglich auf das gesprochene Wort zurückgeht), die vom Inhalt her im Sāṃkhya von zentraler Bedeutung sind, wurden mit Absicht stehengelassen, weil ich die Erfahrung machte, daß durch die neue Formulierung eines bestimmten Sachverhalts sich die Möglichkeit auftun kann, plötzlich etwas zu sehen, was bisher noch verborgen war ...

Die nächste Phase der Arbeit bestand darin, in mehreren Arbeitsdurchgängen das ursprünglich gesprochene Wort für eine schriftliche Publikation stilistisch in eine geeignete Form zu bringen – möglichst ohne dabei zuviel von der Lebendigkeit der Sprache und der Originalität des Ausdrucks zu verlieren. Dazu gehörte auch, daß ich die Ich-Form des Erzählers (Oscar Marcel Hinze), der zu den Menschen im Seminarraum spricht, übernommen habe.

Das Erstaunliche bei der Arbeit an diesem Buch war, daß ich immer wieder, wenn ich mich in den Text vertiefte, von neuem von diesem wohltuenden Licht überrascht wurde ...

Im Herbst 1992 schließlich, nachdem ein Jahr zuvor das Buch »Kosmologische Betrachtungen zur Chymischen Hochzeit Christiani Rosencreutz anno 1459« im Druck erschienen war, wurde endgültig beschlossen, als nächstes dieses Sāṃkhya-Buch herauszugeben, und Marcel als Urheber dieser Tagung über Sāṃkhya wurde hinzugezogen, um das Ganze zu prüfen. Es stellte sich heraus, daß doch noch viel mehr an den Texten zu arbeiten war, als ich in meiner ursprünglichen Begeisterung gedacht hatte. Um es kurz zu machen: Einige Kapitel mußten umgeschrieben oder neu geschrieben, einige Abschnitte ergänzt oder erweitert werden. Entweder ergriff

Marcel spontan die Feder, oder wir besprachen bestimmte Probleme miteinander und ich unternahm einen neuen Schreibversuch, wobei es sich auch als nötig erwies, daß ich mich noch tiefer in das Sāṃkhya-Thema und angrenzende Gebiete einarbeitete. Durch verschiedene andere Aktivitäten mußte diese Arbeit aber immer wieder unterbrochen werden, so daß der ganze Prozeß schließlich länger dauerte, als wir zuerst angenommen hatten. Beinahe hätte die Fertigstellung des Textes in seinen Grundzügen im Frühling 1994 geklappt ... Nun, inzwischen hat das Buch nochmals einen neuen Reifeprozeß durchgemacht. Auch sind seither einige wertvolle Ergänzungen hinzugekommen: Fragmente aus drei Sāṃkhya-Wochenenden im Rahmen der Schule für Polarity in Zürich (Frühsommer 1994), sowie Teile aus der Achbergtagung 1994: *Platon, Plotin und die Sāṃkhya-Philosophie*.

Man könnte dieses Buch tatsächlich als eine Sammlung von Fragmenten zum Thema Sāṃkhya betrachten, wobei sich dennoch ein roter Faden durch das ganze Buch hindurchzieht. Das beinhaltet u.a. auch, daß die einzelnen Kapitel inhaltlich auf den vorangegangenen aufbauen. Vieles wurde im großen und ganzen so gelassen, wie es im Vortrag gesagt wurde und im Kontext des Kurszusammenhanges in der Gemeinschaft aller Zuhörer – die zum Teil in früheren Jahren schon viele Achbergtagungen und Wochenendseminare mitgemacht hatten – auch gesagt werden konnte, weil an Themen angeknüpft wurde, die bereits in früheren Vorträgen sorgfältig aufgebaut und besprochen worden waren. Außerdem bestand während des Seminars immer die Möglichkeit, Fragen zu stellen ... Bei der *schriftlichen* Darstellung seiner gesprochenen Vorträge, die ja auch bisher unbekannte Menschen erreichen wird, entstand für Marcel unwillkürlich das Bedürfnis, aufgeworfene Themen erkenntnistheoretisch etwas mehr abzurunden oder noch einige ergänzende Kommentare einzufügen, u.a. auch deswegen, um gewisse apodiktisch erscheinende Aussagen so möglich noch kurz zu begründen. Dies aber wurde dennoch an vielen Stellen bewußt unterlassen, um die Herausgabe des Buches nicht weiter zu verzögern. Wir lassen es jetzt in dieser Form erscheinen, im Vertrauen darauf, daß der Leser seinen Inhalt zunächst einfach so aufzunehmen versucht, wie er sich hier präsentiert, mit der Aufforderung, alles nach und nach im eigenen Leben zu prüfen. Für manche Leser, die noch keine Seminare von O.M. Hinze »life« mitgemacht haben, mag dieses Buch vielleicht einen »Sprung ins kalte Wasser« bedeuten, werden doch manchem, der sich wach und bewußt mit dem Text auseinandersetzt, unweigerlich Fragen kommen, auf die er nicht sofort eine Antwort bekommt. Einen solchen Leser möchte ich beruhigen mit dem Hinweis, daß auch das ursprüngliche Sāṃkhya-Schrifttum dem damaligen Leser keineswegs auf Anhieb einen glasklaren Text vermittelte ... Ein wiederholtes Lesen und Sich-Einleben in die besonderen »Spezialitäten« der Sāṃkhya-Philosophie waren auch damals vonnöten, um zu einem klaren Verständnis dieser Sache zu gelangen.

Vor allem sollten die Texte in diesem Buch meditativ, nicht nur intellektuell-informativ gelesen werden. Es empfiehlt sich, in Ruhe bei den Inhalten zu verweilen und sie sich anschaulich vorzustellen – nur so kommt man in die Sāṃkhya-Atmosphäre hinein und in das spezifische *Licht-Erleben*. Es geht letzten Endes nicht um Worte – es geht darum, mit wenigen Begriffen dahin zu kommen, die Dinge zu *erleben*, eigene *Erfahrungen* zu machen und dadurch selber immer mehr an Boden zu gewinnen.

Zum Schluß: Aus terminologischen Gründen haben wir die wichtigsten *Sāṃkhya-Begriffe* in der Originalsprache Sanskrit belassen. Im Text werden die Bedeutungen dieser Begriffe erläutert. In diesem Zusammenhang möchte ich auch auf den Index am Ende des Buches aufmerksam machen, mit dessen Hilfe sich entsprechende Textstellen leicht auffinden lassen.

An dieser Stelle möchte ich den vielen Freunden, die dazu beigetragen haben, daß dieses Buch seine endgültige Form finden konnte, ganz herzlich danken!

Moos-Weiler, im Oktober 1995
Theodora Hugentobler

»Many years ago when I met the great Gopinath Kaviraj for the first time in Varanasi, he inquired about my work. I commented that I was working on one of the ancient systems of Indian philosophy, namely the Sāṃkhya. He impatiently waved his hand to interrupt me. ›Sāṃkhya‹, he said, ›is not *one* of the systems of Indian philosophy. Sāṃkhya *is* the philosophy of India!‹«*

Gerald James Larson, Januar 1987. Aus dem Vorwort zu *Encyclopedia of Indian Philosophies, Vol. IV, Sāṃkhya.*

* »Vor vielen Jahren, als ich den großen Gopinath Kaviraj das erste Mal in Varanasi traf, erkundigte er sich über meine Arbeit. Ich führte aus, daß ich an einem der alten Systeme indischer Philosophie arbeitete, nämlich an Sāṃkhya. Er winkte mit seiner Hand ungeduldig ab, um mich zu unterbrechen. ›Sāṃkhya‹, sagte er, ›ist nicht *eines* der Systeme indischer Philosophie. Sāṃkhya *ist* die Philosophie Indiens!‹«

ophie Indiens, der es von Grund auf um die Er-
nweises, geistiges Erfassen und Durchdringen der
pien«, im Sāṃkhya TATTVAS genannt, wurde der
r höchsten »unterscheidenden Erkenntnis«, wie die
nannt wird, hingeführt. Wer die 25 TATTVAS kennt,
ung.*

m Brahmanismus heraus entwickelt, jener Religion,
Offenbarung des VEDA entstanden war.** Bereits
gen seiner letzten Teile, d.h. in bestimmten UPANI-
en Epos MAHĀBHĀRATA, finden wir grundlegende
er Indologe Helmuth von Glasenapp vermutet m.E.
rsprünglich zur UPANIṢADEN-Zeit als ein neuer Er-
MAN-Forschung*** herausgebildet hat. Seine erste
philosophische Schulrichtung erhielt das Sāṃkhya

en Sāṃkhya – spricht man meist von MOKṢA oder MUKTI,
Erlösung«. Wir benützen anstelle davon sehr oft den Begriff
ung (BODHI) wird vorwiegend im Buddhismus verwendet.

nd fällt in Indien unter den Begriff ŚRUTI: »das, was gehört
tliche Wort. Die brahmanische ŚRUTI fand ihren schriftli-
usammenfassend auch »der VEDA« genannt. ŚRUTI wurde
hl von ṚṢI = »der Seher«). Der Veda genießt in Indien

das unvergängliche Selbst im Menschen und entspricht in
das Wort PURUṢA ausgedrückt wird. In der offiziellen Dog-
als Synonyme.

tungsweg des Sāṃkhya bestand darin, zu diesem individuellen PURUṢA als seinem *eigentlichen Ich* vorzustoßen und in vollem Bewußtsein eins mit ihm zu werden. Die ur-individuellen PURUṢAS der einzelnen Menschen wurden im Sāṃkhya von Kapila aber nicht isoliert von dem einen großen Ur-PURUṢA gesehen, sondern der große Gottes-PURUṢA machte nach wie vor den Hintergrund aus für diese PURUṢAS der einzelnen Menschen, dem sie alle integrierend angehören, und wenn ein Mensch über seinen ur-individuellen PURUṢA zur Erleuchtung kam, dann wurde er zugleich auch eins mit dem kosmischen Gottes-PURUṢA.

Dieses ursprünglich theistische Sāṃkhya wandelte sich später in ein *atheistisches* Sāṃkhya. Die Einbindung der PURUṢAS der einzelnen Menschen in den großen, kosmischen PURUṢA wurde »vergessen«, und irgendwann wurde der Gottes-PURUṢA sogar ganz fallengelassen. Ab jetzt sah und betrachtete man nur noch den einzelnen Menschen und seinen individuellen PURUṢA.* Dieses Sāṃkhya ist bekannt geworden als das *klassische Sāṃkhya*. Wir nennen dieses Sāṃkhya hier manchmal auch »reduziertes Sāṃkhya«, weil es den großen, kosmischen PURUṢA nicht mehr berücksichtigt. Die älteste unversehrte Schrift, die uns über Sāṃkhya erhalten geblieben ist, stammt aus dieser Zeit. Es ist die SĀṂKHYA-KĀRIKĀ von ĪŚVARAKṚṢṆA (vermutlich um die Mitte des 5. Jahrhunderts n. Chr.). Darauf gründet die meiste heute erhältliche Literatur über Sāṃkhya. Die SĀṂKHYA-KĀRIKĀ behandelt in kurzen Merksätzen das klassische Sāṃkhya. Wie wir aber noch sehen werden, setzt selbst die SĀṂKHYA-KĀRIKĀ für den aufmerksamen Leser – zwar ohne Worte, dennoch »plastisch« greifbar und unausweichlich zwingend – den kosmischen PURUṢA voraus. Ohne diese nonverbale Einbindung des kosmischen PURUṢA in das klassische Sāṃkhya-System der 25 TATTVAS ist selbst die SĀṂKHYA-KĀRIKĀ in sich nicht schlüssig ...

---

* Eine Bestätigung dieser Gedanken ist bei J.W. Hauer: *Der Yoga*, auf S. 298, zu finden.

Indien kennt ohne weiteres atheistische Strömungen. Der Atheismus in Indien ist aber nicht unbedingt ein Atheismus in unserem westlichen, materialistischen Sinne. In Indien kennen sowohl theistische, wie gewisse atheistische Schulrichtungen Erleuchtungswege – die Erleuchteten beider Richtungen sehen *das, was ist.* In einem solchen Atheismus wird über Gott zwar nicht gesprochen, doch kommt dieser trotzdem voll zum Zuge. Die Frage erhebt sich, ob das klassische Sāṃkhya einen Atheismus im letztgenannten Sinne darstellt. Ich meine: ursprünglich »ja«. Ein solcher »Atheismus« ist gewissermaßen lediglich ein »dialektischer«, nicht ein »wesentlicher« Atheismus. Es gibt Menschen, die *nur* so zu Gott finden. Aber – ich habe den Eindruck, daß es nicht dabei blieb, sondern daß – fatalerweise – das klassische Sāṃkhya auf die Dauer zu einem »wesentlichen« Atheismus umschlug. Das ist fatal, und zutiefst tragisch.

Dennoch: Als atheistischer Erleuchtungsweg, der uns zu *dem* führt, *was ist,* ist der Weg des klassischen Sāṃkhya auch für uns heute spirituell hochwertig. Es scheint aber, daß mit dem Erkenntnisweg eines atheistischen Sāṃkhya eine ganz bestimmte Gefahr verbunden ist – eine echte Falle –, die man aber sehr wohl durchschauen und bestehen kann und auch bestehen soll. Noch vor der letzten Stufe dessen, was die volle Erleuchtung ausmacht, wodurch man eins wird mit dem individuellen PURUṢA und dadurch – theistisch ausgedrückt – auch mit Gott, stellt sich der Widersacher auf die hintersten Beine, um uns mit aller ihm zur Verfügung stehenden Macht von dieser höchsten Befreiung abzuhalten, und – es droht eine gewaltige Versuchung. Wenn man dieser erliegt, hat man – wie es scheint – das Weltall zu seinen Füßen, man ist groß, mächtig und strahlend – wie Luzifer – und hat doch gerade das Entscheidende verpaßt! Diese Gefahr besteht für Menschen, die einen *theistischen* Erleuchtungsweg gehen, in weitaus geringerem Ausmaß. Wenn man durchdrungen ist von der Größe und Liebe des Gottes-PURUṢA und voller Hingabe (BHAKTI) auf ihn gerichtet ist, so wird man an dieser Schwelle zur Erleuchtung keiner luziferischen Verblendung erliegen.* Wir werden deshalb in diesem Buch zwar immer wieder auf das klassische Sāṃkhya Bezug nehmen, halten uns aber dabei vom Wesen her an das »ursprüngliche« Sāṃkhya.

Nachdem das Sāṃkhya zur vollen Blüte gelangt war, setzte ungefähr ab der Mitte des 1. Jahrtausends n. Chr. sein Untergang ein. Was ist mit dem Sāṃkhya passiert? Irgend etwas ist m.E. schiefgelaufen. Große Fragen sind damit verbunden. Könnte vielleicht die Reduzierung von einem »umfassenden«, Gott-orientierten Sāṃkhya auf ein atheistisches Sāṃkhya Ausdruck einer luziferischen Entgleisung und damit der tiefere Grund dafür gewesen sein, daß das Sāṃkhya als lebendige Strömung später unterging?

Die Sāṃkhya-Schriften inspirierten aber im Laufe der Jahrhunderte immer wieder Philosophen dazu, sich mit ihnen auseinanderzusetzen. Auf diese Weise entstanden bis ins 18. Jh. hinein neue Kommentare zur Sāṃkhya-Philosophie. Besonders zu erwähnen in diesem Zusammenhang ist VIJÑĀNABHIKṢU, durch den im 16. Jh. eine Art Sāṃkhya-Renaissance zustande kam. Das Sāṃkhya beeinflußte auch nachhaltig die verschiedenen Schulen Indiens. Überall wurden z.B. die Kosmologien auf die Art und Weise, wie Sāṃkhya sie eingeführt hatte, dargestellt. Gerald James Larson führt in diesem Zusammenhang – anknüpfend an ein Gespräch mit dem inzwischen verstorbenen, großen Tantra-Gelehrten Gopinath Kaviraj – aus, daß Sāṃkhya einen bemerkenswerten Einfluß auf beinahe jede Phase der indischen Kultur und Gelehrsamkeit hatte. »Philosophie, Mythologie, Theologie, Gesetz, Medizin, Kunst und die verschiedenen Traditionen des Yoga und Tantra wurden beinflußt

---

* Das Wesen des BHAKTI-Yoga ist die Hingabe an den Herrn (ĪŚVARA), den Gottes-PURUṢA. In der BHĀGAVATA-PURĀṆA unterstreicht Kapila die Wichtigkeit des BHAKTI-Yoga für den Sāṃkhya-Weg.

durch die Kategorien und Grundbegriffe des Sāṃkhya.«* So lebte das Sāṃkhya auch weiter in den *ĀGAMAS*, den Schriften des Tantrismus, in denen im Grunde sowohl die Lehren des Sāṃkhya und des Yoga, wie gar auch des Advaita-Vedānta integriert zusammenwuchsen. Es ist vornehmlich diese Literaturgattung, aus der Sir John Woodroffe das Grundmaterial für seine Forschungen bezog. Dabei waren es insbesondere die sogenannten *ŚĀKTA*-ĀGAMAS der ŚAKTI-Verehrer – eine der drei Hauptströmungen des Tantrismus – die von ihm untersucht wurden.** Innerhalb des Śāktaismus wiederum gibt es drei Hauptstufen, als deren höchste die *KAULĀCĀRA* betrachtet wird. Zu ihr gehört als eine der führenden Schriften das *KULĀRṆAVA-TANTRA*, in dem die öfters von mir erwähnte Lehre der *36 TATTVAS* ihren Ort hat.***

Ich nenne das System der 36 TATTVAS auch kurz »das tantrische Sāṃkhya«. Das klassische Sāṃkhya hingegen arbeitet ausschließlich mit 25 TATTVAS. Wir dürfen hier sagen: »mit *den* 25 TATTVAS«! Denn es sind »*die* 25 TATTVAS«, welche das System des klassischen Sāṃkhya bilden. Sie sind dadurch ausgezeichnet, daß sie diejenigen TATTVAS sind, wodurch sich der grundlegende *Erleuchtungsprozeß* vollzieht. Die 36 TATTVAS des tantrischen Sāṃkhya setzen sich einmal zusammen aus diesen 25 TATTVAS des klassischen Systems, wie zusätzlich auch aus 11 weiteren TATTVAS, deren Existenz ich persönlich auffasse als die Forschungsergebnisse tantrischer Yo-

---

* G.J. Larson: Vorwort zu *Encyclopedia of Indian Philosophies, Vol. IV, Sāṃkhya.*

** Sir John Woodroffe ist bekannt geworden unter dem Pseudonym *Arthur Avalon*. Durch seine zahlreichen Publikationen hat er das Tantra in den Westen gebracht.

*** Mit – frühestens – dem 1. Jahrhundert n. Chr. nahm die Entstehung der verschiedenen tantrischen Schulrichtungen ihren Anfang. Ab der damaligen Zeit – zumindest bis ins 18. Jahrhundert hinein – entstanden immer wieder neue TANTRAS, wie die Schriften der Tantriker auch genannt werden. Was die Datierung des KULĀRṆAVA-TANTRA anbelangt, so nimmt man an, daß es frühestens ab dem 8. Jh. entstanden sein kann.

gins höchster Vollkommenheitsstufe. Die Tantriker stellen mit Hilfe dieser TATTVAS ihre Kosmologie dar, ihr eigentlicher Weg zur Erleuchtung ist aber ein *MANTRA-Yoga*-Weg*.

In der Zeit übrigens, als Sāṃkhya als lebendige Strömung aufhörte zu existieren, fing der Zen-Buddhismus an, sich mächtig zu entfalten, und es scheint mir manchmal, als ob »hinter den Kulissen«, in der inneren Geistesverfassung der Welt, ein direkter Zusammenhang zwischen dem Untergang des Sāṃkhya und der Entstehung des Zen-Buddhismus besteht, so daß man fast den Eindruck haben könnte, daß der Sāṃkhya-Impuls in verwandelter Form zum Teil im Zen-Buddhismus weiterlebt. Könnte es sein, daß der Zen-Buddhismus teilweise als eine fortgeschrittene Metamorphose des Sāṃkhya in Erscheinung getreten ist? Im Sāṃkhya werden u.a. Fragen und Probleme aufgeworfen, ähnlich den KÔANS im Zen-Buddhismus: »unlösbare Rätsel«, womit Durchbrüche zur Erleuchtung provoziert werden sollen. Wir werden deswegen in diesem Buch manchmal auch von SĀṂKHYA-KÔANS sprechen.

---

* MANTRAS sind sakrale Klänge, Silben, Wörter von großer innerer Kraft, durch die der Yogin in Kontakt kommt mit dem Göttlichen. Mehr zum Thema MANTRA siehe O.M. Hinze: *Tantra Vidyā*, S. 115 f. und 145 f.

SĀṂKHYA – YOGA

An dieser Stelle sei kurz auf die Verbindung zwischen Sāṃkhya und Yoga hingewiesen. Sāṃkhya und Yoga bildeten früher einmal *eine gemeinsame Schule*, die aus den zwei Disziplinen *Sāṃkhya* und *Yoga* bestand, welche beide ihren eigenen Erleuchtungsweg begründeten.

Sāṃkhya und Yoga gehören zu den sogenannten »sechs DARŚANAS«, gewöhnlich »die sechs orthodoxen Philosophieschulen« genannt. Das Wort »DARŚANA« geht zurück auf die Wurzel »DṚṢ«, was »sehen«, wie auch »gesehen werden« bedeutet und u.a. übersetzt wurde mit den englischen Ausdrücken »views«, »ways of seeing things«, von Glasenapp mit »Anschauungsweisen, »Betrachtungsweisen« wiedergegeben.*

Die »sechs DARŚANAS« als die »sechs orthodoxen Philosophieschulen« weisen auf sechs verschiedene Ausgangspunkte in der Betrachtung der einen Wirklichkeit hin und begründeten damit gleichzeitig sechs, u.a. temperament- und charakterbedingte Wege, auf welchen ein Mensch zur *Erfahrung* dieser Wirklichkeit kommen kann. Die jeweiligen Wege unterscheiden sich zum Teil erheblich, was zur Folge hatte, daß immer wieder – wenn auch nur auf intellektueller Ebene – die eine Schule Polemik gegen eine andere getrieben hat und zum Teil auch heute noch treibt. Ich glaube aber nicht, daß wahre Erleuchtete aller Zeiten sich im Ernst an solchen Polemiken beteiligten – daß vielmehr spiritueller Einklang zwischen ihnen herrschte, auch wenn sie den verschiedensten unter diesen sechs DARŚANAS angehörten.

---

* Überall, wo mehrere, verschiedene, aber dennoch vollgültige Sicht- und Darstellungsweisen zum selben Thema möglich sind, könnte man von »DARŚANAS« sprechen. Es ist die Schöpfung selbst, die Anlaß zu sehr verschiedenen »DARŚANAS« gibt, was mich dazu bewegt, ganz allgemein von einem »DARŚANA-*Prinzip*« zu sprechen.

Eine interessante Sicht zu diesem Thema findet ihren Ausdruck in dem bereits erwähnten KULĀRṆAVA-TANTRA. Hierin sagt ŚIVA zu seiner Gattin PARVATI: »Die sechs DARŚANAS sind Glieder meines Leibes; wer sie abtrennt, zerschneidet meinen Körper.« Diese Aussage dürfen wir wohl als die spirituell legitime Wahrheit bezüglich der inneren Einheit der sechs DARŚANAS betrachten.

Die sechs DARŚANAS sind paarweise miteinander verbunden, wodurch sie sich in drei Achsen gruppieren:

1. MĪMĀṂSĀ – VEDĀNTA
2. *SĀṂKHYA* – *YOGA*
3. NYĀYA – VAIŚEṢIKA

Die philosophischen Schulen entstanden, grob genommen, ab dem 6. Jh. vor Chr. Das Sāṃkhya von Kapila ist aber noch etwas älter; es entstand, wie bereits erwähnt, rund im 7. Jh. vor Chr. Die Entstehung der sechs DARŚANAS ist Ausdruck eines großen, mächtigen weltweiten Impulses, wodurch ein neuer Schub in der Individualisierung des Menschen und in der Entwicklung seines selbständigen Denkens ausgelöst wurde. Die sechs DARŚANAS anerkennen zwar uneingeschränkt den Veda – das macht ihre »Orthodoxie« aus –, gehen jedoch eigenständige Wege in der Wahrheitssuche. Geschichtlich rückblickend kann man sagen, daß der Impuls, der damals in die Welt kam, eine neue Ära in der Menschheit begründete, indem er nach und nach ein ganz neues Ich- und Lebensgefühl entstehen ließ. Weitere Begründer und Träger dieses neuen Impulses in jener Zeit waren Buddha in Indien, Zarathustra in Persien, Laotse und Konfuzius in China. Im Westen haben wir diese Entwicklung in der Gestalt der alten griechischen Philosophie kennengelernt. Zu erwähnen sind u.a. die Vorsokratiker, wie etwa Thales von Milet, Anaximander, Anaximenes, Pythagoras, Parmenides und Heraklit – um einige der wichtigsten Geistesriesen aus dieser Epoche zu nennen.

Das Wort »YOGA« bedeutet an erster Stelle: »Verbindung«. Yoga ist, theistisch formuliert, die Verbindung, die Vereinigung mit Gott. Die atheistische Formulierung lautet: Verbindung oder Vereinigung mit dem tiefsten, bzw. höchsten unsterblichen Selbst. Die Bedeutung des Wortes »Yoga« ist aber auch dynamisch aufzufassen im Sinne von »anschirren«, »anspannen«. Gemeint ist damit, all unsere Wesensteile an den PURUṢA »anzuschirren«. Das fängt damit an, daß wir versuchen, auf eine bestimmte Weise diszipliniert mit uns umzugehen, d.h. uns zu zügeln in unseren äußeren und inneren Aktivitäten. Das Wort für «Gezügelt-Sein« heißt im Sanskrit: »YUKTA«. YUKTA stammt von der Wurzel »YUJ« ab, auf die auch das Wort YOGA zurückgeht. Jeder Weg, der systematisch zur Erleuchtung führt, ist im Grunde ein Yoga-Weg. Wenn Sāṃkhya nicht als eine bestimmte Philosophie oder Weltanschauung, sondern als Erleuchtungsweg genommen wird, so ist auch Sāṃkhya eine Form von Yoga, wir könnten dann mit Recht von »Sāṃkhya-Yoga« sprechen. Sowohl im klassischen Yoga – der schriftlich niedergelegt ist im YOGA-SŪTRA des PATAÑJALI –, als auch im Sāṃkhya-Yoga geht es letzten Endes um die unterscheidende, ganz spezifische Erkenntnis, um das »Erwachen«, wie die Erleuchtung manchmal auch genannt wird. Die Wege des klassischen Yoga und des Sāṃkhya unterscheiden sich jedoch voneinander. Unter anderem setzt der klassische Yoga-Weg auf einer anderen Ebene an als der eigentliche Sāṃkhya-Weg.

Nach indischer Auffassung hat jeder Mensch außer seinem grobstofflichen Leib noch vier weitere Körper. Innerhalb dieser insgesamt fünf Körper liegen die Schwerpunkte bei jedem Menschen anders. Zum Beispiel gibt es Menschen mit einer überwiegenden Betonung im Bereich des sogenannten MANO-MAYA-KOŚA, des Körpers (KOŚA), gebildet aus (MAYA*): MANAS. MANAS macht die Gesamtheit aller psychischen Vorgänge aus. Zu diesem Körper gehört das farbige Spektrum unserer Gefühle

---

* »MAYA« nicht zu verwechseln mit der Göttin »MĀYĀ«!

und Leidenschaften, aber auch unsere alltäglichen, verschiedenartigsten Gedanken. Wenn Menschen, die einen ausgeprägten *MANO-MAYA-KOŚA* haben, einen Weg zur Erleuchtung gehen wollen, werden sie im RĀJA-Yoga – wenn nötig mit Hilfe von Yoga-ĀSANAS (Körperhaltungen) des HAṬHA-Yoga – einen geeigneten Weg finden.

Der *Sāṃkhya-Weg* setzt auf dem Gebiet des *VIJÑĀNA-MAYA-KOŚA*, des Körpers (KOŚA), gebildet aus (MAYA): Erkenntnis (VIJÑĀNA) an. Für Menschen mit einem ausgeprägten VIJÑĀNA-MAYA-KOŚA ist das Gebiet der Erkenntnis von überragender Bedeutung. Ihre Grundveranlagung ist, daß sie *wissen* und *verstehen* wollen. Solche Menschen werden u.a. im Sāṃkhya ihren Weg zur Erleuchtung finden können.

Meister auf dem Gebiet des VIJÑĀNA-MAYA-KOŚA bewegen sich im Denken auf eine ebenso existentielle Weise, wie ein Mensch sich mit seinem Leib in der grobphysischen Welt bewegt. Sie haben ein ausgeprägtes Lebensgefühl auf dieser Ebene. Rudolf Steiner und Edmund Husserl zum Beispiel hatten diese Fähigkeit angeboren. Rudolf Steiners Denken ist vom Wesen her eine Fortsetzung sowohl der platonischen Denkweise, wie auch der Sāṃkhya-Art der Betrachtung. Das zeigt die Art, wie er in seiner Arbeit vorgeht, nämlich mit erkenntnistheoretischer Klarheit, aber gerade nicht intellektuell, sondern mit – wie ich es nenne: – *Lichtdenken*. Seine erkenntnistheoretischen Werke sind gute Schulungen auch für heutige Sāṃkhya-Schüler. Aus dem »geistigen Bereich« solcher Typen Menschen, zu denen auch Kapila gehört, stammt das Sāṃkhya.

Der Sāṃkhya-Weg führt ganz über das *Lichtdenken*. Das *geistige Erfassen*, das *Erkennen* der TATTVAS *im Sinne des Lichtdenkens* steht im Mittelpunkt des Sāṃkhya. Diese Art des Erkennens hat nichts mit grauer Theorie gemein, sondern ist im Sinne des griechischen Wortes »theoria«: »Anschauung«, im Sinne des plastisch farbenreichen und lichtvollen Anschaulichen, aufzufassen. Denken und Erkennen im Sāṃkhya, wie auch in der griechischen Philosophie sind nicht rational in unserem heutigen westlichen Sinne. Ihr Denken und Erkennen ist *lichtdurchwoben, kreativ, anschaulich, Lichtdenken* im Gegensatz zu *Dunkeldenken*. Mit dem Lichtdenken »sieht« man die Dinge, über die man nachdenkt, vor Augen, man »tastet«, »schmeckt« sie, während das Dunkeldenken blind, ohne zu sehen, vorgeht. Beim Lichtdenken geht es immer um *Einsichten* und letztlich um einen geistigen Durchbruch, und nicht einfach darum, wieder über eine rein intellektuelle Information mehr zu verfügen, wie das dem Dunkeldenken eigen ist. Das Lichtdenken wirkt *verwandelnd* und *befreiend* auf das ganze Wesen des Menschen und führt schließlich zur Erleuchtung.*

Eine allgemein verbreitete Auffassung ist, daß das Sāṃkhya mehr um die philosophische Theorienbildung bemüht gewesen sei, herausragend durch gelehrte Terminologien und intellektuelle Kosmologien, während der Yoga sich fast ausschließlich um die Meditationspraxis kümmerte und seine theoretischen Vorstellungen weitgehend aus dem Sāṃkhya übernommen habe. Was hat es damit auf sich? Meine Antwort lautet: Die Yoga-Schulen haben die Terminologien des Sāṃkhya nicht einfach blind übernommen, sondern: Yogins und Sāṃkhyas** *schauten* am Ende beide dasselbe, bezogen sich also beide auf *dieselben Wirklichkeiten*, auf *dieselben Wahrheiten*. Die Yogins hätten nicht *ein* Konzept von den Sāṃkhyas übernommen, das sie nicht selbst voll aufgrund ihrer eigenen Schauungen und Wahrnehmungen hätten bestätigen können. Durch die Erleuchtung hatte ein Yogin einen direkten Zugang auch zum Sāṃkhya – und umgekehrt. Sāṃkhya und Yoga waren absolut »Brüder«. Auch waren die Sāṃkhyas nicht Theoretiker in dem Sinne, daß sie etwa mit der Praxis

---

* Mehr zum Thema des Denkens und Erkennens im Kontext des Sāṃkhya findet der Leser im JÑĀNA-BHĀVA-Abschnitt, Seite 202 ff. Grundlegender behandelt ist das Thema »Denken« in: *Wahrnehmung, Wissenschaft und Wirklichkeit*, von O.M. Hinze.

** Die »Sāṃkhyas« sind die Vertreter der Sāṃkhya-Richtung.

nichts zu tun gehabt hätten. Nur die *Ebene ihrer praktischen Arbeit* war verschieden – das *Feld der alles verwandelnden Licht-Erkenntnis* war die *Praxis* des Sāṃkhya.

So eng Sāṃkhya und Yoga als DARŚANAS in einer gemeinsamen Schulrichtung ursprünglich zusammengehörten, so weit gerieten sie später auseinander. Zum Beispiel verlor der Yoga im Gegensatz zum Sāṃkhya nie den Zusammenhang der PURUṢAS der einzelnen Menschen mit dem großen Gottes-PURUṢA, dem ĪŚVARA. (J.W. Hauer schreibt, daß der ĪŚVARAPRAṆIDHĀNA-Teil des YOGA-SŪTRA die Hingabe an Gott zum Hauptstück des Yogaweges macht.) Könnte das vielleicht der Grund sein, warum die Yoga-Strömung im Gegensatz zum Sāṃkhya bis zum heutigen Tag lebendig geblieben ist?

Dazu werfen wir einen Blick auf den Anfang der SĀṂKHYA-KĀRIKĀ. Die SĀṂKHYA-KĀRIKĀ fängt, frei wiedergegeben, so an:

Ausgelöst durch die Qual des dreifachen Leidens* entsteht im Menschen der dringende Wunsch, Mittel zu finden, mit deren Hilfe das Leiden beseitigt werden kann. Der Mensch unternimmt alles mögliche, um sich von diesem Leiden zu befreien. Aber alle dem Menschen zur Verfügung stehenden Mittel, um dieses Leiden zu besiegen, helfen weder mit Sicherheit, noch ist ihre Wirkung dauerhaft, ja, manche haben gar eine schädigende Wirkung.

Die einzige – über all solchen Mitteln stehende – Methode, um das Leiden in seiner Wurzel zu überwinden, ist *die unterscheidende Erkenntnis in bezug auf das Manifestierte (VYAKTA), das Unmanifestierte (AVYAKTA) und den Einen, der weiß (PURUṢA).***

Die SĀṂKHYA-KĀRIKĀ sagt also, daß nur die »unterscheidende Erkenntnis« – und letztlich geht es hier um die *Unterscheidung zwischen der Wurzel des Vergänglichen und dem Unvergänglichen* –, also die *Erleuchtung*, den Menschen wirklich von seinem Leiden erlösen kann. Sie übt eine befreiende Wirkung *auf den ganzen Menschen* aus. – Wir wollen versuchen, von Anfang an auf diese Fährte zu kommen ...

---

* Die drei Arten von Leiden sind: 1. ĀDHYĀTMIKA, körperliche und psychische Leiden, die *innerhalb* des Menschen entstanden sind. 2. ĀDHIBHAUTIKA, umweltbedinge Leiden; Leiden, die von Faktoren *außerhalb* des Menschen verursacht werden – buchstäblich: »von den 5 Elementen (BHŪTAS)« herrührende Leiden. 3. ĀDHIDAIVIKA, Leiden, die durch »höhere Gewalt« entstehen – buchstäblich: »von den Göttern (DEVAS)« gesandte Leiden. (Diese drei Arten von Leiden werden in der Sāṃkhya-Kārikā nicht extra aufgeführt, sind aber überall in der indischen Tradition unter praktisch demselben Wortlaut bekannt.)

** Wir werden nachher auf diese drei Bereiche in aller Ausführlichkeit zu sprechen kommen.

DIDAKTISCHES ZUM SĀṂKHYA-WEG

Sāṃkhya ist ein Weg der unterscheidenden Erkenntnis, den wir mittels des *Lichtdenkens* gehen. Wenn wir aber bedenken, daß im allgemeinen unser westliches Denken überwiegend intellektuell und unanschaulich geworden ist – Dunkeldenken im Gegensatz zu Lichtdenken –, so erhebt sich die Frage, ob wir heute einen Sāṃkhya-Weg überhaupt mit Erfolg gehen können ... Dennoch: wir können uns mit Hilfe auch gerade des Sāṃkhya üben, das Lichtdenken wieder zu erlernen, bzw. zu pflegen.

Dazu gehört auch, mit den durch Sāṃkhya aufgeworfenen kôan-artigen Fragen und Problemen auf die richtige Weise umzugehen. Unter anderem müssen wir die Spannung, die in uns durch diese speziellen Sāṃkhya-Fragen aufgerufen wird, aushalten lernen, ohne gleich mit unserem intellektuellen Denken eine rasche Lösung finden zu wollen. Wichtig ist, daß wir jeweils die einfachsten Ausgangspunkte eines uns gestellten Problems klar vor uns sehen und sie als solche zuerst einmal stehenlassen. Diesen Lösungsansatz kann man finden unter dem Namen *Phänomenologie*: Nimm das Phänomen als das, was es ist, ganz in dich auf, und zwar so präzise wie möglich – die Genauigkeit ist hierbei notwendig. Dann sollst du in ruhiger Sammlung bei dem Phänomen verweilen und dieses innerlich möglichst nicht verlassen. Denk also nicht gleich auf die übliche Art darüber nach, werfe vor allem kein Netz von Kategorien darüber – wenn man dem Denkzwang nachgibt, kann dieser uns zu falschen Schlüssen verleiten –, sondern laß in aller Offenheit das Phänomen sich in dir bewegen, dann wird es im gegebenen Augenblick seine eigene Antwort aussprechen! Um so einen phänomenologischen Erkenntnisakt durchzuführen, muß man sich Zeit nehmen. Auf diese Weise lassen sich Probleme aller Art lösen, physische, seelische und geistige – es formiert sich eine Antwort, sie wird auf diese Weise förmlich provoziert ...

ZUM WORT SĀṂKHYA

SĀṂKHYA ist nach allgemeiner Auffassung abgeleitet vom Wort »SAṂKHYĀ«: »die Zahl«; das Verbum »PARISĀṂKHYĀYA«, worin das Wort Sāṃkhya steckt, bedeutet: »aufzählen«, gemeint ist im Sāṃkhya-Kontext das »Aufzählen der 25 TATTVAS«, der 25 Schöpfungsprinzipien. Oft liest man auch »24 TATTVAS«, obwohl es eigentlich 25 sind, und diese Abweichung hat schon einen leichten Kôan-Charakter. Wir kommen im nächsten Abschnitt: *TATTVAKENNTNIS UND ERLEUCHTUNG* noch einmal darauf zu sprechen. Um eine »Aufzählung« in gewöhnlichem Sinne handelt es sich hierbei natürlich nicht, sondern dieses Aufzählen, das die Sāṃkhyas durchführen, ist ein *prüfendes Untersuchen* und *Sich-Vergewissern eines jeden einzelnen dieser TATTVAS* – jedes für sich, wie auch im gegenseitigen Vergleich. Es geht dabei immer um den *Prozeß der unterscheidenden Erkenntnis*, was das Wesen der einzelnen TATTVAS betrifft. Immer, wenn der Mensch sich auf dem Höhepunkt der Wachheit seines Bewußtseins befindet, seiner höchsten Geistestätigkeit der Unterscheidung im Sinne von Erleuchtungswissen, dann steckt darin letztlich ein Sāṃkhya-Prozeß.

Zurück zum Wort »Zahl«: Wir kennen heute keine allgemein anerkannte Wissenschaft mehr, die im oben genannten Sinne auf die *Zahl* gründet. Früher aber gab es in Griechenland den *Pythagoreismus*, der ganz auf die Basis der Zahl gebaut war. Wenn man ernst nimmt, daß Sāṃkhya von »SAṂKHYĀ«, der Zahl, abstammt, dann rückt die Sāṃkhya-Schule geistig, vielleicht sogar historisch, in die Nähe der griechischen Schule der Pythagoräer und Platoniker. Pythagoras war ein Erleuchteter aus der Zeit der Vorsokratiker – er lebte im 6. Jh. v. Chr. Er war ein Eingeweihter in das Prinzip Zahl. Nach Pythagoras ließ sich das Wesen der gesamten Wirklichkeit in Zahlen ausdrücken. Die Zahlen schaffen die Ordnung im Kosmos, indem sie das Unendliche, Unbegrenzte, Unbestimmte (APEIRON, den Ursprung aller Dinge) begrenzen und bestimmen. Wer denkt hier nicht an die große indische Göttin MĀYĀ, welche die erste Wirklichkeit überhaupt, stufenweise eingegrenzt und verhüllt hat (und das Wort »MĀYĀ« bedeutet »messen«) ... Auch das indische CAKRA-System zeigt eine solche Weltsicht aus der *Zahl* heraus. Man könnte das ganze CAKRA-System in sich als eine bestimmte pythagoreische Darstellung des Sāṃkhya-Systems betrachten. Das Wissen um die *Zahl an sich* war offenbar bis in jene Zeit hinein – sowohl in Griechenland wie in Indien – lebendig.

In alten Zeiten hatten die Menschen ein anderes Verhältnis zum Prinzip Zahl. Ihr Bewußtsein, was die Zahlen anbelangte, war verschieden von unserem heutigen diesbezüglich. Die *Zahl Eins* war für sie *alles*. Eins plus eins war für sie ein Ding der Unmöglichkeit. Die Zahl Zwei entstand durch *Teilung der Eins* und war *weniger* als eins. Reminiszenzen an die damalige Zeit haben wir auch noch heute, indem wir z.B. das Wort »erstklassig« benützen. Zweitklassig ist weniger als erstklassig. Die *Zahl Eins* verbindet sich in archaischen Zeiten auch mit dem *Ursprung*, der *Ureinheit*, mit dem, woraus alles geworden ist. Von diesem Gesichtspunkt aus entstand die Schöpfung durch Teilung, die später – je weiter weg vom Ursprung – immer unvollkommener wurde. Alle Zahlen bekamen nur durch die *Eins* ihren wirklichen Stellenwert. Wenn früher jemand *erzählte* – und »Zahl« ist in »erzählen« enthalten, nicht nur in Deutsch –, dann gliederte er sich ein in diesen Ursprung, knüpfte an bei einer Urzeit, so wie dies auch bei den Märchen der Fall ist. Auch Sāṃkhya knüpft bei diesem Ursprung an, indem es den Weg *aus* dem Ursprung in der Sprache der TATTVAS *erzählt*, und damit gleichzeitig die »Treppe« aufweist, auf der der Mensch wieder zu seinem Ursprung zurückfinden kann.

Professor Gershom Scholem, seinerzeit ein namhafter Gelehrter auf dem Gebiet der jüdischen Mystik, schreibt in seinem Buch: *Die jüdische Mystik in ihren Hauptströmungen*:

»Die Kabbalisten stimmen darin überein, den mystischen Weg zu Gott für eine Umkehrung jenes Weges zu halten, auf dem wir aus Gott hergekommen sind. Wer die Etappen des Weges kennt, auf dem Schöpfung zustande gekommen ist, kennt damit auch die Etappen seiner Rückkehr zu den Wurzeln allen Seins.«

Im Buch: *Geschichte der indischen Philosophie*, Band I, von Erich Frauwallner steht ein Spruch von PAÑCAŚIKHA, einem der Ur-Lehrer des Sāṃkhya in der Zeit nach Kapila. Der Spruch lautet:

»Wer die 25 TATTVAS kennt, auf welcher Lebensstufe (āśramaḥ) er auch stehen mag, ob er geschoren ist, Flechten oder einen Haarschopf trägt, der erlangt die Erlösung, darüber besteht kein Zweifel.«

Aus dem mittleren Teil dieses Spruches geht hervor, daß das Erlangen der Erleuchtung unabhängig ist von Alter, Kaste, Geschlecht oder Religion, *jeder*, der die 25 TATTVAS kennt, kann zur Erleuchtung* kommen.

Das Wort TATTVA muß jetzt näher erklärt werden. »TATTVA« ist zusammengesetzt aus: »TAT« = »das« und »TVA« = »heit«. »TAT-TVA« bedeutet also wörtlich »Dasheit«. Durch dieses auf den ersten Blick »nichtssagende« Wort können wir aber noch nicht verstehen, was mit einem TATTVA gemeint ist.

Vielleicht kann uns der folgende Vergleich dabei helfen, hinter die Bedeutung des Wortes »Dasheit« zu kommen. Das Wort »das« wird doch oft von Kindern benützt, indem sie mit ihren Fingerchen auf das Gemeinte hinweisen: »Das ist ein Stuhl«, »das ein Baum«, »das ein ...« Durch bestimmte Anweisungen: »Das ist das« und »das ist das«, »das ist eine Ente ...«, findet sich ein Kind allmählich in dieser Welt zurecht. So ähnlich verhält es sich mit den »Dasheiten«, den TATTVAS. *Sie weisen hin*, und zwar auf bestimmte Aspekte der Schöpfung, die die Eigenart haben, sehr vieles zusammenzufassen. Die Schöpfung ist *so* groß, da ist eine *so* große Vielfalt,

* Wie bereits anfangs erwähnt, wird im Hinduismus, auch im klassischen Sāṃkhya, meist von MOKṢA oder MUKTI gesprochen, was übersetzt »Befreiung«, »Erlösung« heißt. Wir benützen anstelle davon sehr oft den Begriff »Erleuchtung«, der aus dem Buddhismus stammt.

daß von jeher der Wissenschaftler versucht hat, die Dinge zu reduzieren auf ein paar Hauptsachen, z.B. die sogenannten Naturkonstanten. In archaischen Zeiten hatten wir das Sāṃkhya, das auf diese Weise die TATTVAS einführte. Die große, gewaltige Vielheit der Schöpfung wurde zusammengebracht auf 25 TATTVAS, 25 *Schöpfungsprinzipien* oder *Schöpfungsentitäten*. Die *Kriterien* in der Auswahl dessen, was das Sāṃkhya als TATTVAS bezeichnete, wurden allein vom Standpunkt der Erleuchtung und der speziellen Didaktik des Erleuchtungsweges bestimmt.

Diese 25 TATTVAS müssen wir also kennenlernen, um zur »Erlösung« zu kommen. Jeder versteht wohl, daß es mit einem Kennen in intellektueller Weise nicht getan ist – mit Dunkeldenken ist es ausgeschlossen, die TATTVAS zu erfassen. Wir brauchen dafür das *Lichtdenken*, und das bedeutet, wenn wir die TATTVAS jetzt nach und nach kennenlernen, so mache dir eine möglichst *anschauliche Vorstellung* von ihnen, und diese gibt es auf mehreren Ebenen. Sāṃkhya baut durch und durch auf Lichtdenken. Wenn wir Sāṃkhya als Erleuchtungsweg nehmen wollen, müssen wir versuchen, dieses Lichtdenken zu packen. Sāṃkhya als Erleuchtungsweg *ist* Lichtdenken. Das Dunkeldenken führt nie zur Erleuchtung.

Die *ersten* beiden TATTVAS – die grundlegenden – sind PURUṢA: »das Unvergängliche im Menschen«, und PRAKṚTI: »Materie«. Alle anderen TATTVAS sind Unterordnungen von PRAKṚTI.

Die *letzten* 5 der 25 TATTVAS kennen wir in gewissem Sinne. Es sind die uns bekannten Elemente, von denen das unterste das Element Erde ist, das Erde-TATTVA, davor das Element Wasser, das Wasser-TATTVA, gefolgt vom Element Feuer, dem Feuer-TATTVA und dem Element Luft, bzw. Wind, dem Luft- oder Wind-TATTVA ... Aber im täglichen Leben verstehen wir »Erde«, »Wasser«, »Feuer« und »Luft/Wind« nicht unbedingt als »TATTVAS«, und das ist schon eine kleine Meditation wert. – Warum wird das, was wir normalerweise profan einfach »Erde«, »Wasser«,

»Feuer« oder »Luft/Wind« nennen, im Sāṃkhya jetzt »Erde-TATTVA«, »Wasser-TATTVA« etc. genannt? Das weist darauf hin, daß wenn es z.B. um das Feuer-*TATTVA* geht, wir uns dem Feuer gegenüber *anders* einstellen müssen, als wenn wir etwa Milch darauf kochen! Normalerweise, wenn wir ein Feuer machen, wird das zu einem bestimmten, uns genehmen Zweck sein. Hier geht es jetzt aber darum, das Feuer als *Feuer* zu verstehen, es *als Feuer in sich* zu erfassen. Dafür kann man nichts besseres tun, als eine möglichst *anschauliche, plastische Vorstellung* des Feuers zu entwickeln. Wie verschiedenartige »Temperamente« soll man sich die einzelnen Elemente vorstellen und sie als solche auf sich wirken lassen. Auf diese Weise kann man durch die Elemente hindurch, wie wir sie im täglichen Leben meist erfahren, zu deren *inneren Wesen* kommen.

Will ich ein Element von seinem TATTVA-Sein her verstehen, dann betrachte ich es also nicht mehr vom rein empirischen Standpunkt des Egomenschen, der einen bestimmten Nutzen aus ihm zieht. Außer unserem Wohl zu dienen, haben die Elemente auch noch eine Bedeutung *von sich selbst her.* Wir können also entweder ein bestimmtes Element als Bestandteil der empirischen Erfahrung dieser grobstofflichen Welt betrachten und es entsprechend seiner von uns entdeckten Eigenschaften für uns nutzen – oder dasselbe Element als TATTVA, als »Dasheit« sehen, d.h. als das, was es von seinem eigenen *Ursprung* her, in seiner *Essenz* wirklich ist. Erst die Elemente als *TATTVAS* sind Stufen des Sāṃkhya-Weges, die uns ein ganzes Stück auf dem Weg *zu unserem eigenen Ursprung* weiterbringen. Dabei haben die TATTVAS eine aus sich selbst heraus wirkende Kraft der Didaktik, wodurch wir Führung und Inspiration erfahren können, wenn wir uns mit ihnen beschäftigen.

Bis jetzt war die Rede von den 25 TATTVAS, oft aber wird, wie bereits erwähnt, auch betont, daß man »*die 24 TATTVAS*« auf diese Weise studieren soll. Das sind alle TATTVAS außer dem PURUṢA ... Der PURUṢA steht wie daneben, bzw. über allen. Im Gegensatz zu allen anderen TATTVAS kann der PURUṢA z.B. nie Bewußtseins*inhalt* sein, er ist das Bewußtsein *selbst!* Nur die anderen 24 TATTVAS, die PRAKṚTI-TATTVAS, können als Bewußtseins*inhalte* auftreten. Lerne diese kennen, so heißt es, und du kommst zur Erlösung. – Was aber geschieht dann, wenn man diese 24 kennt?

Wenn man die 24 PRAKṚTI-TATTVAS wirklich kennt, hat man damit schon 24 Etappen auf dem Weg zum eigenen Ursprung zurückgelegt. Es gilt *dann* noch, den *Unterschied* zwischen PRAKṚTI und PURUṢA zu erfahren – dann ist »die Befreiung« (MOKṢA) erreicht.

Edmund Husserl hat m.E. erkenntnistheoretisch geahnt – vielleicht am Ende sogar klar erkannt –, worum es hier geht, obwohl er nichts von den indischen Lehren wußte. Er konnte nicht anders, als – quasi nach allen Regeln des Sāṃkhya – einen bestimmten geistigen Akt vollziehen. Dabei warf er sich zuerst »erkennend« auf die Außenwelt, um am Ende den Spieß umzudrehen und zu fragen: *Wie* ist derjenige zu innerst beschaffen, der in dieser Weise die Welt zu erkennen vermag? – Eine tiefe Besinnung auf diese Frage und die in ihr verborgene Antwort ließ ihn, zumindest, im unmittelbaren Umkreis des *PURUṢA* landen ...*

* Für diesen speziellen, geistigen Vorgang gab es hier im Westen, *vor* Husserl, nirgends ein Konzept. Hätte man Sāṃkhya als philosophisches Fach bereits in ausreichendem Maße zur Verfügung gehabt, dann hätten m.E. sowohl Husserls Schüler wie auch seine Kritiker besser und adäquater erfassen können, um was es Husserl eigentlich ging. Und damit wäre auch das Umgekehrte eingetreten: Mit Hilfe von Husserls besonderer Weise von Denken wäre ein neues Erkenntnismittel entstanden, womit das bisher weitgehendst verkannte Sāṃkhya nunmehr endlich in seinem wahren Wesen und Anliegen hätte entschlüsselt werden können!

PURUṢA / PRAKṚTI – MEDITATIONEN I

Man kann auf verschiedene Weise eine Umschreibung geben, was Sāṃkhya ist. Eine Definition lautet:

Sāṃkhya ist die Lehre von PURUṢA und PRAKṚTI.

Wir wollen versuchen, mit unserem ganzen Wesen aufzunehmen, was wir jetzt hören, weil mit dem Lernen von Sāṃkhya ein bestimmtes Geschehen verbunden ist. Und wie müssen wir uns einstellen, damit dieses Geschehen in uns seine Wirkung entfalten kann? Wir sollten versuchen, *offen* zu sein – und *offen* hat auch etwas mit *Raum* zu tun. *OFFENE WEITE*, heißt es in einem zen-buddhistischen Spruch. Das ganze Kôan lautet: *Offene Weite – nichts von heilig.** ›Nichts von heilig‹ können wir auch gebrauchen, wir müssen nicht mit frommer Miene und heiligen Gebärden dasitzen, sondern wir brauchen nichts anderes, als das wirken zu lassen, *was ist.*

Hier sind jetzt zwei TATTVAS aufgeschrieben, PURUṢA und PRAKṚTI – zwei zentrale Begriffe im Sāṃkhya –, und von diesen beiden ist uns »PRAKṚTI« insofern bekannt, als dieser Ausdruck *»MATERIE«* bedeutet. Das Wort »Materie« setzen wir hier zwischen Anführungszeichen, weil es sich nur zum Teil deckt mit dem, was *wir* gewöhnlich unter Materie verstehen.

Der PRAKṚTI- und somit der Materie-Begriff im Sāṃkhya und überhaupt in Indien geht weit über unseren westlichen Materie-Begriff hinaus. Unsere westliche

* Voraussetzung für dieses Kôan war eine Frage des Kaisers Wu-Di von Liang an den Großmeister Bodhidharma. Frage und Antwort finden sich im Buch *Bi-Yän-Lu* folgendermaßen: »Wu-Di von Liang fragte den Großmeister Bodhidharma: *Welches ist der höchste Sinn der Heiligen Wahrheit?* Bodhidharma sagte: *Offene Weite – nichts von heilig.*«
Aus *Bi-Yän-Lu*; Meister Yüan-wu's Niederschrift von der Smaragdenen Felswand.

Auffassung von Materie macht, wie schon bemerkt, nur einen Teil des indischen PRAKṚTI-Begriffes aus. Also müssen wir uns dafür offenhalten, daß es Bereiche der »Materie« gibt, die wir zunächst noch nicht kennen, die wir aber durch entsprechende Übung mit der Zeit *erfahren* und *wahrnehmen* lernen. Für den Anfang können wir jetzt aber an jenen Materie-Begriff anknüpfen, den wir bereits kennen, und da wir mit einem materiellen Leib in der Welt der Materie leben, essen und trinken, ist uns das Wort »Materie« zunächst einmal nicht ganz unvertraut!

In Indien wird *diese* Materiegattung die »grobstoffliche« genannt. Außer dieser uns bekannten *grob*stofflichen Materie umfaßt der PRAKṚTI-Begriff noch mehrere Ebenen von *fein*stofflicher Materie. Darüber hinaus kennt Sāṃkhya sogar noch eine weitere Materiegattung: die »*Kausal*materie«. Diese Kausalmaterie ist die *Quelle*, woraus die feinstoffliche Materie hervorgeht – und aus der feinstofflichen Materie ihrerseits entsteht schließlich die grobstoffliche Materie.

Die Kausalmaterie als solche tritt nicht in Erscheinung. Man muß sie sich als eine Art »Grund-Materie« oder »Ur-Materie« vorstellen, aus der letztlich alle manifestierte Materie hervorgeht. Sie selbst wird aber betrachtet als »nicht manifestiert«, »nicht offenbart«, »nicht entfaltet«. Die grobstoffliche wie die feinstoffliche Materie hingegen gelten als »manifestiert«, »offenbart«, »entfaltet«.

Das Nicht-Manifestierte, Nicht-Entfaltete heißt in Sanskrit »AVYAKTA«. Das Wort für das Manifestierte, das Entfaltete, ist »VYAKTA«. Wir sind vorhin im Zusammenhang mit der SĀṂKHYA-KĀRIKĀ diesen Ausdrücken bereits begegnet, als darüber gesprochen wurde, daß es darum geht, die unterscheidende Erkenntnis zu erlangen, *»in bezug auf das Manifestierte (VYAKTA), das Unmanifestierte (AVYAKTA) und den Einen, der weiß (PURUṢA).«* Mit diesem *Manifestierten*, VYAKTA, ist also die manifestierte, entfaltete Materie gemeint, die sich zusammensetzt aus dem feinstofflichen und dem grobstofflichen Bereich. Das *Unmanifestierte*, AVYAKTA, bezeichnet den

Bereich der unmanifestierten, unentfalteten Materie, den Bereich der Kausalmaterie, welche auch Wurzel-Materie (MŪLA-PRAKṚTI) genannt wird. Für VYAKTA sagen wir meist VYAKTA PRAKṚTI, für AVYAKTA entsprechend AVYAKTA PRAKṚTI.

PRAKṚTI:

AVYAKTA PRAKṚTI:	Unmanifestierte Materie = Kausalmaterie
VYAKTA PRAKṚTI:	Manifestierte Materie: Feinstoffliche Materie und Grobstoffliche Materie

Wenn nun am Anfang dieses Kapitels steht: »Sāṃkhya ist die Lehre von PURUṢA und PRAKṚTI«, so ist in diesem Zusammenhang mit PRAKṚTI eigentlich die *Kausalmaterie* gemeint. Das Wort PRAKṚTI bedeutet zwar in Indien ganz allgemein »Materie« – wenn differenziert wird, ob mit PRAKṚTI die AVYAKTA oder die VYAKTA PRAKṚTI gemeint ist, wird dies oft extra hinzugesagt. Wenn es aber um den Dualismus im klassischen Sāṃkhya zwischen PURUṢA und PRAKṚTI geht – und auf diesen Dualismus werden wir noch ausführlich zu sprechen kommen –, so ist mit PRAKṚTI immer die Kausalmaterie, die AVYAKTA PRAKṚTI gemeint ...

Und nun zu PURUṢA. Was ist PURUṢA?

Das Wort »PURUṢA« bedeutet wörtlich: »Mensch« und wurde in älterer Zeit als Bezeichnung für den ganzen Menschen – somatisch, psychisch und geistig – genommen.

Im Sāṃkhya und im Yoga hingegen wird der Ausdruck PURUṢA ausdrücklich für das *UNVERGÄNGLICHE IM MENSCHEN* benützt.* Nach dieser Ansicht wird der Mensch durch das Wort PURUṢA definiert als zutiefst *unvergänglich*. Der PURUṢA wurde nie geboren und wird nie sterben. Es gehört zu seinem eigentlichen Wesen, *unvergänglich* zu sein. Im Vedānta spricht man hier meist von ĀTMAN. Wir werden aber beim PURUṢA-Begriff bleiben.

Das *Göttliche* wird im Sāṃkhya – im Gegensatz zum Vedānta – nicht aufgeworfen – *offene Weite, nichts von heilig*. Nach Sāṃkhya braucht man nicht an Gott zu glauben, wenn man den Erleuchtungsweg gehen will. *Das, was wahr ist, wird dem Wahrhaftigen nicht entgehen: die Existenz Gottes wird ihm zur unvermeidlichen Erfahrung!*** Mach deine Augen auf, geh vorwärts, du wirst es schon erfahren – schau hin, wer du im tiefsten Wesen bist, dann kommst du zur Befreiung, MOKṢA! Diese Haltung ist eine Wurzel des ganz ausgezeichneten Atheismus – ich muß nicht a priori davon ausgehen, daß es Gott gibt. Es ist im Grunde ein ontologisches Problem auf Menschheitsebene, daß es den Atheismus gibt. Im Sāṃkhya wird nur gesagt, daß der Mensch durch den PURUṢA definiert ist als ein unvergängliches Wesen. Daß dieses unvergängliche Wesen nun gerade PURUṢA genannt wird, ist noch etwas Besonderes, weil das Wort selbst *Mensch* meint. Das ist eine kleine Meditation wert. J.W. Hauer hat übrigens für den PURUṢA im Sāṃkhya eine herrliche Übersetzung gefunden. Er

* Ob man PURUṢA mit »unvergänglichem *Geist*«, »unvergänglicher *Seele*« oder »unvergänglichem *Ich*« wiedergibt – es ist das *Unvergängliche*, das hier wichtig ist.

** Letzteres wird natürlich nur ein theistischer Sāṃkhya-Anhänger über seine Lippen bringen!

sagt: »Der PURUṢA ist der *Mensch* im Menschen.« Der PURUṢA ist somit das, was den Menschen erst zum Menschen macht! Nach allgemein-indischer Auffassung sind wir in der unerleuchteten Verfassung eigentlich noch keine Menschen. *Eine* Definition der Erleuchtung ist: endlich *Mensch* zu werden.

Die nächste Aussage lautet:

Das Wesen von PURUṢA ist *LICHT*, beziehungsweise *BEWUSSTSEIN*. Zusammenfassend auch: *BEWUSSTSEINSLICHT*. Das Sāṃkhya würde sagen: Weißt du, wenn du Bewußtsein sagst, sagst du Licht, wenn du Licht sagst, sagst du Bewußtsein. Die westlichen Philosophen sehen das anders. Für sie ist Bewußtsein Bewußtsein, und Licht ist Licht, Licht und Bewußtsein sind für sie höchstens »subjektiv« – oder auch im Sinne der beliebten Redeweise: »in übertragenem Sinne« – miteinander verbunden. Nicht so im Sāṃkhya. Im Sāṃkhya ist das Bewußtsein Inbegriff des Lichtes, und alles Licht ist Bewußtsein. Das Wesen des Lichtes *ist* Bewußtsein, das Wesen des Bewußtseins *ist* Licht ...

Und nun sagt die Sāṃkhya-Schule: Wenn du das Wesen des Lichtes, des Bewußtseins, bzw. des Bewußtseinslichtes, versuchst zurückzubringen auf seinen ureigensten Ursprung – wo du auch hinkommst, du kommst *nie* zur Materie! Und wenn du die Materie zurückverfolgst bis zu ihrem innersten Ursprung – zuerst grobstofflich (Stufenleiter: Erde → Wasser → Feuer → Luft/Wind → ĀKĀŚA), dann feinstofflich, ja, bis zum Kausalbereich – wo du auch hinkommst, du kommst *nie* zum Bewußtsein! Das heißt:

Materie ist nicht auf Bewußtsein zurückzuführen, und Bewußtsein ist nicht auf Materie zurückzuführen!

Damit wird ein *Dualismus*, eine *Dualität* ausgesprochen zwischen Bewußtsein in seiner Purheit und Materie in ihrer Purheit. Inbegriff des Bewußtseins ist der

PURUṢA, Inbegriff der Materie ist die PRAKṚTI – das eine kann nie auf das andere zurückgeführt werden. Zum Zwecke der Erleuchtung, so sagt Sāṃkhya, ist dieser Dualismus eine ausgezeichnete Ausgangsbasis.

Ist es nicht merkwürdig: Das, was wir »Mensch« zu nennen pflegen, ist also in seinem tiefsten Wesen *Bewußtsein*, aber merkt denn der Mensch überhaupt, daß er bewußt ist, wenn er aus den Augen schaut? – Wahrscheinlich ist sein Fokus im täglichen Leben *nicht* darauf gerichtet, daß er *bewußt* ist, und dennoch können wir sagen, daß er Bewußtsein und Licht irgendwie erlebt ... Das Phänomen des Bewußtseins ist immer mit uns verbunden, so wie andererseits auch das Phänomen des Körpers unmittelbar zu uns gehört, und obwohl Bewußtsein und Materie nicht aufeinander zurückführbar sind, *sind sie dennoch offensichtlich sehr eng mit unserem Körper hier verbunden.*

Das klassische Sāṃkhya sagt nun: Besinne dich darauf, daß das, was du an Körper hast, jedenfalls vergänglich ist – es entstand einmal und wird einmal vergehen – das ist Materie, das ist PRAKṚTI, genauer ausgedrückt: *manifestierte PRAKṚTI.* Manifestierte PRAKṚTI, ob grobstofflich oder feinstofflich, ist *vergänglich, sterblich.* Das heißt jetzt ganz existentiell: Du Mensch bist, gerade insoweit du manifestierte, sichtbare und tastbare Materie bist, sterblich und vergänglich. Das aber, was du so flüchtig an dir selbst kennenlernst als *das Geistige* in dir, inklusive dein *Bewußtseinslicht*, gerade das in dir ist *unvergänglich!* Und daß du überhaupt sagst: »Der Mensch ist sterblich, der Mensch ist vergänglich« – diesem Irrtum, so sagt Sāṃkhya, bist du nur unterworfen, weil du dich »verguckst« in die sichtbare, manifestierte Materie und dich mit dieser manifestierten Materie, z.B. dem grobstofflichen Körper, *identifizierst ...*

Die manifestierte PRAKṚTI spielt in bezug auf das Bewußtsein eine ganz merkwürdige Rolle. Der Mensch hält sich nämlich mit seinem Bewußtsein fast ausschließlich bei dieser manifestierten Materie auf. Fast immer bilden die Angelegenheiten der grobstofflichen PRAKṚTI den *Inhalt seines Bewußtseins*. Kaum je kommt er dazu, sich beim *Bewußtsein selber* aufzuhalten. Das Bewußtsein selber tritt meist so stark zurück in seiner eigenen Wesenheit, daß nur die Bewußtseins*inhalte* erlebt werden.

Wir haben hier also den Unterschied zwischen *Bewußtsein* und *Bewußtseinsinhalt*. Die Sāṃkhyas haben nun bei der Analyse dieser Begriffe festgestellt, daß ein Mensch zwar seine Bewußtseins*inhalte* untersuchen und analysieren kann, es ihm aber schwerfällt, das *Bewußtsein selber* zu ergründen. Was *ist* eigentlich dieses Bewußtsein? – Es weicht zurück, ist nicht greifbar, nicht habbar ... Gelingt es dir, dich bei dem Bewußtsein selbst aufzuhalten, dann hast du existentiell deine *Unvergänglichkeit* erreicht, die du ja in deinem PURUṢA bereits *bist*. Du erlebst dann bewußt deine *Unsterblichkeit*, und nichts mehr, in alle Ewigkeit, wird dich noch töten können! Wenn du dich aber bis zu deinem Tod bei den Bewußtseins*inhalten* aufhältst, so wirst du auch bis zu deinem Tode genauso sterblich bleiben wie diese Bewußtseinsinhalte sterblich sind ...

Der Versuch, sein Bewußtsein als solches zu ergründen, stellt einen ganz bestimmten Erleuchtungsweg dar, der aber nicht so einfach durchzuziehen ist, weil der Mensch, wie gesagt, es gewöhnlich nicht lange durchhält, beim Bewußtsein selber zu verweilen. Wenn nun jemand diesen Weg gehen möchte und nicht weiß, wie er das anstellen soll, so kann er zumindest *ein* Ding tun: seine *Aufmerksamkeit abziehen* von den Bewußtseins*inhalten*, und sehen, wo er hinkommt, wenn er das mit Ausdauer und Beharrlichkeit tut! Im Kontext des Yoga und des Zen werden hierzu ganz bestimmte Anweisungen gegeben, die es dem Übenden ermöglichen, immer erfolgreicher seine Aufmerksamkeit – die mit den fünf Sinnen verbunden ist – von den Sinnesobjekten abzuziehen. Im Yoga nennt man diese Tätigkeit PRATYĀHĀRA: das Zurückziehen der Sinne von ihren Objekten – die Objekte sind hier die Bewußtseinsinhalte.

Im Sāṃkhya geht es jetzt zuerst einmal darum, diesen scheinbar unversöhnlichen Dualismus zwischen PURUṢA und PRAKṚTI, zwischen *Bewußtsein* und *Materie*, zur Kenntnis zu nehmen und ohne intellektuell darüber zu diskutieren vorerst einfach stehenzulassen. Ich will aber gleich schon aus dem Wissensbereich des tantrischen Sāṃkhya vorwegnehmend hinzufügen, daß es zwar wahr ist, daß auf direktem Wege weder Bewußtsein auf Materie, noch Materie auf Bewußtsein zurückführbar ist, daß dennoch ein echter Dualismus zwischen PURUṢA und PRAKṚTI – wie er uns vom klassischen Sāṃkhya gleichsam »vorgetäuscht« wird – auf der höchsten Stufe der Betrachtung nicht existiert ...! Dennoch will ich im Sinne des klassischen Sāṃkhya auf der Stufe des wirkenden Dualismus bleiben, denn so haben wir im Augenblick *praktisch* am meisten davon. Von diesem Dualismus auszugehen, hat verschiedene Vorteile.

Also wollen wir ab jetzt diese beiden Begriffe, PURUṢA als den Inbegriff des *Lichtes*, des *Bewußtseins* und des *unvergänglichen Seins*, und PRAKṚTI, *Materie*, als solche immer wieder in uns wirken lassen ...

Laßt uns an dieser Stelle noch etwas weitergehen mit der Charakterisierung von PURUṢA und PRAKṚTI.

Vom PURUṢA wird nun nicht nur gesagt, er sei *unvergänglich* und *ungeworden*, sondern auch *allgegenwärtig*.

Von der manifestierten PRAKṚTI (VYAKTA) gilt genau das Gegenteil: sie ist *vergänglich*, sie entstand einmal und wird auch irgendwann wieder vergehen, und außerdem ist sie *nicht allgegenwärtig*, sondern immer, in verschiedenen Maßen und Abstufungen, *beschränkt* in ihrer Ausdehnung. Und jetzt das Unerwartete, ja Unbegreifliche:

Die unmanifestierte PRAKṚTI (AVYAKTA) ist wie der PURUṢA unvergänglich, ungeworden und allgegenwärtig!

Erst die VYAKTA PRAKṚTI ist also sterblich, vergänglich und nicht allgegenwärtig, und *wir* kennen uns vorwiegend in bezug auf das, was diesen *manifestierten, sterblichen* Materie-Aspekt anbelangt – *wir kennen uns jedoch nicht in unserem AVYAKTA-PRAKṚTI-Aspekt*. Wir stecken ganz im Bereich der Vergänglichkeit. An die Ur-PRAKṚTI kommen wir gar nicht so leicht – bewußt – heran. Wir kommen in einer gewissen Weise viel leichter, hautnah direkt an den PURUṢA heran!

Zum Thema AVYAKTA PRAKṚTI möchte ich hier gleich noch etwas hinzufügen, das paradox klingen mag. Selbst für die großen Erleuchteten ist diese PRAKṚTI ein Bereich, der in einer gewissen Weise ein Geheimnis darstellt. Sie erfahren zwar, wie es sich damit verhält – die PRAKṚTI entzieht sich aber jeder Erklärung.*

Wir gehen hier übrigens nicht immer nach den schul-philosophischen Regeln des Sāṃkhya vor, sondern ausschließlich nach dem Gesichtspunkt, selbst zum *Wahrnehmen* zu kommen, wobei wir dennoch auf grundlegende Postulate des Sāṃkhya zurückgreifen und uns bemühen, eine gewisse Folgerichtigkeit einzuhalten.

Nochmals wollen wir uns das Folgende vergegenwärtigen: Ich laufe durch die Gegend, habe hier einen Körper, ich esse und trinke ... dabei achte ich normalerweise nicht so sehr auf die Tatsache, daß ich *bewußt* bin. Ich muß auch nicht immer darauf achten, ich habe mich oft voll auf andere Dinge zu konzentrieren – aber so hin und wieder darf ich mich vergewissern, daß da etwas ist, das mir *ganz nah* ist von Augenblick zu Augenblick, *direkt hier*, von dem die Sāṃkhyas sagen, daß da die *Unvergänglichkeit* liegt! Jeder Mensch hat also etwas in oder um sich – wie auch, jedenfalls etwas wesentlich zu ihm Gehörendes –, das zutiefst *Unvergänglichkeit* und *Licht* ist. Auch in diesem PURUṢA-Zusammenhang wollen wir nochmals auf *offene Weite* hinweisen. PURUṢA hat aber auch zutiefst mit *Raum* und *Freiheit* zu tun – Raum

---

* Siehe hierzu auch die Ausführungen ab S. 64 über MĀYĀ.

schließt unter anderem auch *Bewegungsfreiheit* mit ein. Ja, jede Freiheit, die der Mensch empfinden kann, geht verborgenerweise auf diese innere Bewegungsfreiheit zurück.

Aber auch *Ruhe* und *Frieden* gehören zum Wesen des PURUṢA. Zum Thema Ruhe steht etwas Interessantes im *I Ging*. Frei wiedergegeben: Wißt ihr, was Ruhe ist? Wenn ein Mensch, dessen Auftrag oder Verpflichtung gerade jetzt darin besteht, in großer Eile irgendwohin zu gehen und er auch tatsächlich hineilt, dann ist er im Einklang mit diesem Auftrag und deshalb »in Ruhe«. Gilt es jetzt stillzusitzen, und der Mensch sitzt tatsächlich still – auch dann ist er »in Ruhe«.* Ist es nicht interessant, wie Ruhe hier definiert wird? Äußere Bewegung oder Nicht-Bewegung entscheiden nicht darüber, ob jemand in Ruhe ist, sondern Ruhe ist eine Art In-Einklang-Sein, eine Übereinstimmung mit den *jetzt* gegebenen Erfordernissen. *Diese* Auffassung von Ruhe dürfen wir mit dem PURUṢA verbinden.

Auch die *Vertikale* in der Haltung des Menschen ist ein Ausdruck von PURUṢA. In letzter Instanz kommt die Vertikalität vom PURUṢA her. Die Vertikale an sich ist nichts Körperliches, es ist der PURUṢA, der sich durch sie in Erscheinung bringt. Wenn du also erschöpft bist und dich träge fühlst wie ein Plumpudding, trotzdem aber arbeiten mußt, so *setz dich gerade hin* – das sagt Zen auch –, dann bekommst du neue Lebenskräfte. Das Gerade-Sein und -Gehen des Menschen ist ein durch und durch geistiges, spirituelles Prinzip, und es ist ein Phänomen, bei dem es sich einen Augenblick zu verweilen lohnt, daß diese Vertikalität einen Menschen aufrichtet!

---

* Der wörtliche Text im *I Ging* lautet: »Die wahre Ruhe ist die, daß man stillehält, wenn die Zeit gekommen ist, stillezuhalten, und daß man vorangeht, wenn die Zeit gekommen ist, voranzugehen. Auf diese Weise ist Ruhe und Bewegung in Übereinstimmung mit den Erfordernissen der Zeit, und dadurch gibt es Licht des Lebens.« Aus: *I Ging, Das Buch der Wandlungen.* Aus dem Chinesischen übertragen und erläutert von Richard Wilhelm. Text Nr. 52: GEN, Das Stillehalten, der Berg. S. 193.

Vor gar nicht allzu langer Zeit fand ich zu meiner großen Freude als Bestätigung dieser Gedanken im Macdonell Sanskrit-Dictionary, daß das Wort »PURUṢAKA« etymologisch: »sich aufrichten« bedeutet! Genauer: »die vertikale Position«, »die aufrechte Haltung«. – PURUṢA, Licht, die gerade, aufrechte Haltung und die davon ausgelösten Lebenskräfte gehören also eng zusammen ...

Aus den vorangegangenen Ausführungen können wir nun eine Übung ableiten. Jeder kann sich sagen: Ich und auch alle anderen Menschen »haben« *jeder unseren eigenen, urpersönlichen PURUṢA*, das bedeutet, mit ihnen allen und mit mir ist etwas verbunden, das *Licht* und *Bewußtsein* ist, *Weite, Freiheit* und *Frieden*, insoweit auch *Freude* – wenn man sich frei bewegen kann, so ist das mit *Freude* verbunden. Ich will ab jetzt dieses *Etwas* in mir und in dem anderen immer mehr *berücksichtigen* ...

Wenn man mit einem Menschen Schwierigkeiten hat – vielleicht liegt ein Konflikt vor oder ein Streit – sucht man normalerweise die Lösung darin, diesen Mißklang zu beseitigen, indem man z.B. eine Aussprache mit ihm sucht. Eine *zusätzliche Möglichkeit* besteht nun immer darin, sich zu fragen:

Ist es mir möglich, dem anderen zuzutrauen, daß er genau wie ich dieses *Unvergängliche* hat, dieses *Licht* und diese *Weite?* Kann ich in dem Bild, das ich von ihm habe, voll zulassen, daß auch er dieses Licht, diese Unvergänglichkeit in sich trägt? Kann ich bei allen Gedanken, die ich über diesen Menschen habe, ständig berücksichtigen, daß er außerdem in seinem Wesen *PURUṢA* ist? – Licht, Freiheit, Frieden, Frohheit, Ruhe?

Ich will ab jetzt versuchen, *ständig auch sein Licht und seine Freiheit zu berücksichtigen* – das hat er, das ist sein *Wesen*, und auch meines. Also ist das, was sich bei Konflikten nach außen kehrt wie ein Schattenwurf davon. Es gibt aber immer – und das ist eine Anwendung von Worten, die Buddha einst gesprochen hat – einen *Ausweg* zu diesem Licht, zu dieser Unvergänglichkeit, dieser Weite, dieser Freiheit.* Soweit ein Mensch »frei« ist, rührt das vom PURUṢA her, weil der PURUṢA Inbegriff und Quelle aller wahren Freiheit ist – und deswegen hängt auch zwischenmenschlich

* Das entsprechende Buddha-Zitat wird auf S. 61 wiedergegeben.

die Frage, wie frei ich bin, und wie frei ich einen andern lassen kann, unmittelbar mit diesem Licht, mit diesem Bewußtsein, mit dem PURUṢA zusammen.

O*: Wenn man einen Menschen trifft, der so »zu« ist und eiskalt, soll man diese Übung trotzdem machen?

OM: Dennoch will ich berücksichtigen, daß auch *dieser* Mensch in seinem Wesen PURUṢA ist! Wenn ein anderer z.B. eiskalt ist und man ihn immer wieder berücksichtigt als einen Menschen, der Inbegriff von Licht und Freiheit ist, dann bleibt er auf die Dauer nicht so ... Hier entsteht eine *Sāṃkhya-Psychologie,* ja: sogar eine *Sāṃkhya-Psychotherapie.*** Wenn wir es mit jemandem zu tun haben, bei dem im Innern etwas nicht in Ordnung ist, ob da nun eine Neurose oder sonst eine Störung vorliegt – in irgendeiner Art ist er wie gefangen, gefesselt, und er kommt nicht weiter. Das ist das Gegenteil vom Wesen des PURUṢA, der offen und frei, licht und »offene Weite« ist. Dieser Mensch ist eventuell entsprechend dunkel auf engem Raum »zusammengequetscht«. Dann könnte jeder Sāṃkhya-Psychologe sagen: Jetzt versuche doch einmal an dieser Stelle ihm zum nächsten Schritt in Richtung seiner (!) Freiheit zu verhelfen!*** Dies könnte man zu einer Methode entwickeln.

Also, wenn da einer gefangen, eingeengt, nicht frei und nicht glücklich ist – entwinde ihn! Was kann man tun, das für ihn ein Aufsteller ist? Und mehr oder weniger bewußt sind alle Therapierichtungen darauf ausgerichtet, den Menschen zum nächsten Schritt seiner Befreiung zu bringen, besonders seit man nach der Zeit von

---

* Wenn in diesem Buch Fragen oder Bemerkungen von Kursteilnehmern aufgenommen wurden, dann immer unter dem ersten Buchstaben ihres Namens (soweit die Stimme des Kursteilnehmers auf der Kassette identifiziert werden konnte – ansonsten wurde der Buchstabe F – für *F*rage – gewählt). OM – als Antwort – steht dann für *O*scar *M*arcel Hinze.

** Weitere Fragmente zu einer Sāṃkhya-Psychologie siehe u.a. auf den Seiten 93, 119 f., 122.

*** Da der PURUṢA eines jeden Menschen auch die *Einmaligkeit* seiner ur-eigenen Individualität darstellt, kann man sagen, daß jeder Mensch *seine eigene Freiheit* hat.

Freud und Jung versucht, *kürzere* Therapieformen zu entwickeln. Kann man diesen Menschen in irgendeiner Art frei und froh machen? – Und dann gerade kommt er zu sich! Jemand, der eiskalt ist, *ist gar nicht ganz er selbst*. Wenn du es darauf anlegst, kann ein solcher Mensch nicht ewig so kalt bleiben ...

S: Bei Menschen, die nicht ewig leben wollen und keine Reinkarnation wollen, wie soll man denn da ansetzen?

OM: Niemand, dem es ernstlich schlecht geht, will ewig leben oder wiedergeboren werden. Ich werde doch nicht jemandem, der gerade tief im Schlamassel steckt, etwas über das ewige Leben erzählen! Dann geht auch hier der nächste Schritt – ganz im Sinne des Sāṃkhya – in die Richtung seiner Freiheit. Wie stellt sich denn dieser Mensch wohl das ewige Leben vor? – Als ewige Kontinuierung seiner Misere! Das Wort Ewigkeit müßte man wohl mit Friedrich Weinreb abschaffen: Ewigkeit in diesem Sinne hat zu tun mit noch länger und noch länger – es hört nicht auf, entsetzlich ...

Die echte Spiritualität von der Unvergänglichkeit und Unsterblichkeit hat überhaupt nichts mit Ewigkeit in diesem oben genannten Sinne zu tun. Unvergänglichkeit und Unsterblichkeit sind *jenseits* von Raum und Zeit! Das bedeutet: es gibt ein Bewußtsein, das sich dann »da« auch nicht langweilt. Dieses *ist* dermaßen jenseits von allem, daß von *diesem* Standpunkt, in der Welt von Raum und Zeit, im Nu zehntausend Jahre mal vorbei sind. Das Bewußtsein, das in Raum und Zeit eingetaucht die Zeit als etwas sehr langes erlebt, ist nicht unser *eigentliches Wesen*! Das, was die wahre Unsterblichkeit des Menschen ausmacht, ist also nicht dadurch ins Bild gebracht, daß man ihn ewig lange, so wie er jetzt in der Fülle seiner Vergänglichkeit ist, leben läßt, nein ... Aber als Therapeut werde ich so einem Menschen keine solchen Dinge erzählen, sondern, ich mache mir klar: er ist »verknittert« – wie »entknittere« ich ihn jetzt um Gottes Willen?! – Raum, Licht, Aufsteller, damit er endlich wieder ein bißchen Lebenswasser bekommt, endlich wieder etwas mehr »Raum« erfährt und ein bißchen Licht am Horizont sieht!

Das Verhältnis zwischen dem PURUṢA und dem Körper ist übrigens nicht so, daß der Körper als eine Art Sandsack zu betrachten ist, der irgendwo in sich einen kleinen Hohlraum hat, worin man dann diesen PURUṢA vermuten kann – im Grunde ist es umgekehrt! Grob skizziert: Ab Körper nach außen hin bis in die fernste Unendlichkeit ist alles lichtstrahlender PURUṢA, und die kleine Aussparung im hellen PURUṢA-Raum, dieses relativ dunkle Ding da, das ist der Körper.*

Auch wenn ein Mensch im höchsten Grade frustriert und verletzt usw. ist, bleibt nur der nächste Schritt in *seine Freiheit*; dieser kann klein sein, und man muß Geduld haben. Sāṃkhya kann helfen, daß man nicht so rasch aufgibt. – Das Licht eines jeden Menschen hat die Größe des ganzen Weltalls, schlußendlich kommt nichts dagegen an – das Licht wird gewinnen. Wichtig ist nur, daß ich mich selber tatsächlich immer stärker damit verbinde – so habe ich eben Geduld, und wenn ich dann immer mehr *Licht* und *Liebe* für den anderen aufbringen kann, umso besser ...

---

* Dies ist wirklich *sehr* »grob« skizziert! In Wirklichkeit handelt es sich hier um eine sehr differenzierte Sache, der ein noch unveröffentliches Buch gewidmet ist unter dem Titel: *Das Mysterium der Materie – Die tantrische Lehre der 36* TATTVAS.

In der gesamten indischen Philosophie finden wir einen allgemeinen erkenntnistheoretischen Ansatz, der in einer Dreigliederung zum Ausdruck kommt. Beispiel:

Ich (Subjekt) – *sehe* (Aktivität des Subjekts) – *einen Baum* (Objekt).

Wenn das Ich einen Baum sieht, befindet es sich auf der Stufe des *Sehens*, und wir können dieses Ich – das Subjekt also, das sieht – auch »den *Seher*« oder »den *Sehenden*« nennen.* Wir haben in diesem Dreitakt also:

1. Den *Seher*, bzw. den Sehenden als *Subjekt*
2. Das, was er sieht, »das *Gesehene*« als *Objekt*
3. Das *Sehen* als *Prozeß*, der Subjekt und Objekt verbindet.

Diese Subjekt-Objekt-Beziehung gilt nun nicht nur für das Sehen, sondern für alle fünf Sinne und auch für das Denken. Dabei stellt »der Hörende«, »der Tastende«, »der Denkende«, bzw. »der Denker« etc. immer das Subjekt dar; »das Gehörte«, »Getastete«, »Gedachte« immer das Objekt; und »das Hören«, »das Tasten«, »das Denken« ist die Dynamik, die Subjekt und Objekt verbindet – man könnte »das Hören«, »das Tasten«, »das Denken« auch als *überbrückenden Prozeß* zwischen Subjekt und Objekt bezeichnen, wobei diese *Aktivität vom Subjekt* ausgeht ...

Die *Objekt*seite dieser Dreigliederung: alles, was gehört wird – Töne –, alles, was gesehen wird – Bilder –, alles, was gedacht wird – Gedanken –, etc., ist *Gegenstand der Wahrnehmung*, bzw. der *Erkenntnis* und nach indischer Einteilung immer PRAKṚTI, *Materie!* Ist es nicht interessant, wie *Materie* hier definiert wird? Als *Gegen-*

---

* Vielfach wird insbesondere der PURUṢA »der Seher« genannt. »Der Seher« ist dann ein Synonym für den PURUṢA.

stand der Wahrnehmung – alles, was Gegenstand der Wahrnehmung ist, ist *Materie!* Und so wie z.B. Stühle und Tische *grobstoffliche* Gegenstände der Wahrnehmung sind und damit zur *grobstofflichen Materie* gehören, so sind *Gedanken feinstoffliche* Gegenstände und gehören somit zum Bereich der *feinstofflichen Materie ...*

Im Sāṃkhya gibt es nun den berühmten Satz:

Der PURUṢA ist das absolute Subjekt, die PRAKṚTI das absolute Objekt.

Wenn es hier heißt, der PURUṢA sei das *absolute Subjekt*, dann bedeutet dies, daß der Subjekt-Anteil in all unseren Wahrnehmungen und Taten (im Sehenden, im Denker ...) letztlich auf den PURUṢA zurückgeht. Der PURUṢA ist es, der hinter all unseren Erfahrungen als letztes pures Subjekt steht. Entsprechendes gilt für die PRAKṚTI: Alle Stufen der entfalteten Materie lassen sich letztlich auf die AVYAKTA PRAKṚTI zurückführen. Wir haben schon gesehen, daß die AVYAKTA PRAKṚTI der Ursprung aller VYAKTA PRAKṚTI ist. Sie ist das letztendliche, *absolute Objekt*, auf das alle erfahrbaren Objekte zurückgehen. Der PURUṢA ist also der *Inbegriff* des Subjekt-Seins, des Ich-Seins – die PRAKṚTI ist der *Inbegriff* aller Materie, alles Objekt-Seins.

Wenn jemand zur Befreiung (MOKṢA) kommt, heißt es:

Der Seher, das Gesehene und das Sehen werden eins!

Das Subjekt, der PURUṢA, »der Seher« – das Objekt, die PRAKṚTI, »das Gesehene« – und die Aktivität des Subjekts, »das Sehen«, verschmelzen, sie werden also eins ...

Mit den üblichen philosophischen Mitteln wird man solchen Sätzen nicht leicht beikommen können. Nur jemand, der diesen Prozeß auf höchster Ebene *vollzieht*, kann eigentlich so eine Aussage machen! Nur vom höchsten Bewußtsein, dem NIRVI-

KALPA-SAMĀDHI (Einswerdung mit dem höchsten Sein) aus kann man wirklich sagen – wenn man überhaupt noch einen Ton hervorbringt: »Der Seher, das Gesehene und das Sehen sind eins« ... Oder ein anderes berühmtes Wort, das in diesem höchsten Bewußtseinszustand erfahren wird: »ŚIVOHAM«, »ich bin Gott«. Wie muß das in christlichen Ohren klingen? – Luziferisch! Dieses Wort: ŚIVOHAM – ich bin Gott, kann man sich im Christentum nicht leisten, obwohl auch in der christlichen Mystik solcherart Erlebnisse geschildert werden.

Die erkenntnistheoretische Grundlage hierfür ist die folgende – die Worte, die ich jetzt wähle, sind eigentlich nicht richtig, aber es ist die einzige Möglichkeit, wie man versuchen kann, diesen Sachverhalt auszudrücken: Wenn die höchste Erfahrung erreicht wird, dann bricht ŚIVA*, Gott in uns durch, oder, anders ausgedrückt, *wir* brechen zu *Gott* durch. Dieser Durchbruch wird *Erwachen* genannt – ein sehr beruhigendes Wort, auch für Anthroposophen. Es geht um eine totale Wachheit, und dieses Erwachen, wobei man das Einssein mit Gott erlebt, kann so ausgedrückt werden: *Das, was das eigentliche Ich, der PURUṢA in mir ist, ist gleichzeitig dasjenige, wodurch GOTT adäquat wahrgenommen werden kann.* Die adäquate Wahrnehmung von dem Subjekt aller Subjekte, dem Ich aller Iche, geht also nicht über den Weg des »Habens von einem Objekt«, denn das gerade wird überwunden. Nur durch *mein* »Ich bin« kann ich *Gottes* »Ich bin« adäquat verstehen! Ich *habe nicht* die Wahrnehmung Gottes, sondern nur durch mein *»Ich bin«* erfasse ich Gott, und *dann* kann ich nur noch sagen: »Gott bin ich. ŚIVOHAM.« Nur wenn man es so betrachtet, gibt es keine Mißverständnisse.

So hat man sich im Sāṃkhya auch gründlich besonnen auf das *Ich-Erlebnis* und den *Ich-Begriff*, und hat durch tiefes Meditieren darüber letztlich den PURUṢA er-

---

* ŚIVA ist einer der drei Hauptaspekte Gottes – wobei er auch »SAKALA«-ŚIVA (ŚIVA »mit Beschränkung«) genannt wird. ŚIVA ist aber auch ein Name für den höchsten Gott überhaupt – wobei er dann »NIṢKALA«-ŚIVA (ŚIVA »ohne Beschränkung«) genannt wird.

reicht. Der PURUṢA ist nicht nur Inbegriff der Unvergänglichkeit, des Lichtes und des Bewußtseins, sondern auch des *ICH-SEINS*. Der PURUṢA ist unsere letzte Ich-Instanz – unser Ich hat seinen eigentlichen Boden im PURUṢA. So geht auch die Ich-Erfahrung im täglichen Leben, die jeder von uns macht, letzten Endes – um so und soviele Ecken herum – auf den PURUṢA selbst zurück. Erinnern wir uns: »Wenn man die Materie auf ihre letzte Wurzel zurückführt, kommt man nicht zum PURUṢA; wenn man das Bewußtsein auf seine letzte Wurzel zurückführt, kommt man nicht zur Materie« – so der Dualismus des klassischen Sāṃkhya. Wenn man sein Ich in seiner tiefsten Wesenheit, als das, was es eigentlich ist, erfaßt, landet man beim *PURUṢA*, man kommt ins Unvergängliche. Man erlebt dann *die Einheit von dem Unvergänglichen, dem Lichtsein, dem Ichsein und dem Bewußtsein.*

Die Erfahrungen, die man macht, wenn man versucht, sein Ich zurückzuverfolgen, sind äußerst interessant. Wenn der Mensch im täglichen Leben »ich« sagt oder sich als Ich erfährt: »ich bin wütend«, »ich habe Hunger«, »ich habe Durst« etc., so ist es zwar letztlich *dieses* Ich, das bis zum PURUṢA führt, aber nun kommt das Verfängliche: in dem »ich bin wütend«, »ich habe Hunger« steckt absolut Vergängliches, und *verwoben* mit einem Stück Vergänglichkeit erleben wir uns eigentlich meistens. Die Analyse des Sāṃkhya führte nun dazu festzustellen, daß wenn man *absieht* von dem, *was* das Ich fühlt, wahrnimmt oder tut: essen, trinken oder arbeiten etc., und das ganze Bewußtsein nur richtet auf das *Ich*, das hier fühlt, wahrnimmt und tut – wobei man versucht, die *Essenz* dieses Ichseins zu erreichen – man beim PURUṢA landet! Wenn man diesen Weg geht, wird man sich stufenweise von seinen Verwobenheiten mit der Vergänglichkeit, von seinen Identifizierungen an der PRAKṚTI-Seite lösen. Was zuerst als »Ich« (AHAM), Subjekt erlebt wurde, wird nun zum Teil »dies« (IDAM), Objekt – und ganz zum Schluß bleibt nur der PURUṢA als wirkliches Ich oder Subjekt übrig!

Rudolf Steiner ist schon in seinen jungen Jahren durch ähnliche Prozesse gegangen. Sein Zugang dazu war Mathematik, insbesondere die Geometrie. Er machte dabei die Erfahrung, daß im rein geistigen, von allen äußeren Sinnen unabhängigen Erkenntnisakt, er sich völlig *als sich selbst* und *in sich selbst* erleben konnte.* Rudolf Steiner, aber auch Edmund Husserl hatten beide offensichtlich schon von ihrer Grundveranlagung her diese Eigenständigkeit und Kraft des Denkens. Durch eine scharfe erkenntnismäßige Forschung hat Steiner erfahren und erlebt, daß – wenn der Mensch auf der höchsten Ebene seiner Denkkraft zu einer Erkenntnis kommt, er in diesem Augenblick nicht mehr von seinem Leib und seinem Hirn abhängig und damit *leibfrei* ist. Für die meisten Gelehrten seiner Zeit war seine Erfahrung ein Hirngespinst ...

Zugangswege zum PURUṢA sind also *Unvergänglichkeit, Ichsein, Licht, Bewußtsein* ... Wir haben schon darüber gesprochen, daß im Sāṃkhya Bewußtsein und Licht nicht als zweierlei erfahren werden. Bewußtsein *ist* Licht. Das ist aber eine sehr schwerwiegende Aussage, denn wir machen zumindest in der Wissenschaft heute sogar eine Unterscheidung zwischen physischem und psychischem Licht (wobei die heutige Wissenschaft das »psychische Licht« gar nicht als wirkliches, objektives »Licht« akzeptiert!). Nehmen wir als Beispiel den Satz: »Mir geht ein Licht auf.« Streng nach Sāṃkhya und der Phänomenologie besteht kein Unterschied zwischen einem Licht, das dort draußen ist und dem Licht, das mir aufgeht. In beiden Fällen ist das *Licht im Lichte* dasselbe, und nach Husserl würde das äußere Licht gar nicht als »Licht« erfaßt werden, wenn es im Menschen nicht grundsätzlich das *innere* Licht gäbe! Goethe sagt irgendwo: »Das Urteil trügt, die Sinne trügen nie.« Wenn mir »ein Licht aufgeht«, so nehme ich dieses Licht doch unmittelbar wahr. Meine *Wahrnehmung* betrügt mich diesbezüglich nicht, doch das Urteil des Verstandes kann auf-

* Rudolf Steiner: *Mein Lebensgang* (S. 10-12).

grund von vorgefertigten Denkkonzepten diese unmittelbare Erfahrung als nicht wirklich abtun und uns somit »trügen«, wie Goethe sagt. Diesem Satz von Goethe ist allerdings beizufügen, daß sehr oft schon unsere Wahrnehmungen dermaßen von unseren Vorstellungskonzepten und Erwartungen usw. durchsetzt sind, daß wir kaum mehr zu einer wirklich unbefangenen Wahrnehmung kommen können. Deswegen ist eine der ersten Taten eines Phänomenologen, sich in einer unbefangenen Wahrnehmung zu üben, und zwar auf allen Ebenen. – Das Organ, das dies in uns vermag, ist im Sāṃkhya die BUDDHI*.

Die BUDDHI in uns ist das Erkenntnisorgan, das *vom Wesen der Sache her* wahrnimmt und erkennt. Dabei spielt es keine Rolle, ob es um eine grobphysische Wahrnehmung oder um eine feinstoffliche geht. Wir werden später sehen, was die BUDDHI zu ihrer unbefangenen Wahrnehmung befähigt.

Nun aber noch einmal zurück zum Ich. Unser tägliches Ich hat, wie wir festgestellt haben, eine sehr komplexe Struktur. In der Sprache des Sāṃkhya ausgedrückt ist etwas darin der unvergängliche PURUṢA, aber ebenfalls beteiligt daran ist ein vergänglicher Teil, welcher AHAṂKĀRA** genannt wird: die Egoität des Menschen. Der AHAṂKĀRA ist das *Ichorgan* für unser tägliches Leben, und wir durchschauen, insofern wir mit dem AHAṂKĀRA *identifiziert* sind, unter Umständen nicht genügend, was da in unseren Wahrnehmungen und Anliegen alles mitbeteiligt ist. Deswegen ist im Sāṃkhya *das* zentrale Wort: *die unterscheidende Erkenntnis*. Du brauchst nur das Gold vom Erz zu trennen – in diesem Fall: das Ich von dem, was Nicht-Ich, also vergänglich ist –: »Das ist das« und »das ist das«! Geh dieser Linie entlang, und du landest im PURUṢA!

* * *

---

* Die BUDDHI ist das 3. TATTVA.

** Der AHAṂKĀRA ist das 4. TATTVA.

Jeder Mensch, ohne Ausnahme, trägt verborgenerweise die PURUṢA-Natur in sich, dasjenige also, was das Wesen von PURUṢA ausmacht.* Also versuche ich immer häufiger, wo immer es mir in den Sinn kommt, *meinen* PURUṢA, aber auch die PURUṢA-Natur des *andern* zu berücksichtigen. Wie kann man das üben? – Und da soll man sich selbst zuerst einmal beobachten. Wißt ihr, daß man sich ständig gegenseitig – fast unbemerkt – im täglichen Leben »berücksichtigt«? Zum Beispiel geht man sonntags in die Kirche und will wissen: Wie sind die anderen Leute gekleidet? Aber auch, wie bin *ich* gekleidet, wie werde ich gesehen?! Man berücksichtigt die Frisur, die Kleidung, das Parfüm, die ganze Erscheinung des andern, vielleicht mit untergründigem Neid oder Ablehnung ... Jetzt versuche doch einmal, wenn du schon solcherart Äußerlichkeiten berücksichtigst, auch den unvergänglichen PURUṢA im anderen und in dir zu berücksichtigen!

Wir haben doch erwähnt, daß der PURUṢA mit dem aufrechten Gang des Menschen zusammenhängt. Die Vertikale ist eine spirituelle Kraft, die mit Licht und Ich verbunden und im PURUṢA begründet ist. Sogar jene Aufrichtekraft, die dann zum Ausdruck kommt, wenn ein Pferd sich bäumt, ist – quasi die menschliche Haltung »vorwegnehmend« – auf geheimnisvolle Weise mit dem Wesen des PURUṢA verbunden. Auch hier, in diesem »Hinaufgehen« bricht der PURUṢA durch. Wenn wir im täglichen Leben von jemandem als von einem geraden Menschen sprechen, dann meinen wir damit, daß er aufrecht, aufrichtig ist. Es gibt eine Einheit von Aufgerichtet-Sein des Körpers und moralischem Aufgerichtet-Sein – die vertikale Aufrichtigkeit ist psychosomatisch und bis ins Geistige hinein eine Realität und eine Kraft, die

---

* Diese Formulierung hebt die PURUṢA-Natur eines jeden Menschen hervor. Es bleibt dabei offen, ob – wie das Sāṃkhya lehrt – jeder Mensch »seinen eigenen PURUṢA« hat, oder – wie der Advaita-Vedānta lehrt – sämtliche Menschen an einem einzigen, sozusagen »kosmischen« PURUṢA teilhaben.

aus der *Wahrheit* kommt. Wahrheit hat mit Aufrichtigkeit aus dem PURUṢA zu tun.* Und nun übe ich mich: ich appelliere an die Aufrichtekraft eines für mich vielleicht auch schwierigen Menschen, selbst wenn ich sie u.U. nirgends bei ihm zu erkennen vermag. Als Sāṃkhya-Mensch nehme ich aber an, daß auch *er* in seinem Wesen PURUṢA ist und damit Aufrichtekraft hat – physisch, seelisch und geistig, auch auf moralischer Ebene. Damit ist auch *Licht* verbunden, und so nötig schicke ich ihm Licht, was mir aus dieser Haltung heraus auch gar nicht schwer fällt. Daß er vielleicht sonst ein unmöglicher Kerl ist, weiß ich auch, diesen Gedanken will ich gar nicht mit aller Gewalt verschwinden lassen. Nur ist das nicht ausreichend, um ihn zu charakterisieren – ich will zusätzlich den PURUṢA berücksichtigen! Dadurch wird der PURUṢA wie aktualisiert und mehr nach vorne gebracht ...

Auch bevor du ein wichtiges Gespräch mit jemandem hast, kannst du dich mit deinem Licht an sein Licht richten – knüpfe an bei *seinem* PURUṢA und bei *deinem*. So kann man Menschen wie umgewandelt erleben ... Ist das Manipulation oder gar gezielte Magie? Nein, alle, die im Sinne des Sāṃkhya arbeiten, werden nie andere manipulieren oder eigenmächtig Magie auf jemanden anwenden, weil das immer eine ego-orientierte Sache ist. *Licht* kann man aber immer schicken, das tut allen Beteiligten nur gut und kann nur zum Wohle aller führen. Wenn unsere innere Haltung ist: *Sein* Licht will ich gerne unterstützen, und weiter unser Gebet *nach oben* gerichtet ist: *»DEIN Wille geschehe!«* so schließt das jede Form von Manipulation aus. Übrigens: *SEIN* Wille und der Wille eines jeden PURUṢA liegen immer in *einer* Richtung!

U: Wie ist das mit Licht und »blenden«?

OM: Ja – Licht und »Licht« zu unterscheiden kann schwierig sein. Licht und

---

* Wahrheit heißt in Sanskrit: »SATYA«. SATYA ist abgeleitet vom Wort »SAT«, dem »Sein« – einem Merkmal des PURUṢA.

Dunkel sind im allgemeinen für uns nicht schwer zu unterscheiden. Die Wesenheit, die in diesem Zusammenhang mit dem Begriff des Dunklen verbunden ist, wurde von Rudolf Steiner »Ahriman« genannt. Dem Ahriman eigen ist u.a. eine bestimmte Art von »Grau«. »Ahriman« ist in der alten persischen Religion der große Gegenspieler des Lichtgottes »Ahura Masda« oder »Ormuzd«. In diesem Jahrhundert hat Rudolf Steiner diesen alten Begriff wieder aufgegriffen und als eine wirkende Wesenheit und Kraft unserer Zeit neu formuliert. Im allgemeinsten Sinne darf man »Ahriman« in seiner wörtlichen Bedeutung nehmen, die – wie mir ein persischer Seminarteilnehmer einmal erzählte – besagt: A(h) = nicht; ri = Licht und man = Denken. A(h)riman wäre demnach: Nicht-Licht-Denken, lichtloses Denken ...

Bei uns im Westen gilt im allgemeinen das Gute als schön und das Böse als häßlich. Das ist aber nicht überall so. In Tibet etwa oder in China kennt man furchterregende Gestalten, die innerlich vollkommen an der guten Seite stehen – und umgekehrt: Es gibt schöne, strahlende Gestalten, die im Inneren ganz übel sein können. Licht kann auch luziferisch sein. Aber alles Licht kommt letztlich von Gott, sogar luziferisches Licht. Hier gilt Entsprechendes wie für das »Ich«. Wenn jemand aus seinem komplexen Ich heraus schlimme Dinge anrichtet, dann gilt für dieses Ich ein zweifaches. Denn auch in *diesem* Ich steckt ein Ich, das zurückführt bis zum PURUṢA, aber da steckt sehr viel anderes auch noch drin, was zum AHAṂKĀRA gehört. Und genauso verflixt liegt die Sache mit »Licht«. Wir haben hier ein gutes »MANTRA« in Deutsch, weil »Ich« in »Licht« enthalten ist. »Licht« hat »Ich« in sich und das ist wesensgemäß.

Es gibt Menschen, die, obwohl auf esoterischem Gebiet weit fortgeschritten, dennoch weitgehend Luzifer verfallen sind. Wenn man bei jemandem so etwas wahrnimmt, sollte man sich immer fragen: »Und wie steht es diesbezüglich mit mir?« ... Je begabter ein Mensch ist, umso anfälliger kann er u.U. für das Luziferische sein.

Wie kann man aber so etwas vermeiden? Indem man versucht, seinen *Sinn für das Wahre und das Echte* zu schulen. Luzifer arbeitet sehr oft mit Mitteln des Unechten und des Verlogenen. Es gilt also aufzupassen, wenn man in sich einen Hang zu Unechtem verspürt, wenn man etwa gern prunkt mit Fähigkeiten, die man eigentlich gar nicht hat. Der Sinn für Wahrheit und Echtheit auf allen Gebieten ist das eine. Das zweite ist, daß man sich jedes Gefühl von *Überheblichkeit*, wo immer es sich in irgendeinem Zusammenhang in der eigenen Seele aufdrängt, bewußt macht und freundlich wieder abbaut. Mit Unechtheit und Überheblichkeit ist eine bestimmte Strahlung verbunden, die »hinter den Kulissen« gesehen sehr häßlich sein kann.

Auch das *hysterische Moment* unterstützt das Luziferische. Aus der Psychiatrie weiß man, daß von allen Geistesstörungen einer ernstzunehmenden Hysterie am schwierigsten beizukommen ist. In der Hysterie steckt ein kompliziertes, verwickeltes Spiel zwischen Echtem und Unechtem, das nur sehr schwer abzubauen ist ...

ÜBER PURUṢA – AVYAKTA PRAKṚTI – VYAKTA PRAKṚTI UND DEN DUALISMUS IM KLASSISCHEN SĀṂKHYA

Das System der 25 TATTVAS, das wir jetzt nach und nach darstellen werden, gilt in seiner Grundstruktur sowohl für die Entfaltung des großen, *göttlichen* PURUṢA, wie auch für uns als *einzelne* PURUṢAS. Wie jeder von uns seinen individuellen Leib hat, so hat der große, kosmische PURUṢA als *seinen Leib* den ganzen Kosmos – der Kosmos ist sozusagen der große Leib Gottes. Über den Gottes-PURUṢA wird aber, wie bereits erwähnt, im klassischen Sāṃkhya nicht (mehr) gesprochen, so daß im klassischen Sāṃkhya das System der 25 TATTVAS ausschließlich für den Einzelmenschen gilt. Allerdings »funktioniert« – wie wir noch sehen werden – das TATTVA-System nicht ohne die Heranziehung des kosmischen PURUṢA. Der innere Zusammenhang der SĀṂKHYA-KĀRIKĀ, worin das klassische Sāṃkhya seinen Niederschlag gefunden hat, weist zwingend auf die reale und existentielle Berücksichtigung des kosmischen PURUṢA hin, der im ursprünglichen Sāṃkhya, wie wir gesehen haben, noch voll integriert war, und man könnte sich fragen, ob Gerald James Larson – ein Kenner und Autor auf dem Gebiet des klassisch atheistischen Sāṃkhya – und auch andere Indologen dieses Problem einfach nicht erkannt haben, oder, wenn sie darauf gestoßen sind, warum sie keine Konsequenzen daraus gezogen haben ...

Wenn wir hier jetzt also *PURUṢA* schreiben, so ist die *PURUṢA-Natur* gemeint, ungeachtet, ob es unseren PURUṢA als Einzelmensch oder den großen PURUṢA betrifft. PURUṢA ist in beiden Fällen Inbegriff von *Licht, Bewußtsein, Ich-Sein, Freiheit, Ruhe, Unvergänglichkeit ...*

PURUṢA

AVYAKTA PRAKṚTI

Zwischen PURUṢA und PRAKṚTI ziehen wir einen Strich, weil laut Sāṃkhya ihr Wesen so unterschiedlich ist, daß sie definiert werden müssen durch ein gegenseitiges Sich-Ausschließen. PURUṢA ist all das, was nicht PRAKṚTI ist. PRAKṚTI ist all das, was nicht PURUṢA ist – ein unversöhnlicher Gegensatz, wie es scheint.

Auch die westliche Philosophie kennt einen Dualismus zwischen Geist und Materie, zurückgehend auf Descartes (Cartesius). Darin werden die zwei Reiche von »reinem Denken« (res cogitans) und »ausgedehnten Körpern« (res extensae) scharf voneinander getrennt. Diese *cartesianische Trennung* zwischen Geist und Materie ist aber nicht identisch mit dem indischen PURUṢA-PRAKṚTI-Gegensatz. Die westliche Trennung von Geist und Materie verläuft quer durch das indische PRAKṚTI-Spektrum – ja, sie liegt im indischen PRAKṚTI-Spektrum sogar sehr tief unten, und zwar dort, wo die grobstoffliche und die feinstoffliche Materie aufeinandertreffen. Und wo ist die Trennung zwischen Geist im Sinne von PURUṢA, und Materie im Sinne von PRAKṚTI in Indien lokalisiert? Da geht man durch alle feinstofflichen PRAKṚTI-Bereiche, die wir im Westen schon »psychisch« oder »geistig« nennen,* hindurch nach oben – und erst da, wo die PRAKṚTI restlos aufhört, jenseits der Kausal-PRAKṚTI (AVYAKTA) – auf unserer Zeichnung durch den Strich symbolisiert – befindet sich der »Abgrund« von PURUṢA als Geist.

Eine cartesianische Trennung in unserem westlichen Sinne kennt Indien von sich her nicht (wo in Indien solche Ansichten herrschen, da hat man es mit westlich ausgebildeten Indern zu tun). Im indischen PRAKṚTI-Begriff gibt es also keinen prinzipiellen Bruch zwischen der grobstofflichen Ebene und den vielen verschiedenen Stufen der feinstofflichen Materie. Der gesamte PRAKṚTI-Bereich wird als ein in sich

---

* Hier sei auf die Welt der Gefühle und Gedanken hingewiesen, die, da sie Gegenstände der Wahrnehmung – also Objekte – sind, in der indischen Philosophie noch zum Gebiet der PRAKṚTI gehören.

gegliedertes *Kontinuum* aufgefaßt, dessen einzelne Schichten grundsätzlich in *Beziehung* zueinander stehen. Wir kennen es alle, daß etwa das Gefühl einer Erleichterung auf seelischer Ebene sich unmittelbar bis in unser grobstoffliches Befinden auswirken kann – wir fühlen uns plötzlich auch physisch erleichtert, tanzen vielleicht vor Freude oder meinen vor Glück fast »auf Wolken zu schweben«. Nach Sāṃkhya und Yoga ist das »erhebende seelische Gefühl« eine *materielle Realität auf feinstofflicher Ebene*, die sich direkt bis auf die grobstoffliche Ebene »hinuntertransformieren« kann. Nach der indischen Philosophie ist das Gefühl der Erleichterung also nicht nur eine subjektive, innerseelische Empfindung, wie das hier im Westen gesehen wird, die mit der grobstofflichen Realität unseres Körpers nichts zu tun hätte. Im Falle eines Yogin kann das Gefühl von Leichtigkeit – dadurch, daß er sich mit seinem ganzen Wesen voll darauf sammelt – sogar so überhand nehmen, daß auch sein grobstofflicher Körper schwerelos wird, wodurch er in der Lage ist, über das Wasser zu gehen oder gar in der Luft zu schweben. In Indien wurden, und werden auch heute noch, solche Dinge immer wieder beobachtet.

Zwischen den verschiedenen PRAKṚTI-Bereichen sind im Prinzip aber auch »materielle Transformationen von Gegenständen« möglich – etwa das, was wir im Westen als »Materialisation« oder »Dematerialisation« bezeichnen. In der indischen Terminologie kann man hier davon sprechen, daß ein feinstofflicher Gegenstand – z.B. eine Vorstellung oder ein Wunsch – durch geistige Sammlung, wie sie von fortgeschrittenen Yogins beherrscht wird – sich zu einem grobstofflichen Gegenstand »verdichten« kann – oder umgekehrt: etwas, das zuerst grobstofflich ist, kann plötzlich auf der grobstofflichen Ebene unsichtbar werden ... Durch diesen indischen PRAKṚTI-Begriff lassen sich viele Phänomene erklären, die wir im Westen gemeinhin nur als (physikalische) Wunder bezeichnen können. Unser westliches Denken und unsere Art der Wissenschaft sind, ohne daß wir uns im allgemeinen darüber Rechenschaft geben, dermaßen durchdrungen von der Philosophie des Descartes, daß wir für solche Phänomene keine Erklärung finden können. Ja – aus *wissenschaftlichen* Gründen müssen wir sie gar für ausgeschlossen halten. Nicht so in Indien, wo es durch einen anders geprägten PRAKṚTI-Begriff keine wissenschaftlichen Gründe gibt, solche Phänomene für unmöglich zu halten – im Gegenteil.* (Unser von der cartesianischen Trennung geprägtes Denken, auch wenn wir keine höhere Schulbildung genossen haben, und die damit verbundene innere Einstellung beeinflussen übrigens auch das *Feld unserer physischen Wirklichkeit*: Alle Menschen auf der Bahnhofstraße in Zürich zum Beispiel haben – wenn auch zutiefst unbewußt darüber – einen Blick in ihren Augen, der die absolute Überzeugung dokumentiert und etabliert, daß alle Dinge nur zu Boden fallen können und nie nach oben. Von Millionen Menschen geht auf diese Weise eine suggestive Kraft in Richtung Mittelpunkt der Erde aus, was es für einen Yogin, der auf der Bahnhofstraße in Zürich vorhätte zu levitieren, sehr viel schwieriger macht!)

Und dennoch – obwohl Indien keinen Cartesius gehabt hat, präsentiert das Sāṃkhya den schärfsten Dualismus, den es gibt, den Dualismus zwischen Geist im Sinne von PURUṢA, und Materie im Sinne von PRAKṚTI. Dieser Dualismus hat aber nie die negativen Auswirkungen gehabt wie bei uns, weil der Inder in seiner philosophischen Argumentation die unbesehene Anwendung *des Ausschließlichen* nicht kennt. Der Inder sagt zum Beispiel: Nach *einem* DARŚANA** – dem klassischen Sāṃkhya – gibt es diese absolute Gegensätzlichkeit zwischen PURUṢA und PRAKṚTI, nach einem *anderen* DARŚANA – etwa dem tantrischen Sāṃkhya – gibt es diese radikale Trennung nicht. Und es gibt noch andere DARŚANAS in Indien, nach denen es

* Im Buch *Tantra Vidyā*, Kapitel VII: *Das Heilige und das Profane im lebenden Hinduismus*, speziell unter Punkt 4, ist dieses Thema noch ausführlicher dargestellt. (Außerdem wurde in der Achbergtagung 1977: *Zur Phänomenologischen Neuorientierung der Parapsychologie und Paraphysik*, diese Thematik umfassend behandelt.)

** DARŚANA hier ganz allgemein im Sinne von Anschauungsweise, Blickrichtung.

diesen scharfen Dualismus nicht gibt. Die Inder haben also keine Mühe mit verschiedenen Anschauungsweisen, und das ist keine schizophrene Veranlagung, sondern eine erkenntnistheoretische Haltung, welche in der tatsächlichen Realität der Schöpfung begründet liegt!

Wir müssen diese absolute Gegensätzlichkeit von PURUṢA und PRAKṚTI als eine scharfe Form von Terminologie auffassen, die wie eine *Spielregel* zu sehen ist, die wir einhalten sollen. Wir wollen den Autor der SĀṂKHYA-KĀRIKĀ jetzt ernst nehmen in seinem Anliegen – wir lassen diese absolute Trennung gelten und werden uns nicht den *Kopf* darüber zerbrechen, wie man die Gegensätze irgendwie zusammenkriegt.

Wegen dieser radikalen Trennung von PURUṢA und PRAKṚTI hat S. Radhakrishnan, Indologe und ehemaliger Staatspräsident Indiens, in seinem Buch: *Indische Philosophie* (Band II, Abschnitt III) – außer daß er einige Worte der Anerkennung für das Sāṃkhya äußert – auch eine scharfe Polemik gegen das Sāṃkhya-System getrieben. Schlag auf Schlag versucht er, das Sāṃkhya zu widerlegen. Seine längeren und in sich sehr guten und folgerichtigen Ausführungen auf einen Nenner gebracht: Es ist unmöglich, die Welt zu verstehen oder das Geist-Materie-Problem zu lösen, wenn PURUṢA und PRAKṚTI in einem solch absoluten Gegensatz und Widerspruch zueinander stehen würden, wie es das Sāṃkhya postuliert. *Philosophisch* hat er total recht. Seine Polemik trifft aber das wahre Sāṃkhya nicht. Vom gewöhnlichen schulphilosophischen Standpunkt aus kann man das Sāṃkhya zu Recht angreifen. Auch die Philosophen der europäischen Welt können die hier relevanten Sāṃkhya-Thesen oftmals nicht nachvollziehen. Ihre Argumentation läuft z.B. darauf hinaus, daß sie sagen: »Wie soll denn der Geist auf die Materie wirken, wenn nicht der Geist etwas Materielles oder umgekehrt die Materie etwas Geistiges hat ...« Das Problem hier ist, daß die besagten Sāṃkhya-Aussagen von Radhakrishnan und westlichen Denkern gewissermaßen auf eine inadäquate Weise, nämlich in einem üblich-philosophischen Sinne, ernst genommen werden. Sie sehen nicht, daß es sich hier gar nicht um »Philosophie« in diesem Sinne, sondern um die *Didaktik eines speziellen Erleuchtungsweges* handelt. Deswegen fällt das Sāṃkhya an allen Universitäten unter den Begriff des radikalsten Dualismus, den die Philosophiegeschichte der Welt je hervorgebracht hat.

Die Terminologie des klassischen Sāṃkhya ist tatsächlich paradox und fast kôanhaft. Ich sehe auch immer die alten Sāṃkhya-Lehrer im stillen darüber lachen, wie wir uns mit diesem Dualismus abmühen und nicht zu durchschauen vermögen, daß diese Formulierungen *Spielregeln* sind. Und man muß hier gleich noch hinzufügen, daß die wirklichen Vorgänge auf der Ebene von PURUṢA und PRAKṚTI auch gar nicht in Worten ausgedrückt werden können ...

Es lohnt sich, wenn man nicht nur rein *philosophisch* versucht, diesen Dualismus zu erfassen, sondern den *Weg zur Erleuchtung* gehen will, vorübergehend diesen starken Gegensatz als solchen, der auf einem wichtigen Faktum beruht, stehenzulassen und einzuhalten. Die Aussagen über die absolute Verschiedenheit von PURUṢA und PRAKṚTI sind *gültig*, sie sind nicht einfach »nicht wahr«, auch wenn man später die ganze Sache in einem umfassenderen Kontext sieht – aber *dann* ist man auch über die 25 TATTVAS des klassischen Sāṃkhya hinausgestiegen! Im 36 TATTVA-System des *tantrischen Sāṃkhya* werden die Rätsel, die das klassische Sāṃkhya aus didaktischen Gründen aufwirft, geklärt. Vorläufig würde es uns aber nichts nützen, wenn wir die Lösung hörten, wir könnten sie höchstens mit dem Kopf nachvollziehen und würden dadurch die kostbare Gelegenheit verpassen, aufgrund dieser uns zunächst einmal angebotenen Dualität wichtige Schritte zu tun. Wie soll ich aber damit umgehen? Indem ich das merkwürdige Phänomen, daß ich als Körper ein spazierender »Sack« Materie bin – dunkel, ziemlich dicht und räumlich eng begrenzt –

akzeptiere, mich aber gleichzeitig vergewissere, daß ich *nicht* nur dieses bin, denn dann wäre ich ja nur wie ein Stein. Ich bin außerdem noch das Bewußtsein, und das ist das *›GANZ ANDERE‹!* Und wir werden im Fortgang des Erleuchtungsweges im Laufe von Monaten und Jahren feststellen, wie gut es ist, die Spannung zwischen diesem Materiebegriff und diesem Geistbegriff nicht zu früh erschlaffen zu lassen.

Das 25 TATTVA-System des Sāṃkhya ist so genial aufgebaut, daß man es wirklich jedem anbieten kann, damit er im täglichen Leben damit umgeht. Man erfährt dann auch, was in Indien von jeher bekannt ist, daß wir nämlich im Grunde so viele Bewußtseinsstufen oder Bewußtseinszustände nötig hätten, wie es Etagen, Sphären, Niveaus der Schöpfung gibt. Wir versuchen immer mit *einem einzigen* Bewußtseinszustand, der gerade für unsere grobstoffliche Welt einigermaßen geeignet ist, *alles* zu klären, bis hin zu Gott. Das ist aber nicht möglich. Wir brauchen für jeden Teil der Natur, für alle verschiedenen PRAKṚTI-Stufen, einen entsprechenden Bewußtseinshintergrund. Dadurch erst können wir erfahren, wie die *ganze Wirklichkeit* beschaffen ist, und wie es sich schließlich auch mit dem Geheimnis von PURUṢA und PRAKṚTI verhält.

Buddha sagt: »Es gibt, ihr Mönche, ein Ungeborenes, Ungewordenes, nicht Gemachtes, nicht Gestaltetes. Gäbe es nicht, ihr Mönche, dies Ungeborene, Ungewordene, nicht Gemachte, nicht Gestaltete, würde es für das Geborene, Gewordene, Gemachte, Gestaltete keinen Ausweg geben.«* Angewandt auf unseren Sāṃkhya-Weg bedeutet dies: wenn wir hier neben diesem »Sack« Materie und all unseren Schwierigkeiten in dieser Welt nicht zugleich auf Schritt und Tritt das unendliche, verborgene Licht in uns hätten, das *›GANZ ANDERE‹* – und es ist direkt erholend, daß es so ganz anders ist –, dann gäbe es für uns, die wir so verstrickt sind in unserem

* Erich Frauwallner: *Geschichte der indischen Philosophie,* S. 227.

Fixiertsein auf alles, was hier diese Materie betrifft, keinen Ausweg, keine Zuflucht. Und deswegen, laßt uns diese Spielregeln einhalten!

Eigentlich haben wir mit der Erläuterung der beiden Begriffe »PURUṢA« und »PRAKṚTI« das Grundsätzliche schon besprochen – wir haben aber im ganzen 25 TATTVAS. PRAKṚTI gibt es nun, wie bereits besprochen, prinzipiell in zwei Ausführungen: als manifestierte Materie = VYAKTA PRAKṚTI – und unmanifestierte Materie = AVYAKTA PRAKṚTI, wobei wir die unmanifestierte PRAKṚTI nicht so leicht direkt verstehen können. Wir haben also:

PURUṢA

AVYAKTA PRAKṚTI – unmanifestierte Materie

VYAKTA PRAKṚTI – manifestierte Materie

Auf der Stufe der manifestierten Materie nun fängt das Spektrum der PRAKṚTI an, sich zu entfalten – es gibt viele Stufen der *manifestierten* PRAKṚTI, 23 TATTVAS insgesamt. Die erste Stufe ist die BUDDHI, über die wir noch ausführlich zu sprechen kommen. Führe ich aber, von *unten*, dem grobstofflichen Bereich ausgehend, alle PRAKṚTI-Stufen zu ihrem *Ursprung* zurück, so überschreite ich dabei die oberste manifestierte PRAKṚTI-Stufe (BUDDHI) und lande in der AVYAKTA PRAKṚTI. Die AVYAKTA PRAKṚTI ist die »Wurzel-PRAKṚTI« (»MŪLA-PRAKṚTI«), die Grund-PRAKṚTI oder Ur-PRAKṚTI, woraus alle VYAKTA PRAKṚTI hervorgegangen ist.

Über diese drei Begriffe haben wir bereits Aussagen gemacht: PURUṢA, Inbegriff von Licht und Bewußtsein ... ist ungeworden, unvergänglich und allgegenwärtig. Von allen manifestierten PRAKṚTI-Stufen gilt genau das Gegenteil: sie sind nicht ungeworden, nicht unvergänglich und nicht allgegenwärtig, sondern irgendwann entstanden, deswegen vergänglich und in ihrer Ausdehnung beschränkt. *Die unmanife-*

stierte PRAKṚTI aber ist wie der PURUṢA ungeworden, unvergänglich und allgegenwärtig. Es gibt also zwei TATTVAS, die – so radikal verschieden sie sonst auch sind – sich durch Unvergänglichkeit, Ungewordenheit und Allgegenwart charakterisieren lassen.

Und jetzt kommen wir auf die seltsame Aussage von Seite 37 zurück, wonach die PRAKṚTI selbst für große Erleuchtete ein Geheimnis darstellt ... Wie ist denn diese PRAKṚTI, diese uneingeschränkte, ewige, unvergängliche PRAKṚTI aufzufassen? Was *ist* diese unmanifestierte PRAKṚTI? Ein ganz großes Rätsel!

Dieses unergründliche Rätsel hat im Vedānta einen bestimmten Namen: MĀYĀ. Dieser Name durchzieht die ganze Geistesgeschichte Indiens durch alle Jahrtausende. Er gehört einer Göttin an, der allergrößter Respekt gebührt. MĀYĀ ist sowohl der mythologische Name dieser Göttin, wie auch ein ganz zentraler philosophischer Begriff im Advaita-Vedānta.

Der *ADVAITA-VEDĀNTA* ist eine Neuformulierung des *VEDĀNTA*, jener philosophischen Schulrichtung, die auf dem letzten Teil des Veda, den UPANIṢADEN, gründet. Der Advaita-Vedānta in seiner höchsten Entfaltung geht zurück auf den berühmten Erleuchteten ŚAṄKARĀCĀRYA (auch bekannt als ŚAṄKARA oder ĀDI-ŚAṄKARA), von dem man annimmt, daß er im 8.Jh. n. Chr. gelebt hat. »A-DVAITA« bedeutet wörtlich »Nicht-Zweiheit«, womit gemeint ist, daß es sich beim Advaita-Vedānta um eine »Einheitslehre« (Monismus) handelt, die nur ein einziges Urprinzip – die höchste, allumfassendste Gottheit: BRAHMAN – als *Realität* gelten läßt.

Wenn vorhin von MĀYĀ auch als von einem »philosophischen Begriff« die Rede ist, so ist dieser Begriff aber nicht als etwas Abstraktes, Intellektuelles aufzufassen, sondern man muß sich hier die MĀYĀ-Wesenheit vorstellen, wie sie auf der Ebene des kosmischen VIJÑĀNA-MAYA-KOŚA (dem »Leib gebildet aus Erkenntnis«) in Erscheinung tritt. Dieser Bereich ist uns zugänglich über das Lichtdenken. Es ist also die eine MĀYĀ-Wesenheit, die sowohl auf der mythologischen wie auf der philosophischen Ebene lebendig erfahren werden kann!

Mit dieser MĀYĀ verbinden sich Begriffe wie »Schein«, »Täuschung«, »Illusion«, »Schleier«. Auch im Westen wird das Wort MĀYĀ in diesem Sinne benützt. MĀYĀ selbst *ist* aber *nicht* die Illusion, sie *ist nicht* Täuschung oder Schleier, sondern sie *bewirkt* Illusion und Täuschung, sie *erzeugt sie, bringt sie hervor* ...

Der Indologe Heinrich Zimmer, ein grandioser Erzähler, berichtet in einem Kapitel über »VIṢṆUS MĀYĀ«, was der Heilige Vyāsa anderen Heiligen über MĀYĀ erzählt (S. 11): »Diese MĀYĀ gleicht dem Gaukelspiel eines Traumes, und sie reißt alle Wesen in ihren Bann. Wer kann die MĀYĀ des höchsten Gottes erkennen, außer er selbst?« Und später (S. 15): »... selbst den Göttern ist sie unausdenkbar. Sie gleicht dem Gaukelspiel eines Traumes und verblendet alle Welt.«

MĀYĀ beinhaltet etwas, wodurch der Effekt entsteht, daß »es all das gibt, wovon wir denken, daß es das gibt«. So formuliert es der Advaita-Vedānta, der manchmal auch »MĀYĀVĀDA«, die »Lehre über das Wesen von MĀYĀ«, genannt wird. Nach dieser Lehre wird die Welt als Täuschung betrachtet – nur BRAHMAN kommt Realität zu –, und es ist die MĀYĀ, welche diese Täuschung *bewirkt*, weshalb diese Lehre auch »die Täuschungslehre« genannt wird. MĀYĀ gaukelt uns eine Welt vor, die als solche gar nicht real ist – ja, die es eigentlich gar nicht gibt. Daß wir sie als etwas Reales sehen, entspringt unserer Verblendung durch das Nicht-Wissen (AVIDYĀ). Weil aber auch die Welt der Erscheinungen ihre (wenn auch eingeschränkte) Bedeutung hat, formulierte Śaṅkarācārya seine »Lehre der zwei Standpunkte (AVASTHĀ) der Welterklärung«, anknüpfend an die vedische Lehre der »zweistufigen Wahrheit« (PARĀ-VIDYĀ und APARĀ-VIDYĀ). Mit dem PARAMĀRTHA-AVASTHĀ wird der »Standpunkt der höchsten Realität« – der Standpunkt BRAHMANS, von dem aus die Welt nicht wirklich existiert* – eingenommen, mit dem VYAVAHĀRA-AVASTHĀ der

---

* Darauf werden wir im Abschnitt: VOM STANDPUNKT DES BRAHMAN ..., S. 175 ff., noch zurückkommen.

»Standpunkt des Welttreibens«, zu dem alle Dualität (DVAITA) und alle erfahrbaren Unterschiede dieser Welt gehören.* Für Śaṅkara selbst ist letztlich aber nur der »Standpunkt der höchsten Realität« *wirklich*, alles andere ist abgewandelte, stufenweise *verhüllte* Realität. Daß wir diese verhüllte Realität als voll-real ansehen, ist – nach Śaṅkarācārya – eine Folge unserer derzeitigen Bewußtseinslage ...

Die Tantriker sind ebenfalls Vertreter des Monismus, werden aber in ihrer Terminologie der Problematik des existentiellen Dualismus, den es ihrer Meinung nach *wirklich* gibt, gerecht. Die Tantriker gehen an der Realität dieser Welt nicht vorbei. Sie sprechen von ihr auch nicht als von einer Illusion. Zwar sehen auch sie auf der höchsten Ebene die *Einheit*, trotzdem aber tragen sie der Tatsache Rechnung, daß die oft krassen Gegensätze auf niedereren Ebenen als der des BRAHMAN *existieren*. Sie sagen, daß diese Unterschiede auf *realen Transformationsvorgängen im Schöpfungsprozeß beruhen*, daß sie als solche real erlebt werden und deswegen auch real begründet sind *im Kontext der jeweiligen Stufe*.

Sāṃkhya unterscheidet sich wie die Tantriker vom Vedānta darin, daß die vielen Abstufungen, Modifikationen und Verschiedenheiten als real und nicht als Schein betrachtet werden. Und wer hat jetzt recht – die »Täuschungslehre« oder die »Realitätslehre«? *Beide* Lehren sind m.E. gültig. Sie stellen *zwei Sichtweisen* auf dieselbe Wirklichkeit dar, zwei DARŚANAS im Sinne von *Anschauungsweisen.* Die *eine große Wirklichkeit* kann zwar verschieden *formuliert* werden – die *Erfahrung dieser einen Wirklichkeit* aber ist überall grundsätzlich dieselbe ...

MĀYĀ nimmt im Vedānta die Stelle ein, die bei den Sāṃkhyas der Urzeit die AVYAKTA PRAKṚTI ausmacht. Der Name MĀYĀ kommt im Sāṃkhya nicht vor. Mit MĀYĀ verbinden sich auch Ausdrücke wie »Zauberkraft Gottes« oder »Denkkraft

---

* Siehe hierzu auch O.M. Hinze: *Tantra Vidyā*, S. 142.

Gottes«. Goethe fragte einmal: Wer hat je über das Denken nachgedacht? Wissen wir, was wir tun, wenn wir denken? Denken tut jeder, aber *denken über das Denken* tun nur wenige ... Wer das Geheimnis löst, wie er den Akt des eigenen Denkens eigentlich vollzieht, kommt damit auch dem Geheimnis näher, was und wer MĀYĀ ist!

Im Rahmen einer Tagung mit dem Thema: *Zur Phänomenologischen Neuorientierung der Parapsychologie und Paraphysik* (1977), wies ich im Zusammenhang mit dem Thema »Materialisation« auch auf das Denken hin: Versuche einmal in dir zu beobachten, was geschieht, wenn du denkst ... Was beim Denken geschieht, ist vom Prinzip her dasselbe, wie wenn ein Gegenstand materialisiert wird »aus dem Nichts«. Als Übung hatte ich damals gegeben: Wenn du dich an einen Namen nicht sofort erinnern kannst, ihn aber auf der Spitze der Zunge trägst – ah, jetzt plötzlich fällt er dir ein, gerade wenn du vielleicht einen Moment lang nicht daran denkst ... beobachte genau, was in diesem letzten Moment geschehen ist! Kam der Name etwa von oben ..., oder von unten ..., oder von schräg links? – »Er ist mir eingefallen«, sagt man. Die Erfahrung, die man machen würde, wenn man diesen Vorgang genau untersucht, ist die, daß man nicht *einer* Windrichtung den Vorzug geben könnte. Der Name kommt wie von allen Seiten – der Prozeß spielt sich gleichsam drei-dimensional ab. »Sich erinnern«, »Gedanken bilden« ist ein Verdichtungsprozeß zur Mitte hin, während »Vergessen« ein Entdichtungsprozeß zum Umkreis hin ist. Um diese Beobachtung machen zu können, müssen wir aber von dem Ort, von wo aus wir sonst immer den Denkakt durchführen, wie einen Schritt *zurücktreten*, damit wir sehen können, was da genau vor sich geht ...

Wenn wir den Vorgang eines Menschen, der als Denker einen Denkakt durchführt, *übertragen auf das Kosmische*, landen wir bei MĀYĀ, der »Denkkraft Gottes«. Die durch MĀYĀ hervorgerufenen Gedanken sind bereits VYAKTA, entfaltete Materie, und die erste VYAKTA-Stufe ist die BUDDHI.

Die BUDDHI ist unser höchstes Erkenntnisorgan. Sie ist jene Fähigkeit in uns, wodurch wir das wahre Wesen von Menschen, Dingen, Situationen – ungetrübt durch das Ego – erfassen können. Die BUDDHI ist ein helles, leuchtendes Organ; sie ist so licht, daß man in einer Abwandlung eines Satzes von Teilhard de Chardin sagen könnte, daß sie »Materie« in einer Art und Weise ist, die man von einem »Geist« fast nicht unterscheiden kann.* »Geist« wäre hier dann im Sinne von PURUṢA zu verstehen, und die »Materie«, die davon kaum zu unterscheiden ist, wäre die BUDDHI. So hell die BUDDHI aber auch ist, so ist sie doch gerade nicht PURUṢA! Sie ist enorm transparent und lichtvoll, gehört aber an die Seite der PRAKṚTI, deren allererste VYAKTA-Stufe sie ist, und unsere Chance im täglichen Leben liegt nun darin, diese BUDDHI zu entwickeln, dieses Organ in uns zur Entfaltung zu bringen. Entwickeln bedeutet, ihr Wachstum zu fördern – so wie wir bei einer Pflanze Wasser geben und sie ans Sonnenlicht setzen können, also nur gewisse Bedingungen für ihr Wachstum schaffen können, so ist es auch in bezug auf die Entfaltung der BUDDHI. Und warum ist es so wichtig, diese BUDDHI zu entfalten? Weil es letztlich dieses höchste Erkenntnisorgan in uns ist, wodurch wir den Unterschied zwischen PURUṢA und PRAKṚTI zu erkennen vermögen, um damit MOKṢA, die Erleuchtung, zu erlangen.

Die BUDDHI zu entwickeln kann in manchen Fällen auch eine Alternative dazu sein, tiefenpsychologisch an Probleme heranzugehen. Es ist gut zu wissen, daß wir diese BUDDHI haben – ein Organ, das ganz PURUṢA-ähnlich ist, ja, direkt auf den

---

* Teilhard de Chardin: *Lobgesang des Alls*, S. 90. Hier heißt es:
»Du herrschest, Materie, in den erhabenen Höhen, wo die Heiligen glauben, dir auszuweichen – so durchsichtiges und so bewegliches Fleisch, daß wir dich nicht mehr von einem Geist unterscheiden.«

PURUṢA ausgerichtet ist. Da die innere Natur von BUDDHI *Licht* ist, können wir auch von einem *Lichtorgan* sprechen. Die BUDDHI vermittelt uns im Grunde den PURUṢA. Wir können auch sagen, daß sie den PURUṢA hinsichtlich seiner Licht-Natur im Bereich der PRAKṚTI »vertritt« – der PURUṢA seinerseits ist der letztendliche Grund allen wahren Erkennens, Erfassens, Begreifens, des »Sehens« in seinem höchsten, allumfassendsten Aspekt. Schlicht ausgedrückt: der PURUṢA ist »der Seher« in jedem von uns. Er ist geradewegs göttlicher Abstammung. Sein Instrument ist die BUDDHI. Und wenn wir immer wieder daran denken und damit auch die Übung machen: »Ich habe ein verborgenes Licht und der andere hat das auch«, so fangen wir schon an, dieses Pflänzchen zu begießen; wenn wir ihm nicht zuviele Steine in den Weg legen, dann entwickelt und entfaltet es sich ganz von selbst.

Obwohl die BUDDHI also ganz licht ist, müssen wir sie doch unterscheiden vom PURUṢA, welcher das Licht selbst ist. Sie ist zwar die leuchtendste Materie, die es gibt, bleibt aber dennoch PRAKṚTI. Aber – wie ist es möglich, daß sie so leuchtend sein kann, wenn sie doch Materie und nicht PURUṢA ist?

Einige kennen vielleicht das Empedokles-Postulat: »Wär' nicht das Auge sonnenhaft, wie könnten wir das Licht erblicken? Lebt' nicht in uns des Gottes eigne Kraft, wie könnt' uns Göttliches entzücken?«* Dieses Postulat, angewandt auf die BUDDHI würde lauten: Daß die BUDDHI überhaupt so leuchtend sein kann, ist, weil sie eine Art »Verwandtschaft« mit dem PURUṢA haben muß!

Das Empedokles-Postulat drückt eine wirkliche Entsprechung aus, ist also nicht einfach nur Dichtung. Es entspricht einer wahren Wissenschaft, wenn auch nicht derjenigen, die heute im Westen allgemein akzeptiert ist. Bei uns heute wird das Auge

---

* Aussage von Empedokles, von Goethe neu formuliert in der Einleitung zu seiner »Farbenlehre«, erster Band, erster, didaktischer Teil.

in einer ganz anderen wissenschaftlichen Disziplin (Biologie, Physiologie) behandelt als die Sonne als Quelle des Lichtes (Erdkunde, Astronomie). In archaischer Sicht aber gibt es einen unmittelbaren *ontologischen Zusammenhang* zwischen Sonnenlicht und Auge: Das Spezifische des Sonnenlichtes selbst ist es, das aus dem ursprünglichen Körperzusammenhang heraus das Auge entwickelte ...

Das Empedokles-Postulat umfaßt im Grunde noch eine ganze Reihe weitere Bereiche: »Mit dem Feuer *in* mir bin ich fähig, das Feuer *außerhalb* mir wahrzunehmen; durch den Wind in mir bin ich fähig, den Wind außerhalb mir wahrzunehmen; durch das Wasser in mir bin ich fähig, Wasser außerhalb mir wahrzunehmen.« Das heißt, ich muß etwas in mir haben, das verwandt ist mit den Dingen, die ich draußen wahrnehme, sonst *kann* ich sie nicht wahrnehmen.

In Indien spricht man außer von 5 Wahrnehmungsorganen auch von 5 Tatorganen. Die 5 Wahrnehmungsorgane und die 5 Tatorgane werden alle »INDRIYAS« genannt.* Das Wort »INDRIYA« wird sowohl übersetzt durch »Organ«, wie durch »Sinn«.** Man kann nun das Empedokles-Theorem auf alle diese Sinne ausdehnen: Nicht nur kann ich durch das Feuer in mir das Feuer außerhalb mir erblicken, sondern durch das Feuer in mir habe ich auch »Macht« über das Feuer außerhalb mir! Durch die Erde in mir habe ich »Macht« über die Erde außerhalb mir.

»Macht ausüben auf ...« bedeutet hier: »ich wirke ein auf ...«. Durch meine Tatorgane wirke ich auf die Objekte *ein*. Wenn ich aber wahrnehme, wirkt das Objekt auf *mich* ein. Ich nenne die Wahrnehmungssinne manchmal auch die »sensorischen Sinne« – sie nehmen auf. Die Tatsinne sind dann die »motorischen Sinne« – sie handeln tatkräftig. Wir haben also Wahrnehmungsorgane, um damit z.B. Feuer wahr-

---

* Diese 10 INDRIYAS sind weitere 10 TATTVAS.

** Dies ist nicht ohne weiteres selbstverständlich. Normalerweise müßte man unterscheiden zwischen »Sinn« und »Organ«. Wir werden später (S. 185 f.) noch darauf zurückkommen.

zunehmen, und wir haben Tatorgane, wodurch wir die Möglichkeit und Kraft haben, mit dem Feuer umzugehen, es z.B. zu entfachen, zu schüren oder zu löschen.

Daß das Empedokles-Postulat in der heutigen Wissenschaft keine (oder: fast keine – anerkannte) Gültigkeit hat, hängt auch damit zusammen, daß das geistige Organ des *Fühlens* im Westen nicht im selben Maße entwickelt wurde wie das Denkorgan. Wir »fühlen« und *sehen* heute bestimmte Zusammenhänge nicht mehr. Hätten wir das Gefühlsorgan ebenso entwickelt, wie wir im Laufe der letzten Jahrhunderte das Denkorgan entwickelt haben, würden wir auch nicht in solchem Umfang »Vivisektion der Materie« betreiben. Man *hört* das Schreien der Materie nicht mehr! Zwischen verschiedenen Tönen, etwa den Klängen der Stimme einer Sängerin und dem Schreien eines Huhnes, dem der Hals umgedreht wird, besteht nach der Wissenschaft der Unterschied nur in der Frequenz der akustischen Schwingung ... Die Menschenopfer, die wir bringen müssen in Katastrophen und Kriegen, stehen m.E. in engem Zusammenhang mit der Tierquälerei, wie sie zum Teil an Universitäten und in Forschungslaboratorien getrieben wird. Auch wenn die Tiere narkotisiert sind – so eine von mir gemachte, sehr schmerzliche Erfahrung –, leiden sie. Dies wird aber gewöhnlich nicht wahrgenommen.

Wenn früher, in archaischen Zeiten, Tiere geopfert wurden im Rahmen religiöser Riten, geschah das auf einer ganz anderen Grundlage. Vielleicht darf ich meine diesbezügliche Sicht kurz darstellen: Zuoberst im achtgliedrigen Yogapfad steht AHIṂSĀ: »nicht verletzen«; gewöhnlich aber verletzt man ein Wesen, wenn man es umbringt. Nur ein Priester, der die Macht hatte, die Seele eines Tieres aus dem Körper und durch den Tod hindurch zu begleiten, so daß es später in einer anderen Welt noch mit Freude auf das Geschehen zurückschauen konnte, durfte Opferpriester werden. War ein Priester dazu nicht fähig, tat es aber trotzdem, so machte er sich schuldig. Da solche Mißstände gang und gäbe waren, wehrten sich Yogins und

Heilige wie Kapila, Buddha und Mahavira – der Begründer des Jainismus, einer Schwesterreligion des Buddhismus – vehement gegen Tieropfer jeglicher Art.

Wissen wir, was wir tun, wenn wir Experimente mit Tieren durchführen? – Wir müßten mit unseren Empfindungen dabeisein und uns fragen, was da eigentlich geschieht!

Auch im Mathematik-Unterricht benützen wir streckenweise lebensfeindliche Methoden. Wir durch*schauen* dabei nicht, was im seelischen Kontext eines Schülers angerichtet wird. Wir denken überwiegend unanschaulich, ja »blind«.* Im Lebensleib gibt es aber Widerstände dagegen, blind bestimmte Zusammenhänge einfach anzunehmen; diese inneren Widerstände sind spirituell begründet, man kann sie im Lebensleib fühlen; sie zu ignorieren oder einfach zu überrennen, übt einen lebensfeindlichen Einfluß auf den Schüler aus. Wir können jetzt unsere Mechanismen und Gewohnheiten gar nicht so direkt brechen. Doch müssen wir damit rechnen, daß diese lebensfeindlichen Vorgänge auf der Ebene des Denkens sich am Ende tödlich im Kollektiv der Menschheit auswirken, bis hinunter auf die Ebene von Fleisch und Blut.

Was für ein Organ müßte man hier entwickeln? Die BUDDHI, jenes Organ, wodurch wir – ungeachtet unserer persönlichen Interessen, Sympathien und Antipathien – wahrnehmen, erleben und empfinden können, was *im Gegenüber* vorgeht. Die BUDDHI ist auch jenes Organ, das wir brauchen, um einen Focusing-Prozeß im Sinne Eugen Gendlins durchzuführen.** Diese spezifische BUDDHI-Fähigkeit wird leider im allgemeinen nicht eingesetzt in der heutigen Wissenschaft.

---

* Diese Aussagen sind im Grunde viel zu knapp. An anderer Stelle ist diese Thematik ausführlicher dargestellt. Siehe u.a. O.M. Hinze: *Wahrnehmung Wissenschaft und Wirklichkeit.*

** Das Buch: *Focusing* von Eugen T. Gendlin kann man auch in diesem Zusammenhang wärmstens empfehlen!

Das Wort BUDDHI stammt von der Wurzel »BUDH« ab. »BUDH«, »BUDDHI« und »BUDDHA« haben alle mit Einsicht und Klarheit des Geistes zu tun, mit Erwachen. Diese unterscheidende Erkenntnis, BUDDHI, hängt auf verborgene Weise auch mit all dem zusammen, was wir Wohlwollen, Güte, ja: Liebe nennen. *Erkenntnis und Liebe begegnen sich in der BUDDHI.* Wer aus tiefer Erkenntnis heraus die volle Wahrheit einer Sache erfaßt, wird in diesem Augenblick ganz in Übereinstimmung mit allen Gesetzen der Liebe sein. Die eigentliche Urquelle der Liebe befindet sich jedoch noch »eine Etage höher« auf der unvergänglichen Ebene (AVYAKTA PRAKṚTI und PURUṢA). Die Liebe ist Trägerin des Lichtes (PURUṢA) – sie ist wie eine »Substanz«, die Licht ausstrahlt. Die Liebe ist aber auch Trägerin der Kraft (AVYAKTA PRAKṚTI) – sie ist wie eine »Substanz«, die Kraft ausstrahlt (alle Kraft war ursprünglich Liebeskraft). Die Liebe stellt die Einheit von Licht und Kraft, PURUṢA und AVYAKTA PRAKṚTI dar, wobei PURUṢA überwiegend durch das Licht, AVYAKTA PRAKṚTI überwiegend durch die Kraft charakterisiert ist. Die Liebe könnte ohne Kraft nicht wirken, und die Kraft kann ohne Licht nichts Sinnvolles tun.

Wir haben also den PURUṢA als Inbegriff des Lichtes, der Liebe, des Bewußtseins und der Unvergänglichkeit einerseits, und andererseits jene feine PRAKṚTI, BUDDHI genannt, die leuchtend strahlt. Nochmals wollen wir die Frage aufwerfen: Wie kann etwas, das per Sāṃkhya-Definition nichts zu tun hat mit dem PURUṢA, dem Inbegriff des Lichtes, nämlich die BUDDHI als PRAKṚTI, überhaupt leuchten?

Und darin liegt einer der Widersprüche im Sāṃkhya, wodurch ich sage: Sāṃkhya hat Kôan-Charakter. Die Sāṃkhyas lassen es hier auf einen krassen Widerspruch ankommen, den sie jedoch nicht intellektuell zu klären bereit sind.

Einerseits beharrt das Sāṃkhya also auf der Spielregel, den absoluten Unterschied zwischen PURUṢA und PRAKṚTI aufrecht zu erhalten, und wir sollen dieses Spiel mitmachen. Andererseits haben wir hier den PURUṢA, diese weit überirdische, durch und durch geistige Lichtquelle – und jene lichthafte BUDDHI, die der PRAKṚTI angehört. Wie *kommt* es, daß diese BUDDHI so lichthaft ist? Ja, das kann doch nur sein, weil – nach dem Empedokles-Postulat – die BUDDHI-PRAKṚTI auch etwas vom Licht-Wesen des PURUṢA haben muß! Wie könnte denn sonst die BUDDHI-PRAKṚTI das Licht überhaupt aufnehmen, wenn sie nicht etwas in sich hätte, das lichthaft ist? Diese enge Zusammenarbeit zwischen PURUṢA und BUDDHI wäre doch nicht möglich, wenn es nicht etwas gäbe, was die beiden miteinander verbindet ...

In diesem Zusammenhang will ich zwei Begriffe einführen, die uns vielleicht helfen können, diesem Geheimnis etwas näher zu kommen: Ein Wort für Bewußtsein im Sāṃkhya – wie auch allgemein in Indien – ist CIT. Es wird gesagt, daß die Natur von PURUṢA CIT ist, pures Bewußtsein, absolutes Bewußtsein. Jetzt kommt aber etwas Interessantes. Es gibt ein anderes Wort: CITTA. Während CIT Bewußtsein ist und an der PURUṢA-Seite steht, ist CITTA Bewußtseins*organ* und steht an der PRAKṚTI-Seite. Das heißt, einerseits gibt es das Bewußtsein, das Licht selbst, und andererseits gibt es eine Art *Verwirklichung dieses Lichtes*, ein *In-Erscheinung-Treten dieses Lichtes als eine besondere Art von Materie*, und das ist CITTA.

CIT ist also *Bewußtsein* und CITTA ist das entsprechende *Bewußtseins-Organ,* bzw. der entsprechende *Bewußtseins-Träger* im Bereich der PRAKṚTI ... Sobald etwas ein *Organ* ist, steht es immer an der PRAKṚTI-Seite und ist vergänglich.

In manchen Sāṃkhya-Schulen hat man die Begriffe BUDDHI und CITTA miteinander identifiziert. In der Yogaschule hingegen steht das Wort CITTA meist für das ganze, integrierte BUDDHI-AHAṂKĀRA-MANAS-Organ, welches im Sāṃkhya ANTAḤ-KARAṆA genannt wird.

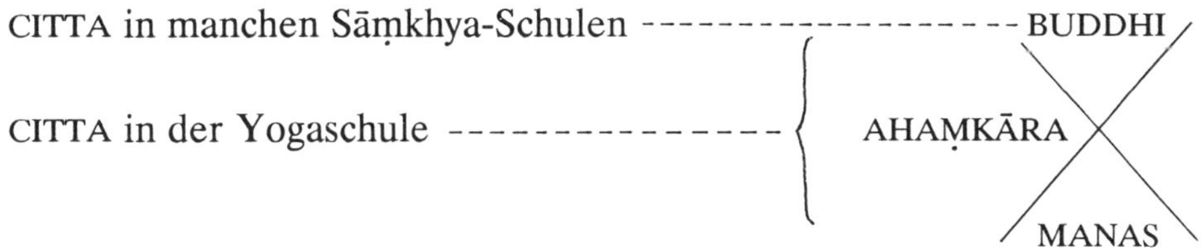

BUDDHI, das 3. TATTVA, AHAṂKĀRA, das 4. TATTVA und MANAS, das 5. TATTVA sind alle *Organe*. So wird BUDDHI *Erkenntnisorgan*, AHAṂKĀRA *Ichorgan* und MANAS *Denkorgan* genannt. MANAS wird zwar oft mit »Denken« übersetzt, was man streng genommen aber nicht tun sollte. Das, was wir normalerweise unser Denken nennen, bezeichnen die Inder als Denk*organ*. Dasjenige, was wir normalerweise Ich nennen, bezeichnen sie als Ich*organ* – BUDDHI, AHAṂKĀRA und MANAS sind alles Entfaltungen, Manifestationen der *PRAKṚTI*. Das heißt, sie sind für die Inder immer noch »materiell«.

Und warum benimmt sich beispielsweise die BUDDHI so, als ob sie das *Erkennen* selbst ist, und der AHAṂKĀRA so, als ob er das *Ich* selbst ist – und schließlich das MANAS so, als ob es das *Denken* selbst ist? Nun, diese drei Organe verhalten sich so,

erstens, weil der PURUṢA in ihrer *unmittelbaren »Nähe«* ist! Das geheimnisvollste Wort in diesem Zusammenhang ist das Wort *NÄHE* ...*

zweitens, weil der PURUṢA sich mit diesen drei Organen *identifiziert*. Dies hat gewaltige Konsequenzen. Im gleichen Schritt, wie der PURUṢA sich ihnen nähert *und* sich mit ihnen identifiziert, übernimmt er auch alle ihre, ihnen spezifisch eigen seienden *Beschränkungen*. Durch Identifikation mit der BUDDHI nimmt der PURUṢA quasi die endliche »Ausdehnung« dieser BUDDHI an – d.h. nicht in Wirklichkeit, nicht im vollen Umfang seiner Unvergänglichkeit: diese bleibt im Grunde unversehrt. – Ebenso: durch Identifikation mit dem AHAṂKĀRA nimmt der PURUṢA quasi die endlichen Ausmaße dieses AHAṂKĀRA an. Entsprechendes geschieht auch in bezug auf das MANAS. Es ist, als ob der PURUṢA einer dreifachen Faszination unterliegt, welche ihn – vorübergehend – seine wahre, ursprüngliche Identität vergessen läßt ... etwa zu vergleichen einem Puppenspieler, der während des Spiels seine eigene Identität

---

* Die Auswirkung dieser *Nähe* des PURUṢA ist, daß alle drei Organe – jedes in seiner spezifischen Art – voll belebt, lichterfüllt und durchseelt in Erscheinung treten.

aufgibt zugunsten der jeweils eigenen charakteristischen Persönlichkeiten seiner Puppen ... Der Puppenspieler steht für den PURUṢA. Die Puppen stellen samt und sonders die in Erscheinung getretene »Materie«, d.h. die VYAKTA PRAKṚTI dar.

Laßt uns jetzt BUDDHI, AHAṂKĀRA und MANAS noch näher charakterisieren.

In der BUDDHI ist also unsere wirkliche, objektive Erkenntnis veranlagt. Durch die BUDDHI können wir Dinge aus ihrer tiefsten Essenz heraus sehen und unterscheiden.

Im Begriff AHAṂKĀRA steckt das Wort AHAM – Sanskritwort für »Ich«; in seinem Ursprung ist dieses dem PURUṢA gleich. AHAṂ*KĀRA* ist der Ich-*Macher*, der Ich-*Verursacher* im Bereich der PRAKṚTI. Durch den AHAṂKĀRA wird unser Ich-Gefühl in die PRAKṚTI verlegt. Er vermittelt uns auch das Ich-Gefühl in diesem Körper, wodurch wir überhaupt bemerken, daß dieser Körper der unsrige ist. Durch dieses Ich-Organ können wir erst in dieser Welt wahrnehmen und handeln. Er schafft den Ich-Bezug zu all dem, was wir hier sind und tun. Er ist der Ich-Sinn, die Ich-Instanz, der Ich-»Ersatz« im Bereich der Materie, d.h. er »spiegelt« das Ich, den PURUṢA des Menschen, als verkörpertes Wesen. Er ist »das Organ im Materie-Bereich, wodurch sich der PURUṢA mit der Materie, also zunächst mit dem eigenen Körper – dem grobstofflichen und dem psychischen – identifiziert, und zwar zunächst (auf der unerleuchteten Stufe des Menschen), ohne sich seiner Eigenständigkeit bewußt zu sein. Es verhält sich dabei der PURUṢA zum AHAṂKĀRA gewissermaßen wie die Sonne zum Mond: Wie das Licht des Mondes nicht sein eigenes Licht, sondern das der Sonne ist, so ist die Ichhaftigkeit des AHAṂKĀRA nur ›geliehene‹ Ichheit. Sie stellt lediglich ein Schein-Ich dar, das – wie alle Materie – vergänglicher Natur ist. Nur dem PURUṢA kommt echtes Ich-Sein und ewige Unvergänglichkeit zu.«*

---

* Dieses Zitat wurde aus *Tantra Vidyā* (S. 165/166) hinzugefügt.

Und wenn in manchen Büchern zu lesen ist, das Ich müsse »zerstört« werden, damit der Mensch zur Erleuchtung kommen kann, dann ist mit diesem »Ich« prinzipiell immer das AHAṂKĀRA-»Ich« gemeint, nie das PURUṢA-Ich. Dieses kann gar nicht zerstört werden – der PURUṢA ist per Definition unvergänglich. Manchmal heißt es auch, dieses AHAṂKĀRA-Ich müsse *integriert,* bzw. zu BUDDHI *transformiert* werden, andere drücken sich so aus: der AHAṂKĀRA *verschwindet* einfach, er spielt keine Rolle mehr ... das sind alles verschiedene *Worte* für ein und denselben Vorgang.

Während die BUDDHI das PURUṢA-Licht reflektiert, wie es ist – ihre Freude ist es, den PURUṢA, *so wie er ist,* zu manifestieren –, *modifiziert* der AHAṂKĀRA dieses Licht. Bei jedem Menschen bekommt es eine ganz eigene Färbung. Das PURUṢA-Licht wird durch den AHAṂKĀRA sehr individuell gestaltet und so zu einer eigenen Form gebracht.

Die Indologen übersetzen meist AHAṂKĀRA mit Ichorgan und BUDDHI mit Erkenntnisorgan. G.J. Larson allerdings, wie auch Erich Frauwallner, übersetzt AHAṂKĀRA unter anderem mit Selbstbewußtsein, was man aus terminologischen Gründen besser nicht tun sollte. AHAṂKĀRA hat zwar mit Selbstbewußtsein zu *tun,* ist aber nur das ausführende *Organ* des Selbstbewußtseins. »Das empirische Ich« ist auch kein schlechter Ausdruck für den AHAṂKĀRA. Manchmal sage ich auch »Haus, Garten- und Küchen-Ich«, weil er das Ich-Zentrum von unserem täglichen Leben ist.

Eigentlich sind sowohl BUDDHI wie MANAS beide Erkenntnis-, wenn man will Denkorgane. Wenn ich »eigentlich« sage, ist immer noch ein Haken daran, und das beabsichtige ich hier. Daß die Indologen im allgemeinen BUDDHI Erkenntnisorgan und MANAS Denkorgan nennen, ist nur, um eine Differenzierung zum Ausdruck zu bringen. Richard Garbe nennt auch BUDDHI ein Denkorgan. Er sagt sogar: BUDDHI ist *das* Denkorgan des Menschen. Ob ich aber sage: »erkennen« oder »denken«, BUDDHI wie MANAS haben das beide in sich, und es ist gewissermaßen unsere Willkür, welches deutsche Wort wir damit verbinden. Erich Frauwallner nennt konsequent BUDDHI nur Erkenntnisorgan (oder kurz »Erkennen«) und MANAS meist nur Denkorgan (oder kurz »Denken«). Aber das nützt *noch* nichts, wenn wir nicht sehen, worin der Unterschied zwischen MANAS und BUDDHI besteht.

Der Unterschied liegt darin, daß die BUDDHI von ihrem Wesen her noch nicht berührt ist von Egoität. Man ersieht dies aus ihrer Stellung *vor* AHAṂKĀRA im System der 25 TATTVAS.* Deswegen ist die BUDDHI so pur, kennt keine egoistischen Anwandlungen *von sich her.* BUDDHI-Denken ist ursprünglich »Vor-Ich-Denken«, ist noch nicht ichbezogen. MANAS hingegen ist schon ich-orientiertes Denken, ichbezogenes Denken. MANAS hat bereits die Stufe von AHAṂKĀRA, der Egoität des Menschen, durchwandert und ist tatsächlich egoistisch getönt. MANAS ist dem AHAṂKĀRA untergeordnet, ist AHAṂKĀRA-gesteuert, während BUDDHI – von *sich* her – dem PURUṢA gehorcht, PURUṢA-gesteuert ist.

Und jetzt das Beispiel einer MANAS-Erfahrung, ein gelungenes Bild, das ich immer mal wieder bringe und das auf reale Erfahrung zurückgeht: Ich, Marcella, gehe durch die Straße, und plötzlich fällt mein Blick auf ein wunderschönes Kleid – das läßt mein Herz höher schlagen, ich muß heute abend nämlich zu einem Ball, und ich sehe in diesem Augenblick schon, wie ich das Kleid trage, aber nicht nur das! Ich sehe ganz besonders alle anderen, die sehen, wie gut ich darin aussehe!** – Das ist alles MANAS.

Das Spektrum von MANAS ist sehr umfassend. Das englische Wort MIND gibt die Vielseitigkeit von MANAS gut wieder. MANAS wird zwar Denkorgan oder auch kurz Denken genannt, ist aber eigentlich Denken, Fühlen und Wollen in einem. Wo

---

* Siehe Seite 84.

** Daß hier eine weibliche Person als Beispiel genommen wurde, ist reine Willkür. Wir hätten genauso das Beispiel eines Mannes nehmen können, der einen schicken Anzug (mit einer aparten Kravatte) sieht, womit der seine Freundin überraschen will ...

liegt hier Denken, wo Fühlen und wo liegt hier Wollen? – Das geht alles blitzartig schnell, ich *sehe* das Kleid – das ist eine Wahrnehmung – blitzschnell *denke* ich an den Ball, ich trage das Kleid schon in Gedanken und sehe mich durch die Augen der anderen, und ich verspüre den dringenden *Wunsch,* dieses wunderschöne Kleid auch wirklich zu besitzen – und ich merke es nicht nur, meine Beine sind schon längst in Richtung dieses Ladens unterwegs! Das bedeutet, ich habe *Gedankenvorgänge,* ich habe *Empfindungen, Gefühle* und ich habe *Willensimpulse,* die sich sofort umsetzen in die Tat – meine Beine betreten schon das Geschäft. Ich frage die Verkäuferin, wie teuer das Kleid ist – doch die Frau sagt: »Es ist leider schon verkauft ...« Dies löst bei mir einige *Gemütsbewegungen* aus ... Und diese Reaktion – diese maßlose *Enttäuschung,* dieser *Frust* – ist wiederum MANAS. So kann man wunderbar sehen von morgens bis abends, was MANAS ist. »Ich« gehe buchstäblich auf und ab mit den Wogen all dieser Empfindungen!

Auf diese Weise beherrscht MANAS quantitativ gesehen einen großen Teil unseres Lebens. Das Spiel der Freude, der Enttäuschung, all diese Art Dinge, das Spektrum an Farben und Gefühlen, die ganzen Leidenschaften ... Natürlich ist das alles stark egobetont, es kann gar nicht anders sein. MANAS impliziert, daß ich von mir her mit meinen Wünschen an die Sachen herantrete, und deswegen heißt MANAS in manchen indischen Büchern a priori *Organ des Begehrens.* Die Denkbewegungen des MANAS sind Begehren-durchzogen. Ich *begehre* etwas, und das bedeutet, daß das Objekt auf mich, auf meine Wünsche zugeschnitten wird. Meine Sympathien und Antipathien zum Beispiel fallen auch darunter – etwas ist mir sympathisch, es liegt mir, etwas anderes liegt mir gar nicht – all dieses ist MANAS.

Und wie ist es mit der BUDDHI? So wie der Mensch mit seinem MANAS von sich zu den Dingen hindenkt und sich selbst einbringt in die Wahrnehmung, so denkt der Mensch mit seiner BUDDHI *aus den Dingen heraus* zu sich hin. Durch das MANAS dringt der Mensch sozusagen mit sich in die Welt ein. Ich bringe mich selbst hinein in dieses Kleid usw. *Ich* bin das Kriterium, worum sich alles dreht bei der Beurteilung, ob ich es kaufen soll oder nicht. All meine Überlegungen und Entschlüsse sind auf diese Weise gefärbt *durch mein AHAṂKĀRA-Ich.* Wahrnehmungen und Taten gehen von *mir* aus. Die Wahrnehmung: das Kleid – die Tat: meine Beine laufen dahin, um es zu kaufen ... Während der AHAṂKĀRA sich über das MANAS selbst in die Wahrnehmung hineinbringt, nehme ich mich mittels der BUDDHI zurück, wodurch das Wesen des anderen mich erreichen kann. Nur durch die BUDDHI bin ich fähig, aus dem Umkreis der Welt zu mir hinzudenken, d.h. *dann* kommen mir wirklich die wahren Gegebenheiten, *so wie sie sind,* zur Kenntnis, ohne daß sie getrübt oder verwandelt, umgemodelt werden durch mein Ich, durch meine Bedürfnisse usw.

Und wie kann man sich üben, die BUDDHI mehr zu entwickeln? Dazu gibt es verschiedene Übungen. Zum Beispiel, wenn du über negative Eigenschaften von Menschen redest, erwähne doch jeweils auch ein paar gute dazu! – Vielleicht mußt du lange suchen, das könnte sein, man könnte sich aber üben, eine vorzügliche Fähigkeit bei jedem zu entdecken. Man findet doch oft eine bewundernswerte Fähigkeit neben anderen Eigenheiten, die man so gar nicht mag ... Wichtig ist, ob ich trotz einer Antipathie, die ich habe, an so einem Menschen auch etwas Gutes finden kann, weil es einfach sachlich auch so *ist!* Denn wir kennen auch den sehr subjektiven Standpunkt, daß wenn einer »unten durch« ist, kein Haar mehr an ihm gut bleibt – oder das Umgekehrte. Wenn sich ein Junge in ein Mädchen verliebt – jetzt stelle ich es absichtlich überspitzt dar –, dann kann er nichts Schlechtes an ihr finden, alles an ihr ist gut, mehr als das ..., aber wenn er sich nach einiger Zeit in jemand anderen verliebt, so kommt es vor, daß er über die vorige Freundin herzieht – plötzlich sieht er nichts Gutes mehr an ihr! Das ist schon eine Fixierung im Bereich des MANAS. Übrigens, man soll nicht denken, daß MANAS erst überwunden sein muß und dann erst die BUDDHI zum Tragen kommen kann. Sogar mit einer fundamentalen Sympathie-Antipathie-Konstitution ist es sehr wohl möglich, die BUDDHI zu entwickeln.

Wenn man bemerkt, wie die BUDDHI-Instanz in einem heranwächst, so ist das mit einer großen inneren Freude verbunden. Dadurch bekommt man auch immer mehr das Bedürfnis, endlich die Dinge aus sich selbst heraus und nicht nur von der eigenen Warte her zu beurteilen. Die BUDDHI liefert die Grundlage, daß man mit jedem Wesen im Universum eine Verbindung eingehen könnte, in Freundschaft, Liebe, Kameradschaft. In der (PURUṢA-orientierten) BUDDHI hören alle Konflikte, wie sie zwischen den Egos der Menschen üblich sind, auf. Man kann sagen, daß der PURUṢA eines jeden Menschen die PURUṢAS aller anderen Menschen immer nur *unterstützt*, während auf dem Gebiet der AHAṂKĀRAS Wettbewerb, Kampf und Ehrgeiz herrschen, wodurch jeder einzelne AHAṂKĀRA leicht der Neigung verfällt, jeden anderen AHAṂKĀRA zu *bekämpfen!*

Und nun kommen wir noch einmal auf das Wort CITTA zurück. Wie kommt die Yogaschule dazu, sowohl AHAṂKĀRA, wie MANAS, wie BUDDHI einheitlich das CITTA-Organ zu nennen? – Zur Beantwortung dieser Frage gehe ich jetzt einmal vom AHAṂKĀRA aus. Dieser AHAṂKĀRA, der für sich wie eine Mittelstellung zwischen MANAS und BUDDHI innehat, kann so »schwingen«, daß er sich vor allem in der »unteren« Schwingungsbreite bewegt und sich dabei vollkommen dem MANAS-Denken angleicht. AHAṂKĀRA ist dann eine perfekte Funktion von MANAS geworden – er steht ganz im Dienste von MANAS. Es ist der AHAṂKĀRA, der die ungezählten Dinge, von denen MANAS fasziniert ist, genießt. Man kann die beiden in diesem Fall fast in einem sehen. Aber dasselbe Organ, AHAṂKĀRA, das einmal im Sinne von MANAS schwingen kann, kann sich auch »nach oben« orientieren, sachlich, lichtorientiert werden und ganz im Sinne von BUDDHI schwingen, wodurch es jetzt imstande ist, objektive Urteile zu fällen über Dinge, Situationen und Menschen. Wir haben hiermit den Fall eines Menschen, der buchstäblich »über sich selbst hinaus« gewachsen ist.

So haben wir also *ein* Gebilde, AHAṂKĀRA, das sowohl nach oben wie auch nach unten hin schwingen kann. Interessanterweise waren es besonders die Yogins, die durch ihre besondere Art der Übung BUDDHI, AHAṂKĀRA und MANAS als stark ineinander verflochten erlebten und sie dementsprechend primär als ein einheitliches Organ empfanden.

Haben wir uns nicht darüber unterhalten, als wir über die Elemente Erde, Wasser, Feuer und Luft/Wind sprachen, daß, wenn ich »Erde-TATTVA«, »Wasser-TATTVA« »Feuer-TATTVA« sage, dies uns dazu aufruft, nicht nur an das empirische Feuer zu denken, als das, was es für *uns*, im Sinne von MANAS-Denken ist? Das Wort *TATTVA* bereits fordert uns dazu auf, die *BUDDHI* ins Feld zu bringen. Die BUDDHI ist jenes Organ, das die Fähigkeit hat, das *Wesen* von Erde, von Wasser, von Feuer und von Wind adäquat zu erforschen.

Und genauso können wir jetzt versuchen, das MANAS als *TATTVA* aufzufassen. Man sollte auch nicht eine zu antipathische Haltung dem MANAS gegenüber einnehmen, denn es hat im Gefüge der Schöpfung seine eigene Daseinsberechtigung. Wir werden auf weitere, bedeutende MANAS-Funktionen noch zu sprechen kommen. Wichtig ist immer, wie man zu Recht in allen Psychotherapien hört, daß man zuerst einmal etwas so akzeptiert, wie es in einem ist, auch wenn es einem nicht gefällt – dann aber sich darum bemüht, das *Wesen* hiervon und seinen *Sinn* zu erfassen. So kann ich das Wesen von MANAS erfassen, das Wesen von AHAṂKĀRA erfassen und das Wesen von BUDDHI erfassen, immer im Sinne ihres *TATTVA*-Seins, und in dieser Richtung nähere ich mich dem PURUṢA!

Nachdem wir BUDDHI, AHAṂKĀRA und MANAS besprochen haben, wollen wir jetzt eine Übersicht über die uns bereits bekannten TATTVAS zeichnen:

1. PURUṢA

---

2. AVYAKTA PRAKṚTI

↓

3. BUDDHI (erste VYAKTA-Stufe der PRAKṚTI)

↓

4. AHAṂKĀRA

↓

5. MANAS

PURUṢA und AVYAKTA PRAKṚTI stehen jeweils für sich. Beide sind unvergänglich und allgegenwärtig. Aus der AVYAKTA PRAKṚTI geht als erste Stufe der manifestierten PRAKṚTI die BUDDHI hervor, aus der BUDDHI geht dann der AHAṂKĀRA hervor, aus dem AHAṂKĀRA das MANAS.

Der AHAṂKĀRA ist ein sehr differenzierter, umfassender Organismus, aus dem – wie wir noch sehen werden – nicht nur das MANAS, sondern auch noch andere TATTVAS, unter anderem die 10 Sinne, entstehen, und zwar auf eine Art und Weise, die uns später nötigt, eine neue Zeichnung zu machen.* Schreibt man nämlich alle 25 TATTVAS einfach untereinander, dann sieht man nicht, woraus sie jeweils entstanden sind.

Die BUDDHI ist ein großes, lichtvolles Gebilde; ihr zweiter Name sei hier ebenfalls erwähnt, weil er wirklich sehr passend ist: MAHAT, und das bedeutet »groß«, und

---

* Diese neue Darstellung findet sich u.a. auf den Seiten 185 und 192.

warum wird wohl die BUDDHI auch MAHAT genannt? MAHAT oder BUDDHI ist die erste Stufe nach der AVYAKTA PRAKṚTI, und diese ist allgegenwärtig, also unbegrenzt. Da die BUDDHI als erste *manifestierte* PRAKṚTI sich gerade »befreit« aus der unendlichen Allgegenwart, kann sie nicht vermeiden, noch buchstäblich *»sehr groß«* zu sein. Die BUDDHI ist archetypisch mit dem Prinzip des Großen verbunden. Wenn wir ein »Tröpfchen« BUDDHI auf die Zunge bekommen, werden wir *ganz groß* – dieses Tröpfchen vermag einen Menschen in *das Große* zu verwandeln. Erst dadurch kann er annähernd die Größe Gottes erkennen – nach dem Empedokles-Theorem kann der Mensch nur das erkennen, was er in sich trägt. Wo in dieser Welt Durchbrüche an Erkenntnissen, an Aufhellung, an Frohmut, an Toleranz – all das hat mit BUDDHI zu tun – stattfinden, wird man groß und weit, und auf eine ruhige Weise froh.

Jeder Mensch hat seine BUDDHI – es gibt so viele BUDDHIS, wie es Menschen gibt. Aber außerdem, ja: zu *allererst*, gibt es *die eine*, alle einzelnen BUDDHIS umfassende, *kosmische* BUDDHI. Es *muß* sie geben, das geht zwingend aus dem integralen 25-TATTVA-System, wie sich im Verlauf unserer Betrachtung noch herausstellen wird, hervor – plötzlich wird es unausweichlich zu berücksichtigen, daß die BUDDHI nicht nur eine Bedeutung persönlich psychologisch für jeden einzelnen Menschen hat, sondern zugleich auch eine kosmische Realität darstellt.*

So groß die BUDDHI aber ist, sie hat ihre Begrenzung – nur PURUṢA und AVYAKTA sind allgegenwärtig. Alle TATTVAS, die *nach* der BUDDHI kommen, sind jeweils stufenweise immer eingegrenzter, kleiner.

---

* Auf dieses Thema kommen wir im Kapitel: VYAKTI BHEDA – DER KOSMISCHE PURUṢA UND DIE DIFFERENZIERUNG IN EINZELWESEN, S. 279, noch zu sprechen.

Wir haben über den PURUṢA als das *eigentliche Ich* des Menschen gesprochen. Man könnte ihn auch als das *Licht-Ich* bezeichnen. Der PURUṢA ist aber nicht nur zutiefst die Quelle unseres Ich-Seins, er ist auch die *Quelle unseres Frei-Seins.*

Ja, ist der Mensch nun frei oder unfrei? Jean-Paul Sartre z.B. war der Ansicht, daß der Mensch wirklich frei ist, von dieser Freiheit nur keinen Gebrauch macht, u.a. weil er so eingeschüchtert ist durch das »Man« – was *man* sagt, was *man* denkt, wie steht *man* da ... Nähme man all das weg, so meinte er, bleibe die pure Freiheit übrig. – Sartre war ein »Ich-Philosoph«, wie es auf eine völlig andere Weise auch Steiner war, oder – wieder anders – Nietzsche.

Nun – was die Freiheit anbelangt –, wir wissen ganz genau, wie unfrei wir sind in vielen Hinsichten; ich muß aber sagen: wir ahnen dennoch nicht, *wie unfrei* wir sind, jetzt mal so im täglichen Leben. Ja – dann ist der Mensch also nicht frei? – Nein, das stimmt auch nicht.

Es ist richtig, hier von zwei Polen auszugehen, die virtuell in uns stecken, dem Pol der absoluten Freiheit und dem Pol der absoluten Unfreiheit, und wir befinden uns da irgendwo dazwischen. An jeder Tat, auch einer Denk- oder Sprechtat, beteiligen sich im allgemeinen ein Stück wirkliche Freiheit und quantitativ gesehen noch relativ viel Unfreiheit. Man kann unsere Entwicklung im allgemeinen dahin formulieren, daß wir – wenn alles gut geht – ständig Fortschritte machen auf dem Gebiet der Freiheit.

Der Durchbruch zum PURUṢA impliziert einen Durchbruch zu unbegrenzter Freiheit. Das heißt aber, solange man inkarniert ist, also noch einen grobstofflichen Körper hat, keineswegs, daß man jetzt absolut frei in dem Sinne wäre, daß man nicht den Determinierungen seitens Raum, Zeit und Materie noch ausgesetzt wäre. Daß man aber diese Determinierungen zum Teil auch überwinden kann, wurde z.B. in Indien demonstriert durch den HAṬHA-Yoga, dessen Übungen von einigen Yogins bis zur letzten Konsequenz durchgeführt wurden. Dadurch haben sie die Determinierungen der Welt – Raum, Zeit und Materie – in mancherlei Hinsicht radikal durchbrochen.

Ein Mensch kann manchmal innerlich *Freiheit* empfinden, auch wenn er äußerlich unter Unfreiheit sehr leidet. Ja, er kann die Unfreiheit nur empfinden, weil er tief in sich selbst ein absolutes Kriterium für Freiheit hat ...

Wo bin ich frei? Wo ist der Ort der Freiheit? – Da ist es völlig richtig zu sagen: der *PURUṢA* ist der Ort der absoluten Freiheit. *Soweit also der PURUṢA immer mehr ein integrierter Teil meines Lebens wird, soweit wird auch die Freiheit ein integrierter Teil meines Lebens.*

Jeder Mensch hat verborgenerweise dieses Licht, PURUṢA genannt. Wir haben darüber gesprochen, daß wir diesen PURUṢA in uns selbst und in den anderen immer mehr berücksichtigen sollten, so wie wir auch hunderte Dinge in der äußeren Erscheinung des Menschen berücksichtigen. Wir sind durch das Übergewicht, das dieses mehr Äußere bekommt, ziemlich abgezogen von der Berücksichtigung des PURUṢA. Berücksichtigen bedeutet aber auch: *R A U M GEBEN*.

Ich kann also versuchen – »ich« bedeutet hier das komplexe, empirische Ich – soweit ich bewußt bin, *diesem PURUṢA in mir immer mehr Raum zu geben!* Das soll man ruhig bewußt tun. *Raum geben* ist eine Aktivität, die gleichzeitig wie »passiv«, empfangend ist. Ich will *Raum geben* dieser verborgenen Wirklichkeit, die PURUṢA ist, wovon die Yogins behaupten, daß dies die Wirklichkeit *überhaupt* ist, und die alles in den Schatten stellt, was wir sonst noch sind und als real empfinden!

Was aber geschieht, wenn wir im Laufe der Zeit diesem Licht in uns immer mehr Raum geben? Dann werden wir irgendwann feststellen, daß die *Initiative* dazu, diese Übung weiter fortzusetzen, *vom PURUṢA ausgeht!* Das ganze Streben nach Licht, nach Unvergänglichkeit, also nach PURUṢA-Erleben geht im Grunde vom PURUṢA selbst aus. Anfangs denken wir vielleicht: »Ich bin auf die Idee gekommen ...«, oder wir werden plötzlich geführt, etwas Bestimmtes zu lesen oder uns mit jemandem zu unterhalten, wodurch wir in dieser Hinsicht inspiriert werden. Vielleicht versuchen wir auch bewußt, uns immer mehr in Richtung PURUṢA-Licht zu bewegen, doch das *»kippt«* eines Tages – und dann fühle ich mich nicht mehr als das Subjekt, das dem PURUṢA (=Objekt) Raum gibt, sondern ich stelle fest: die Initiative geht vom PURUṢA aus! Dann merke ich auch, daß »ich«, statt immer »aktiver«, sozusagen immer »passiver« werden muß – und das ist auch eine Form von Aktivität: versuchen, auf eine spezifische Weise passiver zu werden, um diesem PURUṢA, der ich im Grunde selber bin und der besser weiß, was er will als »ich« es weiß, *Raum zu geben!* Ein Wort, das man heutzutage viel hört in Meditations- und Zenkreisen ist: loslassen.

Vom *PURUṢA* geht also letztlich die Initiative aus, *uns* zu erreichen. Normalerweise steht er aber bei uns immer »vor verschlossenen Türen«. Er klopft zwar an, aber wir merken es nicht, weil wir »mit dem Rücken« zu ihm stehen. Außerdem können wir ihn auch schwer suchen, da wir den Weg zu ihm nicht kennen. Also können wir nur eine innere Bereitschaft entwickeln, ein Loch in der Wolkendecke über uns freihalten, indem wir uns immer wieder an den PURUṢA erinnern – und dann, eines Tages, packt dieses Licht, diese Liebe, dieses Leben dich von einer völlig unbekannten »Windrichtung« her, auf die du von dir aus nie gekommen wärst ...

DIE NÄHE DES PURUṢA

Zu den strengen Spielregeln des klassischen Sāṃkhya gehört auch die folgende Aussage:

Der PURUṢA wird charakterisiert als der *eigentlich* Wahrnehmende – er ist der *Erkennende, der Seher,* aber er ist *nie Täter* im klassischen Sāṃkhya! Er »tut« *nichts,* aber auch *gar* nichts – die PRAKṚTI ist es, die *alles tut!* Die AVYAKTA PRAKṚTI hat die ganze Welt, die ganze Schöpfung, das Universum in seiner großen Vielfalt hervorgebracht (da ist natürlich die *kosmische* PRAKṚTI gemeint). So wie also der PURUṢA Inbegriff von Licht, Bewußtsein, Auge und Sehen ist und absolut nichts tut, so tut die PRAKṚTI alles, und – es wird hinzugesagt: sie ist absolut blind, total unbewußt, ja, der Inbegriff von Unbewußtheit!

Aber, wenn diese PRAKṚTI so total unbewußt, blind, nicht sehend ist, wie kann sie dann intelligente Wesen und den ganzen Reichtum an Erscheinungsformen zustande bringen? Dieser unermeßliche Reichtum an Wesen und Erscheinungsformen unserer Schöpfung kann doch nur einer weit übermenschlichen, ja: *göttlichen* Intelligenz zugeschrieben werden! Wie soll denn diese PRAKṚTI, die blind und ohne jegliches Bewußtsein sein soll, dies alles hervorbringen? Es heißt:

DURCH DIE N Ä H E VON PURUṢA (SANNIDHI).

Hier kommen wir zu einem ganz zentralen Begriff im Sāṃkhya. Durch die *Nähe des PURUṢA zur PRAKṚTI* fängt plötzlich diese PRAKṚTI an, sich zu entfalten – das Universum mit seinen Milliarden von Milchstraßensystemen entsteht, dessen unermeßliche Vielfalt und unvergleichbare Schönheit alles übertrifft, was wir erfassen können. Der PURUṢA, der selbst nichts tut, »bewirkt« also lediglich durch seine *Nähe / Gegenwart / Präsenz* etwas, *wodurch die PRAKṚTI all das tut!* Und hierbei soll man zunächst einmal stehenbleiben ...

Auch für unser *tägliches Leben* ist es hilfreich, immer mehr diesen PURUṢA bewußt einzubeziehen als Inbegriff von Ruhe, Liebe, Licht und Frieden. Durch seine *Nähe* kann er an der PRAKṚTI-Seite sehr viel bewirken, ja: der PURUṢA hat eine *enorme Wirkung* durch seine *blosse Gegenwart!*

Dazu ein Geschehen aus der Kriegszeit in Indonesien, das mir damals von jemandem erzählt wurde. Eines Tages wurden der Betreffende und seine Familie von fünf Männern überfallen, die alle über gewaltige, übermenschliche Kräfte zu verfügen schienen. So konnten sie u.a. beliebig schwere Gegenstände mühelos heben und davontragen, obwohl sie – wie die meisten Indonesier – von eher schmächtigem Körperbau waren ... Diese Männer waren offenbar gar nicht richtig bei Bewußtsein, sie schienen wie besessen von *einem* Dämon zu sein. Und nun trat ihnen ein einzelner Mann aus der Familie dieses Bekannten entgegen. Dabei konzentrierte er sich ganz nach innen – dies bewirkte bei ihm ein PURUṢA-Näherkommen –, und während er nach innen ging, strahlte *Ruhe* nach außen und erreichte die fünf Angreifer. PURUṢA-Nähe wurde nun auch bei ihnen zustande gebracht und hatte auf sie die unmittelbare Wirkung von einem *Zu-sich-Kommen*. Ihre PURUṢAS, die durch die Besessenheit wie »weit weggeschleudert« worden waren, wurden nun unwiderstehlich angezogen. Die Männer kamen zu Bewußtsein; sie wußten plötzlich wieder, wer sie waren, was sie taten und ließen erstaunt ab von ihrem Angriff ... Das ist PURUṢA-Nähe durch »Induktion«! Einige Pfleger in Nervenkliniken haben auch diese Fähigkeit. Sie bringen die Patienten zur Ruhe kraft ihrer eigenen PURUṢA-Nähe. Man kann allgemein sagen, daß *eine überdurchschnittliche PURUṢA-Nähe eines bestimmten Menschen die PURUṢA-Nähe von anderen Menschen stimuliert, die sich in seinem Umkreis befinden.*

Auch der 18jährige Chinese Wang Weilin, der während der Studentenrevolution im Juni 1989 auf einer Zufahrtsstraße zum Tienanmen-Platz, dem »Platz des

Himmlischen Friedens« in Peking, ganz allein einer anrückenden Panzerkolonne entgegenging – dieses Bild ist damals um die Welt gegangen –, stand offensichtlich unter einer unglaublich starken PURUṢA-Nähe. Dadurch hat er eine gewaltige Kraft bekommen – die Panzer hielten vor ihm an ...

In der psychologischen Praxis versuche ich somöglich auch mit *PURUṢA-Nähe* zu arbeiten, und es geschehen oft erstaunliche Dinge. Ist ein Mensch zum Beispiel außer sich, kann man Christus* rufen, und sofort beruhigt er sich. Wenn ein Klient einen Sinn für diese Dinge hat, spreche ich auch über den PURUṢA und darüber, daß dieser immer die Christus-Natur hat. »Christus – Ich – Licht«, und schon wenn ich diese Worte ausspreche, tut sich etwas. Vielleicht merkt der betreffende Mensch anfangs gar nicht genau, was geschieht, doch plötzlich richtet er sich auf. Empfänglich für all diese Dinge – Licht, Ich, PURUṢA – ist der Lebensleib, der PRĀṆA-Leib, der diese »Substanz« wie Nahrung aufsaugt und sich dabei fühlt wie eine Pflanze, die endlich begossen wird.

Dann kommt dasjenige in Bewegung, worüber wir schon gesprochen haben. Oft ist ein Mensch verkorkst und unglücklich, »zu klein« – also muß er *größer* werden können, sich ausbreiten können, wodurch unmittelbar *Raum* und *Freiheit* erfahren werden. Dann versteht man auch, warum ein anderer Name von BUDDHI »MAHAT«, das Große, ist. Damit hat man eine zusätzliche Hilfe in der Psychotherapie, egal welche Methode man sonst anwendet.

Ich denke, daß es möglich wäre, eine Psychotherapie ganz auf der Basis des Sāṃkhya aufzubauen, und vielleicht wird nach den vorbereitenden Phasen, die wir bereits hatten, in der Zukunft eine Zeit kommen, in der sehr umfassend auf der Basis einer solchen Sāṃkhya-Psychotherapie gearbeitet werden kann.

---

* Daß Christus im umfassendsten Maße die PURUṢA-Natur hat – ja: als das »Licht der Welt« der »PURUṢA der Welt« *ist*, wird uns später noch beschäftigen.

Allein durch die *Nähe des PURUṢA* werden also in der PRAKṚTI gewaltige Kräfte in Bewegung gesetzt. Seine Nähe bewirkt mehr, als alle Kräfte und alle Power der ganzen Welt zusammen je ausrichten können. Man benützt in diesem Zusammenhang oft auch als Gleichnis das Bild eines Katalysators, der etwas bewirkt, dabei aber sozusagen nichts tut. Der Katalysator kommt später unverändert aus dem chemischen Prozeß hervor – er hat etwas bewirkt, aber wir wissen nicht wie, das wissen die Chemiker auch heute noch nicht.

Der PURUṢA selbst handelt also nicht, hat aber potentiell eine gewaltige Macht, und in dem Maße, wie Menschen *sich dem PURUṢA öffnen*, wird diese Macht aktualisiert. Wenn es darauf ankommt, ist keine Kraft dieser Macht gewachsen. Jede endliche Kraft, und wenn sie noch so groß ist, wird immer hinter der unendlichen »Kraft« zurückbleiben, die durch PURUṢA-Nähe entstehen kann! Und um das zu erfahren, ist es von Vorteil, die durch dieses Kôan verursachte Spannung stehenzulassen: der PURUṢA, der eigentlich nichts tut, lichtvoll, in Ruhe ist – die PRAKṚTI, die alles tut, in sich aber blind und ohne Bewußtsein ist. Und *dann* kommt diese geheimnisvolle *PURUṢA-Nähe* zustande – und siehe da, da fängt die PRAKṚTI plötzlich an, die Schöpfung mit all ihren Formen hervorzubringen! Aber – nimmt sich das alles nicht aus, *wie ein – meinetwegen indirektes – Handeln des PURUṢA?* Ja, laßt uns vorläufig – probeweise – versuchen, dieses Geschehen so zu verstehen. Nur: wir dürfen dabei keinen Augenblick aus dem Auge verlieren, daß diese – nennen wir es: *göttliche* – Art des Handelns, der gewöhnlich-menschlichen Art des Handelns genau konträr entgegenläuft.

In der SĀṂKHYA-KĀRIKĀ gibt es das triviale und auch nicht besonders schöne Bild von einem Lahmen, der gute Augen hat, und von einem Blinden, der gute Beine hat. Der Lahme, der gute Augen hat, sitzt auf den Schultern des Blinden, der gute Beine hat, und jetzt funktionieren sie zusammen wie eins. Jetzt sieht es so aus, als ob der Sehende wirklich Beine hat, mit denen er überall hinlaufen kann, und außerdem sieht es so aus, als ob der Blinde Augen hat. Der lahme Sehende steht hier für den PURUṢA, der blinde Läufer für die PRAKṚTI ...

Auf diese Weise wollte man gleichzeitig das »Beisammensein« und die absolute gegenseitige Getrenntheit von PURUṢA und PRAKṚTI illustrieren. In diesem *Beisammensein* liegt die Crux, die gar nicht mehr so leicht verstanden wird* ... und außerdem: Was bedeutet *Nähe?*

Das Wort Nähe in diesem Zusammenhang ist ein ziemliches Rätsel, das wir jetzt einfach stehenlassen und zwar rein phänomenologisch-existentiell. Wenn wir offen dafür sind, können wir die PURUṢA-Nähe als eine Licht-Nähe irgendwann plötzlich erfahren ... Das Wort Nähe ergibt allerdings nur einen Sinn, wenn es auch Ferne oder Abwesenheit gibt.

Es gibt eine bestimmte Art von Licht, die durch eine gewisse PURUṢA-Nähe bei jedem von uns zustandekommt. Wir leben so ununterbrochen darin, daß wir meist daran vorbeigehen wie jemand, der neben einem Wasserfall lebt und diesen auf die Dauer nicht mehr hört. Wir sind ständig eingetaucht in dieses kostbare Licht, das wie ein kristall-helles Sonnenlicht ist – ohne daß wir es bemerken, baden wir unentwegt in einer der Manifestationen des PURUṢA-Lichtes! Wenn dieses Licht aber einmal weniger wird, kann dies in einem Menschen so etwas wie tief dunkle Nacht bewirken – es ist, als ob die primitivsten Grundlagen des Lebens einem dadurch entzogen

---

* Es *gibt* aber sehr wohl einen Weg zum normal-erkenntnismäßigen Verständnis dieser Sache – insbesondere, wenn hierzu die *Chaldäische Systematik* herangezogen wird und diese mit dem *tantrischen Sāṃkhya-System der 36* TATTVAS zusammen betrachtet wird. Allerdings gewährt *dieses* verstandesmäßige Erkennen dem Sāṃkhya-Studenten zwar eine gewisse intellektuelle Befriedigung, vermag ihn aber der Erleuchtung keinen Schritt näher zu bringen ...

werden! Das kann so beängstigende Ausmaße annehmen, daß man Gott dankt, wenn man gerade noch essen und trinken kann, und alles, was noch funktioniert, ist ein Wunder nach dem anderen ...* Indem man versucht, bewußt zu leben und an sich arbeitet, nimmt man diese Unterschiede von Licht-Nähe und Licht-Ferne mit der Zeit immer besser wahr – man entwickelt buchstäblich einen Sinn dafür, und man wird bemerken, daß es außer diesem »quantitativen« Aspekt der Licht-Nähe auch einen »qualitativen« gibt: es gibt unterschiedliche *Dimensionen* in der inneren Licht-erfahrung ...

Man soll hier die philosophische Logik im üblichen Sinne beiseite lassen. Sie kann unter Umständen alles lebendige Erleben töten und macht wirkliche Erfahrungen, die manchmal sehr subtil sein können, leicht zunichte. Zum Beispiel: An einem Tag erfahre ich PURUṢA-Nähe, an einem anderen Tag erlebe ich PURUṢA-Ferne. »Das kann doch nicht sein«, sagt die Logik, »der PURUṢA ist doch allgegenwärtig, es gibt keinen Punkt, wo er nicht ist. Was bedeutet dann noch Nähe und Ferne?« – Indem ich so argumentiere und den Rationalisten in mir und in uns allen wecke, verbaue ich mir eventuell von vorneherein jede Möglichkeit, meine Licht-Erfahrung weiter zu vertiefen. Diese Logik ist zwingend. Und während man noch so argumentiert und daraus schließt, daß diese Sāṃkhya-Aussage wohl Unsinn sein muß, kann es sein, daß wirklich PURUṢA-Licht in die Nähe kommt. Doch der Mensch – der gerade zu seiner Betrübnis festgestellt hat, daß das wohl eine Unsinn-Lehre sein muß – nimmt es nicht mehr wahr, weil er sich innerlich abgeschlossen hat!

Aus diesem Grund soll man mit der Zeit auch lernen, seine rationalistischen Ansichten und die daraus hervorgehenden Handlungen wie ein abgeschlossenes Tätigkeitsnetz in sich zu überschauen und gegebenenfalls loszulassen. Dann bleibt

---

* Das hier Beschriebene ist nicht ausgedacht: ihm liegt eine wirklich durchlebte Erfahrung zugrunde.

per Aussparung dasjenige in uns übrig, das von der Rationalität nicht berührt wird und das einfach offen ist für das, was *wirklich ist* und *geschieht* ...

Manchmal muß ein Mensch erst in eine gewisse Not kommen, um wirklich ernsthaft auf PURUṢA-Suche zu gehen. Je glücklicher man sich etabliert hat an der materiellen Seite, umso weniger ist das Bedürfnis da, irgend etwas zu verändern. Meist muß irgendein Konflikt, etwas Schwieriges vorliegen – und hiermit komme ich direkt auf einen psychologisch-ontologischen Punkt. So wie in zwischenmenschlichen Schwierigkeiten ein Faktor liegt, woran man gar nicht unbedingt denkt – nämlich die große *Verschiedenheit* der Menschen* –, so gibt es neben all den anderen Faktoren, die uns das Leben schwer machen, noch einen ganz anderen Punkt, der sich fast unsichtbar und meist unerkannt *auch* an allen Schwierigkeiten beteiligt. Es ist *das Drängen des PURUṢA, endlich erkannt zu werden!* Diese Tatsache ist sehr umfangreich bestätigt worden durch das Werk von C.G. Jung. Er hat in allen möglichen Fällen aufgezeigt, daß der Mensch manchmal in Bedrängnisse kommt, die sehr deutlich ihren Ursprung im sogenannten Unbewußten haben, präziser in diesem Fall: die regelrecht vom verborgenen, großen »Selbst« des Menschen verursacht – ja: dramatisch »inszeniert« werden!

Das Selbst, welches das potentielle Zentrum der totalen Persönlichkeit, der bewußten wie der unbewußten ist, hat sozusagen die Verpflichtung, alle gravierenden Störungen im Menschen – das sind solche Störungen, die eine gefährliche Bedrohung für die Integrität des *Gesamtwesen* des Menschen darstellen – auszugleichen. Das Ich, das Zentrum des Bewußtseins, kann zum Beispiel so falsch eingestellt sein, daß das Selbst autonom die Führung übernimmt und, innerlich wie äußerlich, *Krisen* in Bewegung setzt zum Wohl der Gesamtpersönlichkeit. Das kann unter Umständen

* Tatsächlich sind viele zwischenmenschliche Konflikte auf die profunde Unterschiedlichkeit der einzelnen Menschen zurückzuführen ...!

für das Ich so eingreifend sein, daß es in Schwierigkeiten gerät, aus der Kurve fliegt, ja, vielleicht sogar in eine Psychose kommt ...

Kann man das Selbst von C.G. Jung mit dem PURUṢA identifizieren? Da würde ich in der direkten Verlängerung von Jung sagen: Identifizieren wir nicht zu früh! Der PURUṢA und das Selbst liegen sicher in derselben Richtung, sie haben wirklich einiges gemeinsam. Das Selbst hat, so wie es von Jung formuliert wird, durchaus Eigenschaften, die auch Eigenschaften von PURUṢA sind (so drücke ich es jetzt aus). Wir können sogar sagen, daß ein großer Teil von dem, was Jung über das Selbst sagt, zugleich auch für den PURUṢA gilt. Grundsätzlich ist es aber immer besser, verschiedene Begriffe als solche nebeneinander stehenzulassen und sie nicht zu früh zu identifizieren, weil dann mehr Klarheit und Übersicht da ist. Identifiziere ich PURUṢA und Selbst, könnte es nämlich sein, daß ich irgendwann auf Definitionssätze von Jung über das Selbst stoße, die dem PURUṢA nicht mehr gerecht werden – und umgekehrt.

Wenn wir in psychotherapeutischem Sinne an unseren Schwierigkeiten arbeiten und dadurch in Bewegung kommen, so bringt uns dieser Prozeß sowohl dem Selbst *als auch* dem PURUṢA näher, das ist ganz ohne Frage. Wir können gerade auch mit Hilfe von Jungs Lehre über das Selbst davon ausgehen, daß die *Initiative* zu diesem Geschehen, das uns näher zu uns selber bringt, in der Sprache des Sāṃkhya ausgedrückt letztlich vom PURUṢA ausgeht. Aber auch wenn wir innerhalb der Terminologie des Sāṃkhya bleiben, können wir nachvollziehen, daß der PURUṢA in unserem Leben alle möglichen Umstände hervorrufen kann: Wenn durch PURUṢA-Nähe auf kosmischer Ebene überhaupt die ganze Schöpfung entstanden ist, dann ist ebenfalls durch PURUṢA-Nähe, mikrokosmisch gesehen, meine eigene Persönlichkeit irgendwie entstanden. Aber dann ist es auch so, daß durch eine ganz spezifische PURUṢA-Nähe ganz bestimmte Situationen geschaffen werden können, durch die der Mensch gedrängt wird, den PURUṢA zu suchen! Und warum?

Etwas in unserem Gesamtorganismus ist todunglücklich. In was für einer Lage befinden wir uns eigentlich? Wenn wir in großer Ferne zum PURUṢA leben, sind wir wie ein Arm, der zum Teil abgehackt ist und nur noch an einigen intakten Armfetzen am Rumpf herunterbaumelt. Die Totalorganisation ist darüber natürlich sehr besorgt und ist darum bemüht, diese Sache grundsätzlich wieder in Ordnung zu bringen. Ein Mensch, der durch verschiedene schwerwiegende, äußere und innere Schwierigkeiten schon längst nicht mehr glücklich ist, ist wie dieser Arm, der danach schreit, den totalen biologischen Anschluß an die Ganzheit wieder zu bekommen. Beim Menschen wird der Anschluß an die Ganzheit durch seine Verbindung mit seinem göttlichen Ursprung bewirkt. Dieser Weg – vedāntisch ausgedrückt zu Gott, in der Terminologie von Jung zum eigenen Selbst, oder zum PURUṢA, wie Sāṃkhya es formuliert – ist ein Weg zu *der* Quelle, wodurch ich endlich den vollen Anschluß an meinen Gesamtorganismus wieder habe.

Also, der PURUṢA regt sich. Da wir ihn jetzt noch nicht kennen, können wir diesem verborgenen Licht in uns nur immer wieder *Raum geben*. Wenn man sich so ausdrückt, zeigt man auch, daß man noch zu wenig weiß, um eine bestimmte konkrete Handlung ausführen zu können. Der PURUṢA aber, mein tiefstes Selbst – er weiß, um was es geht! Also gebe ich ihm soviel wie möglich *Raum*. Schicke dem PURUṢA doch auch immer wieder unbekannterweise Grüße! Wenn du das tust, »frohlockt« er, er sieht, daß er einen Zugang hat und kommt näher, und dann kannst du diese Erfahrungen mit dem Licht machen und unmittelbar PURUṢA-Nähe fühlen ...

ABGRENZUNG PURUṢA-ERFAHRUNG VON FEINSTOFFLICHEN ERFAHRUNGEN

Im Sāṃkhya wird die PURUṢA-Erfahrung von allen Arten von feinstofflichen Erfahrungen – etwa dem Besuch von Geistern, von Wesen anderer Planeten, von Göttern usw. – scharf abgegrenzt; solche Erfahrungen werden im großen und ganzen der PRAKṚTI zugeordnet. Vor allem aber wird dafür gesorgt, daß man die *Bahn freihält für den PURUṢA* und sich nicht von der ganzen Skala ungezählter feinstofflicher, weit über uns hinausgehender Welten von der PURUṢA-Suche abbringen läßt! Von all diesen Welten können wir im Prinzip Besuch bekommen, Visionen haben, Erscheinungen – das hat aber alles an sich noch nichts mit PURUṢA-Nähe zu tun. Natürlich kann, so wie ein Mensch uns besucht und man durch ihn PURUṢA-Nähe spüren kann, auch ein Geistwesen aus einer anderen Welt zu uns kommen und etwas an sich haben, wodurch unser PURUṢA angeregt wird. Das liegt dann auf derselben Ebene, wie wenn ein Freund oder ein Mitmensch zu mir kommt und mich in dieser Hinsicht inspiriert. Alle PURUṢA-begabten Wesen können PURUṢA in mir aufrufen, wobei das Augenmerk dann aber nicht auf die äußere Erscheinung gerichtet wird, sondern auf das spezifische PURUṢA-Licht! Wenn aber *außerdem* diese Erfahrung verbunden ist mit dem Erscheinen eines guten Freundes, so gibt es keinen Grund, ihm nicht als solchem zu begegnen. Alles kommt dabei auf die richtige Unterscheidung an. »Gib dem Hunde, was des Hundes ist, gib dem Freunde, was des Freundes ist und gib dem PURUṢA, was des PURUṢA ist« – was einhergeht mit der »unterscheidenden Erkenntnis« im Sinne des Sāṃkhya – und alles ist in Ordnung.

Es ist auch wegen dieser Frage der richtigen Unterscheidung, daß die Zen-Buddhisten sagen – beachten wir: Buddha nimmt für viele Buddhisten die Stelle von Gott ein –: »Bist du an einem Ort, wo es Buddha nicht gibt, so gehe weiter, kommst du hingegen an einen Ort, wo Buddha ist, so laufe weiter.« Was bedeutet das? – Wenn man mit Vorstellungen umgeht, die man von Gott hat, dann hat man es meistens mit seiner Verpackung in feinstofflichem Material zu tun, nicht mit Gott selbst. Deswegen dieser buddhistische Spruch – indem man nämlich einem Trugbild des Buddha zum Opfer fällt, *verpaßt man den Buddha selbst.*

Hierin steckt eine geniale Psychologie, welche die Menschen, die diesen Weg gehen, davor schützen soll, irgendwelchen Spiegelungen feinstofflicher Art zum Opfer zu fallen. Im Zen führt der Weg ständig über die Überwindung alles Anschaulichen. Nie hält man sich bei irgend etwas Feinstofflichem auf. Es gibt aber andere Richtungen, ausgedehnte Geistesschulungen, wie z.B. im Tantrismus oder bei den Sikhs, wo gezielt darauf hingearbeitet wird, daß der Mensch bewußt in die feinstoffliche Welt eintritt und dort eine Reihe Stationen durchmacht. Aber dann ist es auch wichtig, daß man auf seinem Weg von einem Meister begleitet wird, der einen durch alle feinstofflichen Bereiche hindurch bis ganz nach oben zum Göttlichen führt. Da der Umgang mit den – noch unerkannten – feinstofflichen Geistwesen lebensgefährlich sein kann, muß dies auch ein sehr disziplinierter Weg sein. Man lernt dabei auch viel über Magie, und lernt über SIDDHIS, d.h. besondere Kräfte zu verfügen. Dieser Weg führt über mehrere Stufen zur Erleuchtung, unter ganz fester Führung des Meisters. Im Sāṃkhya aber und im Zen-Buddhismus wird von vorneherein praktisch – auf kürzestem Wege – der *PURUṢA* angestrebt (auch wenn man im Zen den Ausdruck »PURUṢA« nicht benützt). Auf die Dauer bekommt man einen Sinn dafür – man könnte von einem *PURUṢA-Sinn* sprechen –, *durch alle Erfahrungen hindurch immer den PURUṢA-Aspekt einer Sache zu sehen.*

Eine strenge Sāṃkhya-interne Analyse weist nach, daß der PURUṢA eines jeden Menschen ur-individuell, das heißt vom PURUṢA eines jeden anderen Menschen verschieden ist.* Das heißt, die absolute Einmaligkeit einer jeden Individualität ist im jeweiligen PURUṢA selbst begründet.

Im Veda und im Advaita-Vedānta wird das unvergängliche Wesen des Menschen vorwiegend als ĀTMAN bezeichnet. Der ĀTMAN des Menschen ist eins mit dem BRAHMAN, der höchsten Gottheit, dem »Ur-Einen« oder »All-Einen«, dem Urgrund von allem, was ist. Es ist der eine ĀTMAN, bzw. das eine BRAHMAN, welches wie eine Sonne in den zahllosen Wellen des Welt-Ozeans als ĀTMANS der einzelnen Menschen reflektiert wird. Die Erleuchtung, bzw. Erlösung des Menschen besteht im *Erwachen des Bewußtseins*, daß sein ĀTMAN von jeher *eins ist* mit dem BRAHMAN. Wenn der von allem (Vergänglichen) gereinigte ĀTMAN des Menschen restlos in das BRAHMAN aufgeht, »wie klares Wasser, das in klares Wasser gegossen wird«, ist die Vollkommenheit erreicht. »BRAHMAN ist er und in BRAHMAN löst er sich auf«, heißt es in der BṚHADĀRAṆYAKA-UPANIṢAD.** Eine Verschiedenheit oder einmalige Individualität der einzelnen ĀTMANS wird in der üblichen Veda-Auslegung deshalb nicht angenommen. Nach dieser Lehre erfolgt jede Individualisierung des Menschen an der PRAKṚTI-Seite, also an seinem vergänglichen Teil (da, wo im Sāṃkhya der

---

* Diese Analyse wird auf den Seiten 263/264 durchgeführt.

** Die MUṆḌAKA-UPANIṢAD drückt sich so aus:
»Wie die Ströme, die ins Weltmeer fließen,
Sich von Name und Gestalt befrei'n,
Geht gestalt- und namenlos der Weise
Zu dem göttlich-höchsten Geiste ein.«
(Helmuth von Glasenapp: *Der Stufenweg zum Göttlichen*, S. 114)

AHAṂKĀRA lokalisiert wird), was impliziert, daß durch die Vereinigung mit dem BRAHMAN jede Individualität aufgehoben wird. Wenn wir also alle unsere Egoität aufgeben – immer purer, immer lichter werden, bis wir ĀTMAN-PURUṢA und somit das BRAHMAN erreichen, dann wären wir alle dasselbe – BRAHMAN – geworden.

Nicht so die Ansicht des Sāṃkhya. Im Sāṃkhya wird ausdrücklich nahegelegt, daß die Wurzel aller einmaligen Individualität jedes Menschen nicht im AHAṂKĀRA, also im Bereich der PRAKṚTI, sondern auf dem unvergänglichen Niveau, im PURUṢA liegt. Der Indologe Max Müller schreibt in seinem Buch: *The six systems of Indian Philosophy* (S. 285 f.) über den Unterschied zwischen dem Vedānta, der vorwiegend über das BRAHMAN spricht und dem Sāṃkhya, dessen Thema die vielen PURUṢAS sind: Nach Śankara *sind* die individuellen Seelen *nicht*, nach Kapila *sind sie*. Nach Vedānta gibt es in Wirklichkeit nur *einen* ĀTMAN, nach Sāṃkhya gibt es so viele PURUṢAS, bzw. ĀTMANS, wie es Einzelwesen gibt.

Wie wir auf den Seiten 4 bis 6 gesehen haben, ging das ursprüngliche Sāṃkhya – im Gegensatz zum klassischen Sāṃkhya – noch von der Existenz eines kosmischen Ur-PURUṢA aus, von dem all die vielen PURUṢAS der einzelnen Menschen, über die das klassische Sāṃkhya ausschließlich spricht, Teil ausmachen.* Alle PURUṢA haben zwar die *PURUṢA-Natur* – darin sind sie sich gleich, dennoch aber ist jeder PURUṢA in seinem Wesen einzigartig! Das bedeutet aber auch, daß, wenn ein Mensch durch seine Erleuchtung zu seinem individuellen PURUṢA erwacht, bzw. eins mit ihm wird und dadurch auch eins mit dem Gottes-PURUṢA, seine Individualität nicht etwa ausgelöscht wird, sondern voll erhalten bleibt, da sie bereits auf dem unvergänglichen Niveau existiert. Das ist ein wichtiges, vielleicht sogar eines der wertvollsten Elemente, welches das Sāṃkhya zur Gesamtheit der indischen Philosophie beigesteuert hat.

---

* Daß auch das klassische Sāṃkhya-System den grossen PURUṢA zwingend, wenn auch stillschweigend, voraussetzt, werden wir noch sehen (s. Kapitel VYAKTI BHEDA, S. 279).

Hinweise auf den einen, großen »uralten« PURUṢA finden wir in vielen alten Texten. Im ṚG-VEDA zum Beispiel ist ausdrücklich die Rede von PURUṢA und PRAKṚTI in kosmischen Dimensionen. Dieser Gottes-PURUṢA wird auch der kosmische Mensch genannt, der Makro-Anthropos, dessen Leib die Erde ist. In einem PURUṢA-Lied aus dem Vrātya-Weistum (ATHARVA-VEDA) wird er als »tausendarmig«, »tausendaugig« und »tausendfüßig« beschrieben, »die Erde allerwärts umhüllend«, und später: »der PURUṢA fürwahr ist dieses All« ...*

Im YOGA-SŪTRA, das zeitlich schon weit weg von der ursprünglichen »vedischen Landschaft« steht, finden wir diesen Gottes-PURUṢA unter dem Namen *ĪŚVARA* zurück. ĪŚVARA ist aber auch ganz allgemein ein zentraler Gottesname im Hinduismus. Er steht für den manifestierten Gott und bezeichnet diesen als *Herrn* über die Schöpfung. Es wird über ihn gesagt, daß er absolut vollkommen ist und bereits in Urzeiten der Lehrer der Alten war. Sein Klang ist das OṂ ॐ , das berühmte Ur-MANTRA, von dem alle anderen Mantras abgeleitet sind.

Über ĪŚVARA finden wir im YOGA-SŪTRA im Zusammenhang mit der Zugehörigkeit der einzelnen PURUṢAS zu dem einen großen Ur-PURUṢA eine wichtige Textstelle.** Hier wird der ĪŚVARA auch der »PURUṢA VIŚEṢA« genannt. Das bedeutet zum einen, daß er von *PURUṢA-Natur* ist, d.h. wie unsere PURUṢAS ist er unvergänglich, ungeworden, wird also nie geboren und wird nie vergehen, er ist das Licht selbst – aber *außerdem* wird mit dem kleinen Wort *»VIŚEṢA«* angedeutet, daß er doch nicht einfach einer von uns ist, sondern einer *speziellen Kategorie* angehört. ĪŚVARA, Gott, ist *der »besondere, ausgezeichnete PURUṢA«, ein PURUṢA von ganz besonderer Art* ... Die volle Funktion von ĪŚVARA wird besonders in späteren, *tantrischen* Texten offenbar.

---

* J.W. Hauer: *Der Yoga*, S. 76/77.

** ĪŚVARAPRAṆIDHĀNA-Teil des YOGA-SŪTRA (I,24).

Ebenfalls zu diesem Thema fand ich nun bei S. Radhakrishnan* einen Satz von Vijñānabhikṣu**, der von zentraler Bedeutung ist:

SARVA EVA PURUSĀ ĪŚVARA ITI

Radhakrishnan interpretiert diesen Satz von Vijñānabhikṣu so, daß alle PURUṢAS göttlich sind. Ein anderer indischer Autor wiederum – sein Name ist Nandalal Sinha – übersetzt diesen Satz dahin, daß *jeder* PURUṢA ein ĪŚVARA, ein »Lord«, quasi ein »Gott« für sich ist.*** Nach gründlichen Übersetzungs-Studien sagt dieser Satz meines Erachtens aber etwas ganz anderes aus, etwas viel Dezidierteres, viel Ausschließlicheres, nämlich:

Alle PURUṢAS zusammen sind ĪŚVARA selbst!
Alle PURUṢAS machen zusammen den ĪŚVARA aus!

---

* S. Radhakrishnan: *Indische Philosophie*, Band II, S. 210

** Vijñānabhikṣu war Vedāntin und gleichzeitig ein Vertreter des Sāṃkhya im 16. Jahrhundert. Vijñānabhikṣu schrieb einen Kommentar (BHĀṢYA) zum berühmten SĀṂKHYA-PRAVACANA-SŪTRA. Das SĀṂKHYA-PRAVACANA-SŪTRA entspringt einer von der SĀṂKHYA-KĀRIKĀ unabhängigen Tradition. Es wurde um 1400 n. Chr. abgefaßt. G.J. Larson schreibt, daß zumindest einige der dazugehörigen SŪTRAS sehr alt sind, daß es aber keine Tradition von Kommentaren gibt, die uns in die Lage versetzen würden, die früheren von den späteren SŪTRAS zu unterscheiden. R. Garbe schreibt, daß das SĀṂKHYA-PRAVACANA-SŪTRA von allen Forschern als das älteste uns überlieferte Lehrbuch der Sāṃkhya-Schule angesehen wurde. Die Tradition schreibt das SĀṂKHYA-PRAVACANA-SŪTRA dem Kapila zu. Die moderne Forschung steht dieser Aussage jedoch skeptisch gegenüber.

*** Nandalal Sinha: *The Sāṃkhya Philosophy*, S. 248.

Dieser Satz liefert einen *Beleg*, daß all unsere PURUṢAS wirklich dem einen großen PURUṢA VIŚEṢA, dem ĪŚVARA, angehören, ja, daß es eine *organische Einheit* aller PURUṢAS gibt!* Damit wird aber nicht gesagt, daß dadurch etwa die Individualitäten der einzelnen PURUṢAS geschmälert würden. Auch wenn alle PURUṢAS zusammen den ĪŚVARA ausmachen, so bleibt dennoch jeder PURUṢA verschieden, und auch der ĪŚVARA als PURUṢA VIŚEṢA stellt eine *eigene Individualität* dar.

Das YOGA-SŪTRA wird in Indien immer als gleichwertige Autorität herangezogen, wenn es um Sāṃkhya geht – es sei daran erinnert, daß Sāṃkhya und Yoga einst eine gemeinsame Schule bildeten. Manche Indologen nehmen aber diese Tatsache nicht ernst. Oder – ein bestimmter Autor sagt zum PURUṢA VIŚEṢA: »Da steht irgendwo: ĪŚVARA ist auch ein PURUṢA, aber eben ein PURUṢA VIŚEṢA, ja, das ist *auch* einer.« Der PURUṢA VIŚEṢA ist aber nicht einfach *auch* ein PURUṢA! Hätte dieser Autor diesen PURUṢA VIŚEṢA in Verbindung gebracht mit dem PURUṢA aus der ṚG-VEDA-Hymne und all den anderen alten Überlieferungen, von denen Indien voll ist, dann hätte er gesehen, daß »PURUṢA VIŚEṢA« die Bezeichnung für eine ganz eigene Individualität ist, worin all unsere individuellen PURUṢAS integrierende Seinsqualität haben!

Das klassische Sāṃkhya gilt also mit *einer* Erweiterung: All unsere PURUṢAS sind »hinter den Kulissen« enthalten im PURUṢA VIŚEṢA.

Um zu Gott, ĪŚVARA, dem PURUṢA VIŚEṢA, zu kommen, können wir deshalb als eine Möglichkeit einfach anstreben, zu unserem eigenen PURUṢA zu kommen. Das wäre z.B. der Yoga-Weg Indiens. Wenn Christus sagt: »Niemand kommt zum

---

* Dieser Zusammenhang zwischen den Einzel-PURUṢAS und dem großen PURUṢA wird von J.W. Hauer in seinem Buch: *Der Yoga*, u.a. auf Seite 298, in vollem Umfang bestätigt.

Vater als durch mich«, dann würde mancher Inder ergänzend hinzufügen: »Und niemand kommt zum Christus-PURUṢA als durch den eigenen ĀTMAN-PURUṢA!« Deswegen reden manche zurecht statt über Gottesverwirklichung über Selbstverwirklichung.* Gottesferne bedeutet dann an erster Stelle Selbstferne, Ferne vom eigenen Selbst (nicht zu verwechseln mit dem eigenen Ego!).**

Wir haben doch darüber gesprochen, daß, wenn alle PURUṢAS allgegenwärtig sind, wir ein logisches Problem haben können mit Nähe und Ferne, daß aber dennoch existentiell ›life‹ jeder Mensch PURUṢA-Nähe und PURUṢA-Ferne erleben kann, einfach als unmittelbare Tatsache, unabhängig von jeder Logik. Außer der Nähe oder Ferne zu unserem eigenen PURUṢA können wir nun aber auch ›life‹ *die Nähe und Ferne zu ĪŚVARA, dem Gottes-PURUṢA als solchem*, in seiner ihm ganz eigenen Seinsweise erfahren! Denn: Der ĪŚVARA hat – über alle Einzel-PURUṢAS hinausragend – seinen eigenen Charakter, er ist eine eigene Individualität. Auch der PURUṢA VIŚEṢA kann uns also näher oder ferner sein, und zwar als wirkliche Erfahrung, als Lichterfahrung. Viele Menschen haben seine Nähe schon erlebt, ohne daß sie diese als solche erkannt hätten. Jahre später wissen sie: »Aha, *das* war es« – es fiel ihnen damals nicht direkt als solche auf. Wir können als Vergleich eine Aussage von Christus heranziehen: »Seid immer vorbereitet, ich komme wie ein Dieb bei Nacht.« Das heißt, daß er ganz unerwartet kommen kann und dabei vielleicht auch *unerkannt* bleibt. Hier könnte man noch darauf hinweisen, daß, als Christus Jesus wurde, er nicht ein König im äußeren Sinne war, sondern zuerst fast unbemerkt blieb.

---

* Vgl. hierzu eine Aussage von Angelus Silesius in folgendem Sinne: Wenn auch Jesus Christus tausendmal in Bethlehem geboren sein würde, aber nicht in deinem eigenen Herzen, so wäre auch alles umsonst.

** Leider muß ich oft feststellen, daß es christliche Autoren gibt, welche den Begriff »Selbstverwirklichung« ausschließlich im Sinne einer menschlichen »Ego-Verwirklichung« auffassen.

Ist man nun, wenn man seinem individuellen PURUṢA nahe ist, damit auch dem PURUṢA VIŚEṢA nahe? Bei der Untersuchung dieser Frage müssen wir beachten, daß »Nähe« noch nicht »Vereinigung« bedeutet. Ist man wirklich *eins* mit seinem individuellen PURUṢA, so ist man damit auch eins mit dem großen PURUṢA VIŚEṢA. Umgekehrt: Ist man eins geworden mit dem PURUṢA VIŚEṢA, so wird man dadurch auch eins mit dem individuellen PURUṢA. Bevor aber diese Vereinigung *vollzogen* ist, kann man nur von »Nähe« sprechen, und hier ist es nicht unbedingt immer so, daß, wenn man seinem eigenen PURUṢA nahe kommt, man damit gleichzeitig auch dem PURUṢA VIŚEṢA nahe ist. Das Anstreben des individuellen PURUṢA – etwa der Sāṃkhya-Yoga-Weg Indiens – oder das Sich-direkt-Richten auf den PURUṢA VIŚEṢA – wie das im Christentum der Fall ist – könnte man wie *zwei unterschiedliche Zugangswege oder Tore zur Erleuchtung* sehen ... Ist die Erleuchtung einmal vollzogen, so ist man eins sowohl mit dem eigenen, individuellen PURUṢA, wie auch mit dem kosmischen PURUṢA.

M: Was wir die Wiederkunft Christi nennen, heißt im Griechischen PAROUSÍA. Das bedeutet eigentlich »Nähe«, »Gegenwart«, »physische Präsenz Christi«.

OM: Ja, das gehört ganz zu diesem Thema.

F: Sind »Nähe« und »Ferne« nicht Projektion?

OM: Hast du nicht auch schon erlebt, daß wenn ein Mensch zwanzig Zentimeter neben dir ist, ihr dennoch seelisch enorm weit voneinander weg sein könnt? Oder das Umgekehrte: daß du jemandem sehr nahe bist, der sich in Australien aufhält – du fühlst ihn direkt, lebst in seiner Atmosphäre? Es bleibt ein echtes Faktum, daß existentiell fast hautnah die Nähe gespürt wird oder nicht. »Die Nähe« ist sowieso nie eine grob-physisch Angelegenheit. »Nähe« ist ein ganz intimes Wort, und »Ferne« läßt Verlassenheit empfinden.

Wichtig ist, daß wir immer mehr *unmittelbar schauend* erfahren lernen, trotz Gedankenkonstruktionen, die wir alle haben. Auch das Wort »Projektion« ist eine Gedankenkonstruktion, welche sicher ihre berechtigten Anwendungsmöglichkeiten hat. Als Phänomenologe lasse ich aber zunächst vor allem die Phänomene gelten, so wie sie sich mir darbieten.

F: Wie verhält es sich denn mit Jesus und der Erleuchtung im Christentum?

OM: *Eine* Aufgabe von Jesus in bestimmten Bereichen des Christentums ist es offensichtlich, daß er einzelne Menschen zur Erleuchtung bringt, ganz im Sinne dessen, was in Indien durch den Yoga-Weg erreicht wird und was ich »den ersten Weg« nenne. Diese Aufgabe Christi fällt aber im öffentlichen Christentum im ganzen gesehen fast gar nicht ins Gewicht.* Sie macht auch nicht seinen vollen Auftrag aus. Es ging bei Jesus – so nebenbei bemerkt – nicht um seine eigene Erleuchtung, es ging überhaupt nicht an erster Stelle um die Erleuchtung eines einzelnen Menschen, sondern: um die *Erleuchtung der Menschheit als Ganzes,* woraus erst in der Folge die Erleuchtung der einzelnen hervorgeht. Wichtig in diesem Zusammenhang ist die Aussage:

»Denn wo zwei oder drei versammelt sind in meinem Namen, da bin ich mitten unter ihnen.« (Matthäus 18,20)

Dieser Satz ist ein Mantra und ein Kôan in einem! Er impliziert, daß Christus an erster Stelle an Menschen*gemeinschaften* anknüpft. (»Zwei« oder »drei« ist übrigens m.E. ein jeweils ganz eigener »Archetyp«. »Zwei« steht genau für »zwei«. »Drei« ist mehr als »zwei«, und öffnet das Tor zur beliebigen »Mehrzahl«. Es sei in diesem Zusammenhang hingewiesen auf solche Sprachen – wie z.B. Griechisch oder Sanskrit –, die außer der »Einzahl« und der »Mehrzahl« auch den »Dual« kennen, der sich ausschließlich auf die »Zweizahl« bezieht.) Hiermit ist nun etwas Besonderes verbunden, und wäre das nicht gewesen, hätte ich möglicherweise keine Tagung über

---

* Ein typischer Vertreter des »ersten Weges« im Bereich des Christentums, der mir gerade einfällt, ist der in bestimmten Kreisen nicht unbekannte Benediktinermönch, Pater Henry Le Saux (1910–1973).

Sāṃkhya gehalten. Das Sāṃkhya kann heute auf eine ganz neue Weise wieder aufgegriffen werden im Rahmen der Menschheitserleuchtung, weil wir uns dadurch in einer besonderen Situation befinden ...

Bevor wir jetzt aber näher darauf eingehen, erst noch einige Worte zum Thema Erleuchtung. Wir können davon ausgehen, daß jeder Mensch irgendwann einmal, und sei es in ferner Zukunft, zur Erleuchtung kommt. Was den eigentlichen *Durchbruch* zur Erleuchtung anbetrifft, so benütze ich zur Illustration gerne den Zen-Weg, weil er didaktisch so aufgebaut ist, daß da sehr viel *plötzlich* passiert, wodurch man einigermaßen eingrenzbare Stationen hat, so daß man im gegebenen Augenblick sagen kann: »Das war die erste Erleuchtung.« Diese erste Erleuchtung nenne ich die »Initialerleuchtung«. Diese wird ab jetzt *vertieft* und führt später einmal zur »Vollerleuchtung«. Das bedeutet: wenn Erleuchtung wirksam wird, kommt ein *Transformationsprozeß* in Gang – ein Mensch hat meist noch eine ganze Menge Unrat psychischer und körperlicher Art in sich, alles Mögliche, was nicht pur ist, und das jetzt nach und nach verwandelt wird. Dieser Verwandlungsprozeß, der durch die Erleuchtung in Gang gesetzt wird, betrifft am Ende auch den physischen Leib. Vollerleuchtung im Idealfall bedeutet, daß jetzt auch der Leib des einzelnen Menschen durch den Erleuchtungsprozeß zur vollen Entfaltung seiner Verwandlung gekommen ist.* Diese Vollerleuchtung auf leiblichem Gebiet läßt sich heute aber noch nicht vollständig verwirklichen, weil jeder grobphysische Leib Mitglied einer großen Familie

---

* Ich möchte nicht versäumen darauf hinzuweisen, daß immer wieder bezeugt wird seitens Schüler und Besucher eines Yogin, daß von dem Augenblick an, daß er in Meditation ging, ein zunehmend starkes Licht von seinem Leib auszugehen schien. Scheint es nur so, oder ist es so? Die Antwort eines berufenen Kenners – es war der berühmt gewordene Autor Paul Brunton – auf meine diesbezügliche Frage lautete: Immer wieder wurden wir von dieser Erfahrung überfallen. Als wir dann anfingen, ganz genau hinzusehen, dann saß da einfach der Leib von dem Meister. In dem Augenblick, wo wir nicht extra darauf achteten, saß wieder eine lichtumflossene Gestalt vor uns.

von grobstofflich verkörperten Menschen ist, die alle in sehr unterschiedlicher Nähe zu ihrer individuellen Erleuchtung stehen. Ein Einzelmensch kann geistig noch so hoch entwickelt und sogar erleuchtet sein – soweit es um die Verwandlung seines Leibes geht, hängt er mit der ganzen Familie *aller* Menschen dieser Erde zusammen, wozu z.B. auch die Verbrecher, Psychopathen und Hysteriker gehören, die nämlich ebenfalls ihren Einfluß auf die ganze Menschheit ausüben. Die *Initialerleuchtung* des Einzelmenschen läßt sich relativ rasch erreichen im Vergleich zur totalen Transformation an der körperlichen Seite, weil wir darin abhängig sind von der Menschheit als Ganzes. Die körperliche Transformation kann zwar sehr weit vorangetrieben werden im Rahmen ganz bestimmter Yoga-Schulen, in weitgehender Isolation von anderen Menschen und mit Scheuklappen zur Welt hin. *Dieser* Weg nimmt jedoch zunehmend ab an Bedeutung. Quantitativ gesehen betraf er überhaupt von jeher nur wenige Menschen.

Den Erleuchtungsprozeß eines einzelnen Menschen können wir nun übertragen auf die Menschheit als Ganzes, wobei diese mehr ist als die Summe der einzelnen Menschen. An ihrer physischen Seite ist sie so groß wie die ganze Erde samt all unseren physischen Leibern. Aus dem vedischen wie dem tantrischen Material geht hervor, daß dieser große, makrokosmische Erden-Leib, von dem unsere Leiber Teil ausmachen, genauso der Leib des großen, kosmischen Ur-PURUṢA, des ĪŚVARA, des PURUṢA VIŚEṢA ist, wie unser jeweiliger individueller Leib der Leib von unserem individuellen PURUṢA ist. Die Menschheit als Ganzes feierte nun in einem bestimmten Augenblick, der geschichtlich bereits hinter uns liegt, ihre *Initialerleuchtung*, die in der Zukunft einmal zur *Vollerleuchtung* führen wird.* Unter anderem durch das Studium der Geschichte des *Mahāyāna-Buddhismus*, worauf ich jetzt nicht näher ein-

---

* Das Buch *Tantra Vidyā* geht an mehreren Stellen ausführlich auf diese Thematik ein (u.a. in Kapitel V: *Verwandlung der Materie durch Erleuchtung*).

gehen will, bin ich dahintergekommen, daß die *Initialerleuchtung der Menschheit* mit der Taufe Jesu Christi im Jordan ihren Anfang genommen hat. Sie erlangte ihre Abrundung durch mehrere Stationen im Leben Jesu Christi, wie u.a. seine leibliche Auferstehung, die Himmmelfahrt und die zum Schluß von Jesus Christus angekündigte Ausgießung des Heiligen Geistes an Pfingsten über sämtliche Jünger, wie auch über ganz andere, nicht zu dieser Gruppe gehörende Menschen.

Jetzt will ich die Bemerkung von vorhin wieder aufgreifen. Wir sind heute in einer besonderen Situation. Die Initialerleuchtung der Menschheit hat nämlich *potentiell* auch eine *Situationsänderung für den Erleuchtungsprozeß des einzelnen Menschen* bewirkt, das heißt, es macht einen großen Unterschied für einen Menschen aus, ob er *vor* der Initialerleuchtung der Menschheit lebt oder *nachher.* Vorher war er angewiesen auf den Erleuchtungsweg eines einzelnen Menschen, der ein harter, rigoroser Weg war, der auf Leben und Tod ging, unter Führung eines berufenen Gurus. Und es waren immer nur wenige, die in der Lage waren, diesen Weg zu gehen.

Seit der Initialerleuchtung der Menschheit und somit der Erde können wir, soweit wir Mitglieder der ganzen Menschheit sind, *anknüpfen an diesen Erleuchtungsprozeß*, der gleichsam über unsere individuellen Köpfe hinweg im gemeinsamen Menschheit-Sein begründet wurde und seitdem im Gange ist ...

Was man im Yoga übrigens den KUṆḌALINĪ-Vorgang nennt, der durch die Initialerleuchtung – im einzelnen Menschen oder in der Gesamtmenschheit – in Gang kommt, entspricht der *Ausgießung des Heiligen Geistes* im Christentum. Die Ausgießung des Heiligen Geistes ist im Grunde dynamisches KUṆḌALINĪ-Geschehen auf kollektiver Menschheitsebene. Im Wesen sind Heiliger Geist und KUṆḌALINĪ ein und dasselbe.

Mit dem fortschreitenden Erleuchtungsprozeß auf Menschheitsebene verknüpft sich auch die *fortgesetzte Inkarnation* Jesu Christi, des großen Menschheits-

PURUṢA. Das bedeutet, wenn ich jetzt das Licht rufe und Raum schaffe für den PURUṢA in mir, ganz anknüpfend am Sāṃkhya, so kann dies seit der Initialerleuchtung der Menschheit *in zunehmendem Maße* von viel mehr Erfolg begleitet sein!

Im Einzelmensch-Weg zur Zeit der UPANIṢADEN ging es nach meiner Überzeugung zwischen einem Guru und seinen Schülern im Grunde nie um mehr als nur um zwei Personen, selbst wenn ein Guru zwanzig Schüler hatte. (Übrigens sammelte er nicht einfach beliebig Schüler. Einen Schüler anzunehmen, war eine tiefe, sehr verantwortungsvolle Angelegenheit!) Die Guru-Schüler-Beziehung baute also grundsätzlich immer auf der Zahl Zwei, und wenn da zwanzig Schüler waren, dann gab es zwanzig verschiedene Guru-Schüler-Situationen. Da lief, psychologisch gesprochen, kein gruppendynamischer Prozeß ab, dieser wurde streng vermieden. Die gruppendynamischen Prozesse waren damals nur abwegig, sie halfen nichts – im Gegenteil. Seit der Initialerleuchtung der Menschheit hat sich das geändert, weil jetzt der Satz gilt: »Wo zwei oder drei in meinem Namen zusammen sind, da bin ich mitten unter ihnen.«!* –

Wo befindet sich dann wohl Christus, wenn er unter uns ist? Nun kommt etwas sehr Wichtiges, worüber eine ganze Reihe Leute »erkenntnistheoretisch« stolpern. Da gibt es begabte, auf dem mystischen Pfad sich befindende Menschen, als Christ wie auch als Hindu, Yogin oder Zenbuddhist, die über eine bestimmte Klippe nicht hinwegkommen. Sie denken, wenn sie außerhalb von sich selbst etwas Feinstoffliches erfahren, müsse das »Projektion« sein. Sie fühlen sich verpflichtet so zu denken, seit C.G. Jung den Begriff »Projektion« eingeführt hat. Sie meinen, eine Erfahrung könne nur *in* ihnen liegen. Das muß aber nicht so sein. Ob etwas innen oder außen erfahren wird – beides ist für den Phänomenologen zunächst als Phänomen voll gültig.

---

* Ergänzend hierzu gilt allerdings auch heute noch: Wo zwei oder drei *nicht* in seinem Namen zusammen sind, kann leicht der Teufel los sein ...

Wenn es nun um Christus geht, werden die damit verbundenen Erfahrungen besonders auch *außen* erlebt. Das heißt, wenn es um einen Prozeß im *Leib der Menschheit* geht, ist sehr buchstäblich *zwischen uns* der Christus, wenn wir ihn rufen.*

Was für den Einzelmensch-Weg, den ich den ersten Weg nenne, Meditation ist, wird für den Menschheits-Weg, den ich als zweiten Weg bezeichne, das Gebet. Man ruft Christus in einer Gemeinschaft von zwei, drei oder mehr Menschen: »Jesus Christus, damals hast du gesagt: ›Wo zwei oder drei in meinem Namen zusammen sind, bin ich mitten unter ihnen.‹ Wir sind jetzt in deinem Namen zusammen, bitte komm jetzt zu uns und sei unter uns ...«

An dieser Stelle erzähle ich oft, wie ich zum ersten Mal davon hörte, daß das Wort »ECCLESIA« der lateinische Name für »Kirche« ist und »Leib Christi« bedeute. Dies rief einen kleinen Schock in mir hervor. Ich mochte das Wort »Kirche« bis dahin gar nicht ... jetzt aber wurde mir schlagartig die Bedeutung dieses Wortes klar. Wir Menschen, die Christus rufen in der eben beschriebenen Weise, lassen dadurch mit einemmal ein Stück »Leib Christi« erstehen in aller *Realität* – egal, ob wir uns dabei in einer »Kirche« – als Bauwerk – befinden, oder nicht. Ich wurde davon zutiefst berührt und habe seitdem öfters zusammen mit meinen Hausgenossen, wie auch mit anderen, Christus in dieser Weise gerufen. Eine Erfahrung dabei war, daß sich schlagartig eine Abgrenzung wie eine Art »Haut« um uns herum als Gruppe bildete, während in unserer Mitte eine subtile Sonnenlicht-ausstrahlende Gegenwart sich bemerkbar machte.

Und jetzt kommt etwas Fantastisches – ihr seid jetzt alle mit Sāṃkhya vertraut und wißt Bescheid über das Licht, das Ich, den PURUṢA. Im Johannes-Evangelium steht nun eine Aussage von Christus: *»Ich bin das Licht der Welt.«* (Joh. 8,12). Nun –

---

* In Vorträgen prägte ich des öfteren den Satz: »Das äußere Leben zwischen den Menschen wird immer mehr zum Innenleben der Menschheit werden.«

die große Welt ist, wie wir gesehen haben, im Grunde *ein Leib*, *ein Körper*. Entsprechend ist der kleine Körper von uns *auch* eine »Welt«, eine kleine Welt. So, wie der PURUṢA eines jeden Menschen individuell das Licht *seiner* kleinen Welt ausmacht, so ist das große Licht der Welt, wovon es nur eines gibt, der PURUṢA des ganz großen Leibes. Wenn Christus also sagt: *»Ich bin das Licht der Welt«*, so gibt er damit eine absolute Definition, wer er ist: der Gottes-PURUṢA ist er, der große Ur-PURUṢA, welcher auch der große, kosmische Mensch genannt wird, dessen Leib die Erde ist – er ist der PURUṢA VIŚEṢA des YOGA-SŪTRA, der ĪŚVARA ... Wenn wir Christus in einer Gemeinschaft von Menschen rufen, können wir sein Licht unmittelbar erleben. Und dieses Licht erreicht primär die *Gemeinschaft* der Menschen, erst sekundär *den einzelnen ...*

Zum Thema Christus – PURUṢA will ich jetzt einige Sätze aus dem Johannes-Evangelium vorlesen (*Das neue Testament*, Ausgabe von Prof. Dr. Josef Kürzinger aus dem Jahre 1953):

Joh. 1,1: »Im Anfang war der Logos, und der Logos war bei Gott, und Gott war der Logos.«

1,2: »Dieser war im Anfang bei Gott.«

1,3: »Alles ist durch ihn geworden, und ohne es wurde auch nicht eines von dem, was geworden.«

1,4: »In ihm war das Leben, und das Leben war das Licht der Menschen.«

Hier haben wir übrigens eine textliche Grundlage für dasjenige, was ich erzählte aus der psychologischen Praxis. Ich möchte es noch einmal kurz wiederholen. Wenn ich unter Umgehung aller von mir hoch geschätzten Methoden der Psychologie, inklusive Aktive Imagination und Focusing, kognitive Therapie usw., arbeite mit PURUṢA, d.h. versuche, den PURUṢA selbst wirken zu lassen, so erfährt der betreffende Mensch plötzlich einen bestimmten »Aufsteller«, physisch richtet er sich tatsächlich um ein paar Zentimeter auf, und das wirkt über den PRĀṆA-Leib, den Leib der Lebenskräfte. Der PRĀṆA-Leib wird davon wie ein Stückchen geheilt – es wird ihm Kraft zugefügt. In diesem Satz, Johannes 1,4, wird zwischen Leben, auch im Sinne von PRĀṆA, also den Lebenskräften, und dem Licht eine direkte Verwandtschaft, ja: eine Identität ausgesprochen.

Joh. 1,5: »Das Licht leuchtet in der Finsternis, die Finsternis aber hat es nicht ergriffen.«

1,6: »Ein Mann trat auf, gesandt von Gott, sein Name war Johannes.«

1,7: »Dieser kam zum Zeugnis, daß er zeuge von dem Lichte, damit alle zum Glauben kämen durch ihn.«

1,8: »Nicht war er selber das Licht, sondern zeugen sollte er vom Lichte.«

Jetzt kommt der Satz, weswegen ich das alles ausspreche:

Joh. 1,9: *»Es war das wahre Licht, das jeden Menschen erleuchtet, der in die Welt kommt.«*

So, wie dieser Satz hier steht, ist er m.E. richtig übersetzt; manche anderen Übersetzungen weichen geringfügig davon ab. So heißt es z.B. in der Einheitsübersetzung: »Das wahre Licht, das jeden Menschen erleuchtet, kam in die Welt.« Genauso übersetzt die Züricherbibel. Diese Übersetzung trifft den Sachverhalt m.E. aber *nicht* genau.

Eine Lutherübersetzung aus dem Jahre 1964, die m.E. wieder in Ordnung ist, lautet: »Das war das wahrhaftige Licht, welches alle Menschen erleuchtet, die in diese Welt kommen.«

Es geht hier darum, daß das wahre Licht, Christus, *jeden Menschen* erleuchtet, der in die Welt kommt. Das bezieht sich aber unmittelbar auf den eigenen PURUṢA eines jeglichen Menschen!

Alle Menschen, die in diese Welt kommen, sind »erleuchtet« *in diesem Sinne* – der Parallel-Ausdruck dazu wäre: »Alle Menschen, die in diese Welt kommen, besitzen als Quelle ihrer potentiellen Erleuchtung ihren eigenen PURUṢA.« Und doch sind sie damit noch längst nicht erleuchtet im Sinne des Yoga oder des Sāṃkhya – auch nicht im Sinne des Christentums. Was ich die Initialerleuchtung des Menschen im zweiten Weg nenne, ist für die Christen die *»geistige Wiedergeburt«*. Als die charismatische Erneuerung aufkam, wurde plötzlich deutlich, daß die meisten Christen, teilweise mitsamt der Priesterschaft, wieder neu »umkehren«, »sich bekehren« mußten, weil sie die *Erfahrung*, um die es hierbei eigentlich geht, gar nicht hatten.

Der *PURUṢA in sich* ist immer erleuchtet, insofern sind wir alle erleuchtet; was aber wirklich unter *Erleuchtung* verstanden wird, ist der *bewußte Durchbruch* zum eigenen Ursprung. Wir leben alle ununterbrochen aus unserem PURUṢA heraus, auch wenn wir uns dessen nicht bewußt sind. Lebten wir *bewußt* aus unserem PURUṢA heraus, so wären wir erleuchtet, das heißt, das Erleuchtet- oder Nicht-Erleuchtetsein ist eine Sache des *Bewußtseins*.

Ob der Mensch zur Erleuchtung gekommen ist im Sinne des Yoga oder des Sāṃkhya, oder auch im Sinne der geistigen Wiedergeburt der Christen, steht hier in Joh. 1,9 aber nicht zur Debatte. Es geht hier speziell darum, daß uns auch für unsere christlichen Begriffe ständig ein Licht begleitet. Dieses Licht, Christus, das jeden Menschen persönlich begleitet, dürfen wir tatsächlich *gleichzeitig* als *eins* mit dem individuellen PURUṢA eines jeden dieser Menschen betrachten. Joh. 1,9 gibt also einen deutlichen Hinweis auf dasjenige im einzelnen Menschen, was im Sāṃkhya sein PURUṢA genannt wird.

Und deswegen knüpfe ich in der psychologischen Praxis, wenn es darum geht, ohne viel Theorie sofort mit PURUṢA, dem Licht, dem Christus zu arbeiten, immer wieder bei Joh. 1,9 an: »Es, das Wort Gottes, der Logos, ist das wahre Licht, das jeden Menschen erleuchtet, der in die Welt kommt«, und führe dann sehr kurz auch aus: Dieses Licht, das jeden Menschen erleuchtet, der in diese Welt kommt, *ist* gleichzeitig sein persönlicher PURUṢA. Kurzum: Unser *PURUṢA hat die Christus-Natur*, das geht aus Joh. 1,9 hervor, und das Umgekehrte gilt ebenso: Der *Christus hat die PURUṢA-Natur* – er ist der all unsere PURUṢAS umfassende PURUṢA VIŚEṢA des YOGA-SŪTRA, der ĪŚVARA ...*

---

* In Matthäus 5,14 sagt Christus außerdem zu den Jüngern: »*Ihr* seid das Licht der Welt.« Das »ihr« in diesem Satz ist von *uns* kursiv gesetzt, weil es hier ganz klar nicht um die einzelnen Jünger geht, sondern um die *Gemeinschaft* der Jünger, welche für die Gemeinschaft der Menschen überhaupt steht. Es sei in diesem Zusammenhang erinnert an den Satz: SARVA EVA PURUṢĀ ĪŚVARA ITI.

Wie hat es *vor* der Initialerleuchtung der Erde ausgesehen? ĪŚVARA war doch auch schon da! –

OM: *Vor* der Initialerleuchtung der Erde hat es für die Erde insgesamt so ausgesehen wie für jeden einzelnen Menschen, der unerleuchtet ist. Dann ist der PURUṢA zwar auch da, aber die bewußte Vereinigung mit ihm ist noch nicht *vollzogen*, wodurch der PURUṢA *in* der (vergänglichen) Gesamtpersönlichkeit des Menschen noch nicht »verankert«, oder »inkarniert« ist. Übertragen auf den PURUṢA VIŚEṢA: ĪŚVARA, Gott, ist allgegenwärtig, er war immer schon allgegenwärtig, war vor der Initialerleuchtung der Erde aber *im* (umfassenden) Erdenleib noch nicht physisch *verankert* oder *inkarniert*. Hier zeigt sich u.a. ein *Unterschied in Nähe!*

Man kann verschiedene Stufen im »Näherkommen« Gottes zur Erde, bzw. zur Menschheit als Ganzes nachzeichnen. Davon legt das Alte Testament Zeugnis ab. Das »Näherkommen« drückt einen Prozeß auf dem Wege zur Initialerleuchtung aus. Ganz große Nähe bedeutet, daß die Initialerleuchtung kurz bevor steht. Bei der *Initialerleuchtung der Erde selbst* aber wird eine Grenze überschritten: Der PURUṢA VIŚEṢA, das Licht der Welt, der Christus ist dann der Menschheit und der Erde nicht mehr nur *nahe*, sondern er ist – in einem ersten Ansatz – *eins* mit ihr geworden. Ab jetzt fängt er an, dieses Einssein auf den ganzen umfassenden Erdenleib auszudehnen.* Dieser wird in der Folge in seiner Gesamtheit immer mehr von der Gegenwart des Christus durchdrungen und damit unmittelbarer Ausdruck von seinem innersten *Wesen*. Seine *volle Inkarnation* bedeutet dann für die Erde und die Menschheit die »Vollerleuchtung« – eine *totale Transformation der Materie* und damit auch all unserer Leiber. Die Materie hat sich »umgepolt« und ist zu »Licht-Materie«, d.h. von innen heraus leuchtend geworden. Meiner Ansicht nach ist die »Wiederkunft

---

* Augenzeugen des fortschreitenden Verwandlungsprozesses der Erde in diesem Jahrhundert waren u.a. Teilhard de Chardin, Śrī Aurobindo und seine Weggefährtin »die Mutter«. Zitate aus ihren Schriften, in denen sie ihre Schau der neuen Materie, schriftlich niedergelegt haben, finden sich in *Tantra Vidyā*, S. 199 und 202.

Christi« *identisch* mit der *vollen Verwandlung der gesamten Menschheit auf dieser Erde*. Erst dann ist der volle Auftrag von Christus erfüllt. Diese Tatsache hat auch das folgende Gedicht inspiriert:

Der volle Christus ist erschienen nicht auf Erden,
Sein göttlich Menschenbild muß noch vollendet werden.
Einst wird das Heil der Welt, Erlösung sich vollbringen,
Wenn Gott und Mensch im Geist lebendig sich durchdringen.
Mag auch das Jesusbild, der Widerschein der Sinnen,
Im regen Strom der Zeit verzittern und zerrinnen;
Wenn alle Zeugnisse von Jesus auch zerschellten,
Der Gottmensch ist der Kern, das Herzlicht aller Welten.

Lenau: Die Albigenser*

Die »Wiederkunft Christi« beschränkt sich denn auch nicht auf die Rückkehr der Person Jesus in einem Einzelmensch-Leib, sondern spielt sich als Erde-umspannendes Geschehen ab, an dem die *ganze Menschheit* beteiligt ist.

So sagt Jesus in Matthäus (24, 23 – 27): Wenn dann jemand zu euch sagt: *Siehe, hier ist der Christus, oder dort, so glaubet es nicht!* Denn es werden falsche Christus und falsche Propheten auftreten und werden große Zeichen und Wunder vollbringen, sodass sie, wenn möglich, auch die Auserwählten irreführen. Siehe, ich habe es euch vorhergesagt. Wenn man nun zu euch sagt: Siehe, er ist in der Wüste, so gehet nicht hinaus; siehe, er ist in den Gemächern, so glaubet es nicht! *Denn wie der Blitz vom Osten ausfährt und bis zum Westen leuchtet, so wird die Wiederkunft des Sohnes des Menschen sein.***

---

* Otto Rahn: *Kreuzzug gegen den Gral*, S. 102.

** *Die Heilige Schrift des Alten und Neuen Testamentes*. Zürcher Bibel, 1987.

Zum Thema Christus – PURUṢA jetzt abschließend noch ein Wort über das Buch von Raymond Moody: *Life after Life**. Es geht in diesem Buch um Berichte von 150 Menschen, die alle klinisch tot gewesen waren. All diese Menschen hatten sehr individuelle Erlebnisse, aber einige Motive kehrten immer wieder zurück. Dasjenige, was auf alle die tiefste Wirkung ausgeübt hatte, war die Begegnung mit einem sehr hellen, weißen und klaren Licht, das eine unbeschreibliche Wärme und Liebe ausströmte, worin sich der Sterbende vollkommen aufgehoben und geborgen fühlte. Dieses Licht wurde durch und durch *personal* erfahren, als ein *Wesen* mit einem unverkennbar persönlichen Gepräge. Je nach dem besonderen religiösen Hintergrund des einzelnen wurde dieses Wesen anders benannt. Von manchen wurde es schlicht als *Lichtwesen* bezeichnet. Die Mehrzahl derer, die von ihrer Überzeugung her Christen waren, identifizierten dieses Licht spontan mit *Christus*. Jemand dachte beim Anblick dieses Lichtwesens sofort an die Aussage von Christus: *»Ich bin das Licht der Welt«* ... Dieses Wesen, Licht und Liebe völlig in einem, regte dann durch eine besondere Fragestellung – ohne äußere Worte zu gebrauchen – den Sterbenden dazu an, sein Leben offen und ehrlich zu betrachten. In einer Überschau wurde ihm jetzt in Sekundenschnelle das Panorama des Lebens, das *nur er* gehabt hatte, vorgeführt, und das Lichtwesen ging *sehr persönlich* auf dieses Leben ein ... Nun erhebt sich eine Frage. Viele Menschen sterben doch zur selben Zeit, wie kann denn Christus bei allen gleichzeitig sein und sich so persönlich um jeden dieser Menschen kümmern? – Das ist u.a. deswegen möglich, weil Christus in jedem einzelnen Fall auch der ur-individuelle PURUṢA dieses Menschen *ist* – auf eine äußerst individuelle Weise ist Christus in jedem einzelnen Menschen als dessen PURUṢA anwesend! *Zugleich* ist Christus aber auch der große, uns alle umfassende und der über uns alle hinausragende PURUṢA VIŚEṢA, der uns mit seinem Licht und seiner Liebe durchdringt ...

---

* Titel der deutschen Ausgabe: *Leben nach dem Tod.*

HIRAṆYAGARBHA – DER GOLDGEBORENE

Ein anderer Name für BUDDHI ist, wie wir bereits gesehen haben, »MAHAT«: »das Große«, gemeint ist »das große TATTVA«. Dieses wird auch »MAHĀN« genannt, *der Große*. »MAHAT« und »MAHĀN« kommen nicht vor in der SĀṂKHYA-KĀRIKĀ, wohl aber in der vedischen Darstellung des Sāṃkhya.

MAHĀN, »der Große«, drückt auf kosmischer Ebene *die BUDDHI-Stufe der Gottheit* aus. MAHĀN bezeichnet eigentlich den großen PURUṢA, der sich inkarniert auf BUDDHI-Ebene. Warum sagt man dann aber nicht einfach »PURUṢA«? Weil PURUṢA an sich praktisch *ent*körpert genommen wird. Wenn aber gesprochen wird über MAHĀN, »den Großen«, dann ist damit der PURUṢA gemeint, der bereits in einem Stückchen Materie *verkörpert* ist – nicht bis hinunter ins Grobstoffliche, nur auf der Ebene von BUDDHI, und ich erwähne auch gleich einen Namen, der hier immer wieder vorkommt. Man nennt den großen, kosmischen PURUṢA, den PURUṢA VIŚEṢA, inkarniert auf BUDDHI-Ebene unter anderem »HIRAṆYAGARBHA«. »HIRAṆYA« bedeutet »Gold« und »GARBHA« heißt »Gebärmutter«, »Leibesfurcht«; »HIRAṆYAGARBHA« wird u.a. mit »der goldene Keim« übersetzt. Eine freiere Übersetzung ist: »der Goldgeborene«. HIRAṆYAGARBHA ist ein vedischer Begriff, der auch in Sāṃkhya-Texten vorkommt.

Man kann also sagen, daß HIRAṆYAGARBHA eine Inkarnationsstufe des ĪŚVARA, des kosmischen PURUṢA, des Christus ist. Er ist der vorgeburtliche Christus auf BUDDHI-Ebene, noch lange bevor er als Jesus kam. HIRAṆYAGARBHA ist sozusagen eine Stufe seines Abstiegs zur Erde.

DIE 3 GUṆAS (I)

Die PRAKṚTI wird u.a. unter einem dreifachen Aspekt gesehen, nämlich unter dem Gesichtspunkt der berühmten *3 GUṆAS*. Die 3 GUṆAS machen das »Rückenmark in der Wirbelsäule des Sāṃkhya« aus, das sich von oben bis unten durch *alle PRAKṚTI-Stufen* durchzieht.* »Die 3 GUṆAS« bilden eine Einheit wie »die 7 klassischen Planeten«. »GUṆA« bedeutet in seiner allgemeinen Form: »Eigenschaft«. Man ist sich aber im allgemeinen darüber einig, daß sie im Sāṃkhya-Zusammenhang eher »die 3 Konstituenten« genannt werden müssen. Sprechen wir also von den 3 GUṆAS als den 3 Konstituenten der PRAKṚTI. Der Ausdruck »Konstituenten« ist aber auch nicht ganz treffend, wie wir später noch sehen werden.

Der Begriff »GUṆA« wird außerhalb des Sāṃkhya, z.B. in der täglichen Umgangssprache, in einem mehr allgemeinen Sinne benützt und bedeutet, wie bereits erwähnt: »Eigenschaft«. Auch in der 6-Kategorien-Lehre des NYĀYA-VAIŚEṢIKA** hat das Wort »GUṆA« diese Bedeutung. Wie im Sāṃkhya, so spielt der GUṆA-Begriff auch im NYĀYA-VAIŚEṢIKA eine wichtige Rolle. Laßt uns noch kurz bei dieser 6-Kategorien-Lehre verweilen, um dann den GUṆA-Begriff des Sāṃkhya klar davon abzugrenzen und somit schärfer herauszustellen.

---

* Da ich mich spontan zu einer solchen, wohl etwas kühnen Aussage über »die 3 GUṆAS« habe hinreißen lassen, möchte ich dem Leser nicht vorenthalten, welches Bild mir hierbei vor Augen stand:
I das Sāṃkhya: d.h. das ganze Sāṃkhya als lebendiger Organismus;
II das Rückgrat des Sāṃkhya: das 25-TATTVA-System;
III das Rückenmark des Sāṃkhya: »die 3 GUṆAS«.

** NYĀYA und VAIŚEṢIKA sind ursprünglich zwei verschiedene DARŚANAS, die in ihrer geistigen Ausrichtung aber immer schon sehr verwandt waren. Später sind sie zu *einer* Schule zusammengewachsen. NYĀYA = Logik, VAIŚEṢIKA = Naturphilosophie.

Die ersten beiden der 6 Kategorien des NYĀYA-VAIŚEṢIKA sind DRAVYA: »Substanz« und GUṆA: »Eigenschaft«, und es wird gesagt, daß alles, was wir wahrnehmen, aus diesen zwei Dingen besteht: einer Substanz und ihren Eigenschaften.* Nach dieser Lehre gibt es keine GUṆAS ohne eine Trägersubstanz. Wo ich also Eigenschaften, GUṆAS, sehe, muß ich annehmen, daß es eine Substanz gibt, zu der sie gehören. Aber gerade, wenn man die GUṆAS als Eigenschaften einer Substanz, also als Eigenschaften der PRAKṚTI definiert, stellt man einen deutlichen Unterschied fest zu der Art und Weise, wie das Sāṃkhya mit dem GUṆA-Begriff umgeht. In den GUṆA-Beispielen aus dem Sāṃkhya, die von Vijñānabhikṣu und anderen gegeben werden, wird nämlich plastisch herausgestellt, daß die GUṆAS der PRAKṚTI sich sozusagen *in* der PRAKṚTI befinden, d.h. sie *machen* die PRAKṚTI *aus*, »wie die Bäume einen Wald«.** Diese Bäume sind aber nicht die Eigenschaften von dem Wald, sondern sie sind *Bestandteile*, *Konstituenten* – sie *konstituieren* den Wald. Deshalb hat man formuliert, daß die 3 GUṆAS des Sāṃkhya doch eher als Konstituenten denn als Eigenschaften gesehen werden müssen. Diese Unterschiede sind zwar Feinheiten, die aber nicht ganz unwichtig sind.

---

* Hier seien die 6 Kategorien vollständig aufgeführt:
1. DRAVYA (Substanz)
2. GUṆA (Eigenschaft)
3. KARMA (Bewegung)
4. SĀMĀNYA (Gemeinsamkeit, Verallgemeinerung)
5. VIŚEṢA (Besonderheit, Verschiedenheit)
6. SAMAVĀYA (das untrennbar Verbundensein mit etwas anderem).

(Der Āyurveda, das einheimische Medizinsystems Indiens, kennt in seiner Pharmakologie eine Liste von 20 GUṆAS, die dem NYĀYA-VAIŚEṢIKA entnommen sind. Die 20 GUṆAS werden in 10 Gegensatzpaaren präsentiert:
schwer – leicht; kalt – heiß; ... kompakt – flüssig; etc.)

** So hat sich Vijñānabhikṣu wörtlich ausgedrückt.

Die 3 GUṆAS haben die berühmten Namen: *SATTVA*, *RAJAS* und *TAMAS*. Es wird gesagt, daß sie die gesamte PRAKṚTI konstituieren, nicht nur auf der grobstofflichen, sondern auch auf den feinstofflichen Ebenen, ja: sogar, und zu allererst, auf der Ebene der AVYAKTA PRAKṚTI. Überall finden wir immer in Vermischung, im Zusammenspiel oder im Widerstreit miteinander diese 3 GUṆAS. Diese treten auch immer zu dritt auf – nie erscheint ein GUṆA ganz für sich allein.

Es gibt alte Vorstellungen, wonach die PRAKṚTI symbolisiert wird durch eine Kordel oder eine Schnur, die aus drei farbigen Schnürchen* geflochten ist, einem weißen, einem roten und einem schwarzen, welche für ihre Konstituenten SATTVA, RAJAS und TAMAS stehen.

Die einfachsten Charakterisierungen von SATTVA, RAJAS und TAMAS, so daß man einen ersten, globalen Eindruck bekommt, sind:

SATTVA: *lichtvoll, leicht*
RAJAS: *energetisch (bewegend, dynamisch)*
TAMAS: *dunkel, schwer, schwerfällig, träge*

Bei diesen Umschreibungen von SATTVA, RAJAS und TAMAS ist zu beachten, daß sie sich auf *Eigenschaften der GUṆAS* beziehen, während die GUṆAS selbst »Konstituenten« sind!

R: Im Licht scheint mir aber auch Energie zu stecken.

OM: Ja, gewiß. Wenn ich so allgemein das Wort »Licht« auf mich wirken lasse, denke ich zum Beispiel unwillkürlich an »Sonnenlicht« – und das ist zugleich geladen mit »Lebenskraft«, mit »strahlender Energie« ... »Licht« in der empirischen Wirklichkeit dieser Welt ist somit etwas ziemlich Komplexes. Untersuchen wir die Erfahrung des Sonnenlichtes mit Hilfe der 3-GUṆA-Lehre, so werden wir auf Anhieb die beiden

* Die buchstäbliche Bedeutung von GUṆA ist »Tau«, »Seil«, »Schnur«.

GUṆAS »SATTVA« und »RAJAS« in ihr entdecken, wobei offensichtlich der GUṆA »TAMAS« stark in den Hintergrund tritt oder gar aus der Erscheinung verschwindet. Das *Lichthafte, Transparente* für sich genommen, stellt den GUṆA »SATTVA« dar; ebenso stellt das *Energetische, Kraftvolle* für sich – wie unter anderem auch: *die reine Dynamik der puren Bewegungshaftigkeit* in sich – den GUṆA »RAJAS« dar. Mit derselben Prägnanz können wir auch das Wesen des GUṆA »TAMAS« charakterisieren als das *Finstere*, das Undurchsichtige, das Verhärtende, das Hemmende, das Schwerfällig-Träge, das Blockierende ... Wir haben es bei diesen 3* GUṆAS mit drei »Ideen« im Sinne Platons Ideenlehre zu tun: mit drei unvergänglichen Ur-»Bildern«, die sich mitten in der vergänglichen Welt auf die vielfältigsten Weisen manifestieren.

Um jetzt nochmals auf das Wort »Konstituente« zurückzukommen: dieses Wort hat mir nie ganz gefallen, weil es arg grob ausgedrückt ist zu sagen, die PRAKṚTI bestehe aus Konstituenten, so wie die Schnur, von der wir eben gesprochen haben; laut Sāṃkhya setzen sich ja nicht nur die grobstoffliche Welt, sondern auch die feinstofflichen Welten *und sogar* die AVYAKTA PRAKṚTI aus den 3 GUṆAS zusammen. Es würde hier unten gar keine GUṆAS geben, wenn nicht in der Urstufe, der AVYAKTA PRAKṚTI, die drei schon da wären – das ist ein grundlegendes »Sāṃkhya-Postulat«, wie wir im Westen sagen würden. Bereits die AVYAKTA PRAKṚTI, die Kausalmaterie, »besteht« also aus den 3 GUṆAS. Wie soll man aber auf der Ebene der »Ursache aller Materie« noch von »Bestandteilen« oder »Komponenten« reden, bzw. von einem Wald, der aus Bäumen besteht. Dieses Bild mag für die grobstoffliche und vielleicht auch für die feinstoffliche PRAKṚTI noch einigermaßen passend sein, aber für die AVYAKTA ... Und immer wieder gibt es auch in Indien einen Zweifel dahin gehend, daß man die 3 GUṆAS doch eher als eine Art Übergang zwischen Konstituenten und Eigenschaften betrachten müsse, etwa als *Charakteristika*, oder als *Dimensionen*. Für

---

* TAMAS bedeutet buchstäblich Finsternis.

mich selbst habe ich oft das Wort »Dimensionen« benützt. Auf der AVYAKTA PRAKṚTI-Ebene könnte man dann von den 3 GUṆAS als von den drei »Urdimensionen« sprechen ... Eigentlich hat man nicht die adäquaten Worte, um die GUṆAS genau wiederzugeben, alle Begriffe sind nicht mehr als Annäherungen – auf die Dauer müssen wir selbst durch das eigene Erleben dahinterkommen, was sie vom Wesen her sind.

Kommen wir jetzt aber auf die Charakterisierung von SATTVA, RAJAS und TAMAS zurück. »Licht«, »leicht« – SATTVA – ist nach oben ↑ tendierend; »dunkel«, »schwer« – TAMAS – tendiert nach unten ↓. Es heißt, daß sowohl SATTVA wie TAMAS von sich her einer Art Ruhezustand zustreben: Wenn SATTVA sich ganz durchsetzen würde, wäre die Folge eine Ruhe im Uneingeschränkt-Lichtvollen, wenn TAMAS sich durchsetzen würde, so gäbe es eine Ruhe in der absoluten Inertie, Schwerfälligkeit, der absoluten Trägheit und Eingeschränktheit. Es wird im Yoga auch gesagt, daß der Erleuchtungsweg u.a. darin besteht, die Schwerfälligkeit und die Trägheit, die Dunkelheit und die Begrenzung aufzulösen, aufzuheben zugunsten von SATTVA.

Zwischen diesen beiden Extremen SATTVA und TAMAS haben wir es mit einem *energetischen »Feld«* zu tun – das ist RAJAS.

Bei der Beschreibung der 3 GUṆAS kann man einmal, wie wir das eben getan haben, von der »Priorität« von SATTVA und TAMAS ausgehen, und RAJAS anschließend von diesen beiden Extremen her als das Feld, das in der Mitte liegt, charakterisieren. Man kann bei der Schilderung der 3 GUṆAS aber auch von *RAJAS* ausgehen: RAJAS steht für *Bewegung* und *Unruhe*, drückt sich aus in Krieg, Schmerz, Leidenschaft ... Sobald es irgendwo um energetische Prozesse geht, kann man alles unter dem RAJAS-Aspekt sehen, der sich entweder in höhere, lichte Sphären aufschwingen kann, wodurch das SATTVA-Element immer mehr in Erscheinung tritt – *oder* diametral dem entgegengesetzt kann die RAJAS-Dynamik abfallen und sich allmählich in dunklen Machenschaften der niederen TAMAS-Ebene verlieren. Oft findet man übrigens auch die PRAKṚTI als Inbegriff von RAJAS dargestellt. Man betrachtet sie dann ganz unter ihrem energetischen Aspekt ... Die 3 GUṆAS auf diese zwei verschiedenen Weisen darzustellen, ist wie eine Art Spiel, woran man ihre Auswirkungen plastisch demonstrieren kann.

Nun will ich noch auf eine *Relativität* im Gebrauch von SATTVA, RAJAS und TAMAS aufmerksam machen. Wir hatten doch die Reihenfolge BUDDHI, AHAṂKĀRA und MANAS. Relativ zueinander stehen diese im Verhältnis von SATTVA, RAJAS und TAMAS: BUDDHI an der SATTVA-Seite, AHAṂKĀRA an der RAJAS-Seite und MANAS an der TAMAS-Seite. Diese Zuordnung zeigt den *relativen Gebrauch* von SATTVA, RAJAS und TAMAS – MANAS ist nämlich nur *relativ* TAMAS gegenüber AHAṂKĀRA und BUDDHI. Sehr wohl kann etwas, das relativ TAMAS ist in *einer* Hinsicht, relativ SATTVA sein in bezug auf ein noch schwerfälligeres Gebilde. So steht zwar MANAS gegenüber BUDDHI und AHAṂKĀRA relativ an der TAMAS-Seite, hat aber im Verhältnis zu TATTVAS, die später kommen, einen relativen SATTVA-Charakter.

Dasselbe MANAS aber trägt nun – wie alle TATTVAS – *in sich* wiederum alle 3 GUṆAS. MANAS ist enorm farbig, hat alle Farben des Regenbogens in sich und ist in uns selbst immer wieder mit Tendenzen mehr zum Licht (SATTVA) oder mehr zum Dunkel (TAMAS) verbunden. Bei einigen Menschen erlebt man eine mehr gleichbleibende Helligkeit, bei anderen wiederum nimmt man diesbezüglich große Schwankungen wahr ...

Eine weitere Relativität: Ganz allgemein wird, wenn man die ganze Schöpfung betrachtet, die Götterwelt*, welche zu den sogenannten »übermenschlichen Gebieten« gerechnet wird, mit SATTVA verbunden, die Menschenwelt als solche mit RAJAS – der Mensch gilt als unruhiges Wesen, sein rastloses Suchen etwa fällt unter

---

* Mit der »Götterwelt« ist das Reich der sogenannten DEVAS gemeint. Das Wort DEVA ist abgeleitet von der Wurzel »DIV«, die »Licht«, bzw. »leuchten« bedeutet. Die DEVAS sind wie wir Menschen »Geschöpfe« und somit sterblich. Ihr Ort ist also nicht die Ebene des höchsten unvergänglichen Gottes.

RAJAS – und die »untermenschlichen Gebiete«, wozu die Bereiche der Tiere bis hinunter zu den Steinen gehören, mit TAMAS. Das ist allerdings eine sehr grobe Einteilung ...

A: Ich finde Pflanzen aber nicht schwer und dunkel.

OM: Offensichtlich machte man diese Einteilung in der SĀṂKHYA-KĀRIKĀ nur unter *einem* bestimmten Gesichtspunkt, und wenn man diesen Gesichtspunkt fallen läßt, kommt vielleicht eine ganz andere Ordnung zustande! *Einen bestimmten Aspekt* hat man offensichtlich im Sinne, wenn man die ganzen untermenschlichen Gebiete zu TAMAS rechnet ... jeder soll da aber auf seinem Weg eigene Forschungen anstellen, so wie du gerade dabei bist, es zu tun, um sich so allmählich in die besondere Natur der 3 GUṆAS einzuleben ...

Jetzt eine mehr systematische Definition. Aus einer inneren Gesetzmäßigkeit heraus wollen wir die GUṆAS noch einmal charakterisieren, und zwar gehen wir wieder von SATTVA und TAMAS aus. Das Wort »Geist« benütze ich in den folgenden Sätzen im Sinne von »PURUṢA«:

SATTVA ist jene Fähigkeit der PRAKṚTI, *das Licht des Geistes (PURUṢA) durchzulassen oder zu manifestieren.* SATTVA befähigt die Materie, *transparent und durchlässig* für den Geist zu sein.

TAMAS ist jene Fähigkeit der PRAKṚTI, *das Licht des Geistes zu verhüllen, zu verschleiern, zu blockieren, einzugrenzen* usw.

RAJAS wird in den Texten oft gar nicht extra erwähnt. Mit ein bißchen Fantasie kann man sich aber in seine Wesensart einleben und hier einen entsprechenden Satz formulieren. Erstens ist RAJAS »in der Mitte«. RAJAS kann nun im Dienste von SATTVA stehen, indem es sich bemüht, das Licht des Geistes zu offenbaren – oder es kann im Dienste von TAMAS stehen, indem es mit seiner Energie dazu beisteuert, das Licht des Geistes zu verhüllen ... Oder es kann ambivalent bleiben, dann packt es keine der beiden anderen Tendenzen und rast unruhig hin und her.

F: Könnte man »das Sehen« RAJAS zuordnen und »den Seher« dem SATTVA?

OM: Der Vorgang des Sehens wäre tatsächlich als RAJAS-haft kinetisch zu bezeichnen, und das Subjekt, den PURUṢA als den tatsächlichen Erkenner, hätten wir dann an der SATTVA-Seite stehen. – *Aber*, es wird ausdrücklich gesagt: »SATTVA, RAJAS und TAMAS gehören *nur* dem Bereich der PRAKṚTI an«, und doch finde ich es berechtigt zu sagen: PURUṢA, das Subjekt, der Erkennende, steht mehr in SATTVA-Richtung, während das Gesehene als »Anti-Ich« – als Gegenstand der Wahrnehmung – dazu immer einen relativen TAMAS-Charakter hat. Jedes Gegenstand-Sein beruht auf einem »Obstakel«-Sein, *Gegen*stand ist ein wundervolles Wort ...

Auf eine solche Weise lebendig mit den Begriffen umzugehen, ist echte Sāṃkhya-Übung. Die Sāṃkhya-Übung besteht hier auch immer wieder darin, daß wir versuchen, SATTVA, RAJAS und TAMAS in allen möglichen Situationen des täglichen Lebens anschaulich zu erfahren.

Sagt es euch etwas, wenn es heißt: SATTVA ist die Fähigkeit der Materie, das, was vom Geiste kommt, zu manifestieren – auf eine frohe, freie, durchläßige Weise, SATTVA ist auch immer mit Freude verbunden ... Könnt ihr euch vorstellen, was der SATTVA-Aspekt der Materie eigentlich ist? – Und die andere Fähigkeit der Materie: zu verhüllen ... seht ihr, was da geschieht?

Was war die ursprüngliche Aufgabe der Materie eigentlich? Darüber habe ich oft gesprochen – auch in der Chaldäischen Systematik oder allgemein ausgedrückt in der archaischen Kosmologie. Da sprachen wir über den Doppelbegriff von SEIN und ERSCHEINUNG aus der platonisch-aristotelischen Tradition – eine geniale Sache und dabei so schlicht. Es wird da über das Sein gesprochen und über die Ideen, die Seins-Charakter haben, also unvergänglich sind, nicht geworden sind und nicht vergehen werden. Das Sein in sich ist immer etwas Unmanifestiertes, und wenn es sich *manifestiert*, bedeutet dies: »Das Sein tritt in *Erscheinung*«, was immer eine ganz aufregende Angelegenheit ist. Jetzt manifestiert sich das Sein und wird *wahrnehmbar* (eventuell sichtbar). Nun kann ein Sein aber auch wieder aus der Wahrnehmung verschwinden, dann »erscheint es nicht mehr« ... Diese Vorgänge in sich lebendig zu machen, vertraut zu werden mit dem Erkenntnis-Vorgang von »Sein und Erscheinung« ist eine sehr fruchtbare Übung. – Da Erscheinung wahrnehmbar ist, also *Gegenstand* der Wahrnehmung, können wir nun sagen: Wo Sein in Erscheinung tritt, da geschieht die erste *Materie*-Werdung. In Erscheinung treten *ist* »materiell werden«. Die Erscheinung selbst *ist* bereits die erste Materie! – Und umgekehrt: Was ist das Wesen von »Materie«? Ein In-Erscheinung-Treten. Also, was ist eigentlich Materie? Die Erscheinung eines Seienden! Die ursprüngliche Aufgabe der Materie ist es also, das Sein in Erscheinung zu bringen.

Wenn ich sage: »Die Sonne scheint«, dann nehmen wir »scheinen« als ungehinderte Manifestation. Das Verbum »scheinen« oder die von ihm abgeleiteten Substantive: (das) Scheinen und (der) Schein, haben aber nicht nur die Bedeutung von »getreuer Manifestation« (eines Seienden), sondern können auch etwas anderes bedeuten: etwas *scheint* nur so, *ist* aber nicht das, was es scheint. Auch der Ausdruck »der Schein trügt« weist auf dasselbe hin. Dann wird das Wort Erscheinung dubios: etwas sieht nur so aus, wie ... Im Reich des Seins selbst kann es prinzipiell keine Illusion, keinen Trug und keine Täuschung geben, nur im Reich der Erscheinung ist dies möglich. *Bestenfalls* wird im Reich der Erscheinungen das Sein völlig ungehindert und damit unverfälscht manifestiert. Diese ungehinderte und unverfälschte Manifestation des Seins beruht auf dem SATTVA-GUṆA der Materie. *Dann ist Erscheinung die Erscheinung des Seins.*

In diesem Zusammenhang möchte ich noch kurz darauf hinweisen, daß das Wort für Sein im Sanskrit »SAT« heißt. SAT und SATTVA gehören genauso eng zusammen wie CIT und CITTA (Bewußtsein und Bewußtseinsträger). SATTVA manifestiert also das SAT, das Sein, in der Welt der PRAKṚTI.

In Verbindung mit den 3 GUṆAS möchte ich jetzt einen Spruch von Heinrich Peitmann vorlesen, der appelliert an unsere physiognomische Wahrnehmungsfähigkeit:

> Leicht springt über den Stein der Sanguiniker, keck und mit Anmut,
> stolpert er trotzdem darob, macht er sich wenig daraus.
> Grimmig stößt ihn beiseite des Cholerikers kräftiger Fußtritt,
> und sein funkelndes Auge freut sich des guten Erfolgs.
> Kommt der Phlegmatiker an, hemmt er gemächlich die Schritte,
> will er mir nicht aus dem Wege, geh ich eben herum.
> Aber grübelnd vor ihm steht der Melancholiker still,
> unzufriedenen Gesichtes über sein ewiges Pech.

In diesem Gedicht drücken sich auch die 3 GUṆAS aus. Der *Sanguiniker* nimmt die Dinge leicht, es überwiegt das SATTVA-Element. Der feurige *Choleriker* – hier überwiegt das RAJAS ... Beim *Phlegmatiker* bemerkt man schon etwas vom TAMAS-Element – allerdings in einem sehr »friedlichen« Kontext! Und der *Melancholiker* findet ständig in der Umwelt bestätigt, wie schwierig alles ist ... TAMAS ist in hohem Maße da, aber nicht gerade friedlich integriert ... Auch zeigt sich hier etwas vom RAJAS-Element, das allerdings nicht extravertiert nach außen, sondern grollend nach innen schlägt!

Als kleine Ergänzung hierzu können wir auch die *Chaldäische Systematik* heranziehen. Man kann die Planetenprinzipien so betrachten, daß man sie, wie die GUṆAS, vor Augen *sieht* – bildhaft, physiognomisch, wodurch man eine bestimmte Art von »Sehen«, auch »übersinnlicher« Art, übt. Wenn wir die 3 GUṆAS mit Hilfe der Planetenprinzipien zu charakterisieren versuchen, so wirkt RAJAS überwiegend *mars*haft; TAMAS hat eine fundamental-*saturn*hafte Natur, und SATTVA ist *sonnen*haft, insoweit es – wie die Sonne – Licht, »Leichtigkeit« und das »Leben« vermittelt. – In der Chaldäischen Systematik kennen wir die zwei großen Antagonisten »Sonne« und »Saturn«. Dabei wird, wie auch bei den GUṆAS, ein Unterschied gemacht zwischen z.B. »Saturn« (TAMAS) als der *Kraft* der Verdichtung und Verhüllung, wodurch erst in der Folge substanzielle Materie *geschaffen* wird – und »Saturn« (TAMAS) als dem *Resultat*, nämlich: verdichtete Materie als manifestierte Substanz selbst.*

Zum Thema der 3 GUṆAS gibt es aus dem anthroposophischen Bereich einen kostbaren Beitrag. In seinem Buch: *Die Bhagavad Gita und die Paulusbriefe* spricht Rudolf Steiner auch über Sāṃkhya. Er bringt darin, vom prinzipiellen Ansatz her gesehen, wobei er auf eine im Sāṃkhya nicht übliche Weise vorgeht, eine der besten Darstellungen über SATTVA, RAJAS und TAMAS, die ich je gelesen habe – besser fast, als ich sie von manchen Indern her kenne. Steiners Ausführungen wollen wir jetzt kurz darstellen. Noch ein Wort zur Terminologie: Wenn Steiner in den folgenden Zitaten das Wort »Seele« benützt, so ist damit der PURUṢA gemeint – die PRAKṚTI nennt er die »Hüllennatur«.

Aus: *Die Bhagavad Gita und die Paulusbriefe*, Seite 40 f. Ich fange mitten im Text an zu lesen:

> »Die Seele kann zum Beispiel verbunden sein mit der Buddhi so, daß sie gleichsam ihre volle Selbständigkeit möglichst wahrt innerhalb der Buddhi, daß nicht die Buddhi, sondern das Seelenhafte zur Geltung kommt in überwiegendem Maße.«

Das ist SATTVA. Das Geistige gewinnt über die Hüllennatur, die Hüllennatur ist transparent für das Geistige.

---

* Wer sich für die Chaldäische Systematik näher interessiert, der findet im Buch: *Kosmologische Betrachtungen zur Chymischen Hochzeit Christiani Rosencreutz anno 1459* (O.M.Hinze) einen Teil dieser Thematik ausführlich dargestellt.

»Es kann auch das Umgekehrte der Fall sein. Die Seele kann ihre Selbständigkeit gleichsam in eine Art von Schlaf, in Lässigkeit und Faulheit hüllen, so daß die Hüllennatur sich vordrängt.«

Das ist eine sehr schöne Beschreibung von TAMAS. TAMAS ist, so könnte man neu formulieren, wenn »die Hüllennatur sich vordrängt«. Schlaf, Lässigkeit und Faulheit ist alles TAMAS auf psychischem Gebiet.

»Das kann auch der Fall sein bei der äußeren physischen Natur, die aus der groben Materie besteht. Wir brauchen da nur den Menschen zu betrachten. Es kann einen Menschen geben, welcher vorzugsweise sein Seelisch-Geistiges zum Ausdruck bringt, so daß jede Bewegung, jede Geste, jeder Blick, die da vermittelt werden durch den groben physischen Leib, sozusagen zurücktreten gegenüber der Tatsache, daß sich darin ausdrückt das Geistig-Seelische. Wir haben einen Menschen vor uns, sehen ihn allerdings, indem sein grober physischer Leib vor uns steht, aber in der Bewegung, in der Geste, in dem Blick stellt sich uns etwas dar, daß wir sagen: Der Mensch ist ganz geistig-seelisch und er gebraucht das physische Prinzip nur, um dieses Geistig-Seelische darzuleben. Es überwältigt ihn nicht das physische Prinzip; er ist überall der Sieger über das physische Prinzip.«

Das Physische ist hier völlig dem Geistigen untergeordnet – SATTVA herrscht, wenn das Physische, Materielle »jedem Wink des Geistes« folgt ...

»Dieser Zustand, wo die Seele das äußere Hüllenprinzip besiegt, ist der Sattvazustand. Von diesem Sattvazustand kann gesprochen werden sowohl beim Verhältnis der Seele zu Buddhi und Manas, wie auch beim Verhältnis der Seele zum Leibe, der aus feinen und groben Elementen besteht. Denn wenn man sagt: die Seele lebt in Sattva, so bedeutet das nichts anderes als ein bestimmtes Verhältnis der Seele zu ihrer Umhüllung, des geistigen Prinzips im betreffenden Wesen zum Naturprinzip, des Purushaprinzips zum Prakritiprinzip.«

Steiner drückt die 3 GUṆAS, SATTVA, RAJAS und TAMAS in dem Sinne aus, daß darin ein *Verhältnis* zum Ausdruck kommt zwischen dem PURUṢA und seiner Hülle.

»Aber wir können auch an einem Menschen sehen, wie sein grober physischer Leib ihn ganz überwältigt – es sind jetzt nicht moralische Charakteristiken zu geben, sondern reine Charakteristiken, wie sie im Sinn der Sankhyaphilosophie liegen und wie sie durchaus nicht, so wie sie uns da vor das geistige Auge treten, irgendeine moralische Charakteristik abgeben –, ein Mensch kann uns entgegentreten, der sozusagen unter der eigenen Schwere des physischen Leibes einhergeht, der viel Fleisch ansetzt, der in allen seinen Gebärden abhängt von der physischen Schwere seines physischen Leibes, der sich nicht zu helfen weiß, wenn er ausdrücken will das Seelische in seinem äußeren physischen Leib.
Wenn wir unsere Gesichtsmuskeln bewegen, so wie die Seele spricht, dann herrscht das Sattvaprinzip; wenn uns die Fettmassen unseres Gesichtes eine bestimmte Physiognomie aufprägen, so wird überwältigt das seelische Prinzip vom äußeren physischen Hüllenprinzip, da lebt die Seele im Verhältnis von Tamas zu den Naturprinzipien. Und wenn ein Gleichgewicht zwischen beiden herrscht, wenn weder, wie im Sattvazustand, das Seelische überwiegt, noch wie im Tamaszustand das äußerlich Hüllenhafte überwiegt, sondern wenn beide das Gleichgewicht halten, dann spricht man vom Rajaszustand. Das sind die drei Gunas, die ganz besonders wichtig sind.«

Soweit Rudolf Steiner über die 3 GUṆAS.*

Der Begriff der 3 GUṆAS ist übrigens schon vorgebildet in den Veden, also *vor* der Zeit des Kapila-Sāṃkhya. Auch in der BHAGAVAD-GĪTĀ kommen die 3 GUṆAS vor. Die BHAGAVAD-GĪTĀ hat die GUṆAS in ganz Indien berühmt und volkstümlich gemacht. Man ist sich allgemein darüber einig, daß die ausgereifte Lehre der 3 GUṆAS ureigenster Besitz der Sāṃkhya-Schule ist. Die Art, wie das Sāṃkhya sich mit ihnen beschäftigte, inspirierte alle Schulen und Richtungen.

---

* Es ist vielleicht nicht überflüssig darauf hinzuweisen, daß Rudolf Steiner an anderen Stellen seines gewaltigen literarischen Werkes – und zwar in einigen seiner früheren esoterischen Schriften – auch einige Sanskrit-Ausdrücke verwendet, worunter solche wie: Manas, Buddhi, Atman etc. Diese erhielten aber von Steiner *andere* Bedeutungen als die geläufigen Bedeutungen in der Sāṃkhya-Philosophie. Das bedeutet für uns lediglich, daß solche Begriffe bei R. Steiner in seinen esoterischen Schriften uns nicht mehr speziell über die Sāṃkhya-Lehre aufklären, sondern in eine ganz andere Sichtweise einführen.

Ich möchte euch jetzt anhand des Buches von Frits H. Julius: *Metamorphose, ein Schlüssel zum Verständnis von Pflanzenwuchs und Menschenleben*, einige grundlegende Prinzipien aus der Sāṃkhya-Philosophie demonstrieren. F.H. Julius stammt aus dem anthroposophischen Bereich – er war Lehrer für Biologie und Chemie an der Waldorfschule in Den Haag. Sein Werk zeichnet sich aus durch eigenständiges Denken und eine ganzheitliche Schau. Mit Sāṃkhya hat er sich nie beschäftigt – so war es seinerseits unbeabsichtigt, daß in seiner Darstellung unwillkürlich grundlegende Charakteristika der Sāṃkhya-Lehre ans Tageslicht traten.

In seinem Buch *Metamorphose* knüpft er an bei Goethes Gedicht über die »Urpflanze«, über das er jahrelange Studien getrieben hat. Wie Goethe hat er erkannt, daß ein »ausdehnendes« und ein »zusammenziehendes Prinzip« in der Pflanzenwelt am Werke ist. Wer sich mit den Planetenprinzipien näher befaßt hat, denkt hier natürlich gleich an die Prinzipien »ausstrahlende Sonne« und »zusammenziehender Saturn«, die Grundpolarität in der Chaldäischen Systematik. Julius kannte die Chaldäische Systematik in engerem Sinne nicht – er knüpft in seiner Betrachtung ganz bei Goethes Begriffen »Vertikaltendenz« und »Spiraltendenz« an. Julius spricht in diesem Zusammenhang auch gerne von dem »Vertikalen« und dem »Peripheren«. Die »Periphertendenz« ist die ausbreitende Tendenz, die *Tendenz zum Umkreis* hin – die »Vertikaltendenz« ist die entgegengesetzte, zusammenziehende Tendenz, die *Tendenz zur Mitte* hin, so daß wir hier auch von »Zentraltendenz« reden können. Diese Tendenzen sind grundlegende Prinzipien der Schöpfung, die sich im Alltag überall manifestieren. Sie können von Menschen, die zur Ganzheitsschau befähigt sind, *gesehen* werden. Übt man jahrelang, diese Prinzipien wahrzunehmen, so entwickelt man allmählich ein inneres Organ, sie quer durch die Schöpfung hindurch zu erfassen.

Auch in der Gestaltbiologie und -psychologie kennt man vom Wesen her diese Prinzipien: Wenn ein Lebewesen zu sehr *expandiert*, wobei es sich gleichzeitig *differenziert* und dadurch in die *Vielheit* hineingerät, dann droht – wenn es den Zusammenhang mit dem Ganzen verliert – eine Zersplitterung der Kräfte in der Peripherie, eine Verzettelung. Dieser expansiven Tendenz – in der wir die Periphertendenz im Sinne von Goethe und Julius zurückfinden – gegenüber steht nun eine Gegenkraft, die eine zu große und damit verhängnisvolle Verselbständigung der einzelnen Teile zu verhindern sucht, indem sie das Ganze integrierend zusammenhält und zur Mitte hin zurückverbindet. Diese Zentraltendenz findet u.a. ihren statischen Ausdruck im Rückgrat des Menschen. Ein Beispiel für die Zentraltendenz auf psychologischer Ebene ist: sich zurücknehmen, wenn man zu viel »expandiert« hat, bzw. »in sich« gehen, wenn man eine Zeitlang zu extravertiert gelebt hat ...

So, wie man das ausdehnende und das zusammenziehende Prinzip in der Schöpfung *wahrnehmen* kann, so gibt es auch Menschen, für die *die Urpflanze* »sinnlich« sichtbar ist. Durch die Art, wie Goethe über sie gesprochen hat, müssen wir davon ausgehen, daß er sie genauso wirklich »gesehen« hat wie z.B. die Realität einer bestimmten Rose. Daß er die Urpflanze als Realität *sah*, weist ihn gleichzeitig als einen Meister im *Lichtdenken* aus. Auch Edmund Husserl war so ein Mensch, der sinnlich-anschaulich wahrnehmen konnte, was normalerweise nicht allgemein sinnlich sichtbar ist. Mit Hilfe von Husserls Lehre könnte man die Urpflanze »sehen« lernen. Auch der methodische Ansatz von F.H. Julius in seinem Buch *Metamorphose* impliziert ein geeignetes Training zu einem solchen »Sehen«.

Julius führt nun aus, daß gerade das grobstofflich Sichtbare, das uns im täglichen Leben am meisten vertraut ist, zugleich das *Vergängliche* ist – die Gattung, die Art, die wir *nicht* sehen, ist hingegen *unvergänglich*. *Die Rose als solche* – im Sinne Platons: die *Idee* »Rose« – ist im Unvergänglichen gegründet; durch die *Exemplare* der vergänglichen Rosen bringt sie sich immer wieder neu in Erscheinung. Früher, u.a. bei den Griechen, galt übrigens nur *das* als *wirklich*, was *bleibt*. Nach Platon übersteigt die Realitätskraft der Ideen bei weitem die Realitätskraft von unseren Dingen hier in dieser Welt. Nun – die Rose als *Idee* bleibt. Dagegen ist die Rose als individuelles Exemplar nur eine »Eintagsfliege« – gerade das also, was wir physisch konkret und real vor Augen sehen, erweist sich als vergänglich. Könnte es sein, daß es mit dem Menschen auch so ist ...? Alles weist darauf hin, daß es gar nicht anders sein kann!

Jetzt einige Zitate aus dem Buch *Metamorphose*, das Pflanzenwachstum betreffend.* Versucht, euch möglichst bildhaft vorzustellen, was ihr hört. Seite 15 f.:

> »Im Generationsstrom begegnet man also einerseits einem Element, das ebensosehr mit großer Beständigkeit wie mit großer Plastizität wirksam ist, den Sinnesorganen aber verborgen bleibt, und andererseits einem, das sich äußerlich darbietet, aber von vergänglicher Art ist.
> Wir stehen hier vor dem Gegensatz von *Wesen* und *Erscheinung*. Richten wir nun den Blick auf die Entwicklung einer einzigen Pflanze, so finden wir auch hier in ständiger Aufeinanderfolge dieses Stärker-in-Erscheinung-Treten und das Sich-wieder-daraus-Zurückziehen. Wir haben es hierbei mit einem ganz allgemeinen Lebensprinzip zu tun. Im Bau der allermeisten Pflanzen tritt es deutlich auf.
> Dieses Herein- und Hinausgehen spürt man sehr stark, wenn man einen beblätterten Stengel abtastet. Man umfaßt den Stengel von unten und läßt die Hand längs des ersten Gliedes hinaufgleiten. Dort kommt eine Verdickung, ein Stengelknoten, der die Hand seitwärts an einem Blattstiel entlangführt; sie gleitet weiter an der breiten Fläche der Blattscheibe entlang, wo ihre Bewegung im Übergang vom Blattrand zur Umgebung endigt. Nun suchen wir das schmale Stengelglied über dem Blatt wieder auf und lassen unsere Hand abermals höhergleiten, bis sie beim folgenden Knoten wieder seitwärts in die Verbreiterung und schließlich in die Umgebung geführt wird. Natürlich gibt es dabei vieler-

* Es lohnt sich, am Schluß dieses Kapitels den ganzen Zitatteil nochmals geschlossen in einem Stück zu lesen!

lei Variationen. Manche Stengelglieder wollen sich nicht recht verschmälern; sie sind geflügelt, d.h. sie sind mit ziemlich breiten, blattartigen Längsstreifen versehen. Bei anderen Pflanzen ist ein Hinauf*gleiten* unmöglich, weil die Finger fortwährend hängenbleiben an Häkchen oder Dornen. Es können auch die Blätter fehlen. Aber solche Variationen ändern nichts an dem Prinzip.«

Unmittelbar hierauf folgt die wichtige Feststellung:

»Bei der einzelnen Pflanze ist der Stengel dasjenige, womit sie am wenigsten in Erscheinung tritt, während sie sich in den Blättern breit darstellt.«

Eine Seite weiter, S.17:

»*Die Ideen als schöpferische Mächte*
Was ist das Geheimnisvolle, das dicht am Boden durch die Übermacht der Materie verborgen bleibt, nach oben zu aber mit Hilfe des Lichtes die Widerstände des Stoffes stets mehr und mehr überwindet und schließlich in Form, Farbe und Duft zu uns spricht?
Mit Goethe können wir dieses Geheimnisvolle die *Idee* nennen. Wir nannten es vorher schon das *Wesen*, das als eine beständig wirkende Macht hinter der *Erscheinung* steht.«

»Wesen« ist hier also gleichzusetzen mit »Idee«. Den Begriff »Idee« hat Goethe von Platon übernommen. »Wesen«, »Idee« oder »Sein« liegen, wie bereits erwähnt, jenseits unserer Welt an der unvergänglichen Seite. Die *Ideen* werden von Platon auch LOGOI* genannt. Sie sind keine blassen Schemata, sondern immense *Realitäten*. Sie sind *wirkende Urkräfte***, potentielle, sehr leuchtende Kräfte, die in unserer Welt überall wirksam sind ...

»Wenn wir durch tiefschürfende Naturstudien hingeführt werden zu der Wirksamkeit der Idee, so ist das nicht dasselbe, wie wenn uns im täglichen Leben etwas einfällt und wir

---

* Mehrzahl von »LOGOS«.

** DYNÁMEIS (Mehrzahl von DÝNAMIS): bewegende Kräfte.

das so ausdrücken, indem wir sagen: ›Ich habe eine Idee!‹ Selbst im sehr ernsthaften und von Würde erfüllten Denken empfangen wir im Höchstfall ein *Bild* der wahren Ideen.«

Könnt ihr euch vorstellen, was passiert, wenn man wirklich von einer *Idee* heimgesucht wird? – Tritt die Idee von einem Elefanten in uns ein, so explodieren wir und fügen uns anschließend zu einem Elefanten zusammen! Dieses Geschehen stellt alles in den Schatten, was wir gewöhnlich unter einem »energetischen Vorfall« verstehen ...

Wir heutzutage entfesseln Energien mit Gewalt, mit Brutalität – wir brauchen nur an die Atomenergie zu denken. So, wie wir die Materie behandeln, dürfte man eigentlich nicht mit einem lebendigen Wesen umgehen! Wir hätten auf einem völlig anderen Weg *auch* einen Zugang zu den Energien der Materie – einen weitaus friedlicheren. Dabei nimmt man seinen quantitativen Kraftaufwand *zurück* ... bis auf Null, ja – unterschreitet diesen sogar und verwandelt ihn in pure Liebe, sich selbst dabei verwandelnd in die eigene PURUṢA-Wesenheit – die man doch im Grunde *ist.* »Nichts« tuend, erreicht man dennoch »alles« Erwünschte! Es ist ausgesprochen die Kraft der Liebe, die so stark ist, daß die Materie *von innen her* sich öffnet. *Dann* sind in einem Stückchen Materie gewaltige Kräfte enthalten. Auf diese Weise hat man diese Kräfte einst in ferner Vergangenheit auch entfesselt, mit einer leichten Bewegung und sanften Berührung ... Wenn man das mit der richtigen inneren Haltung tut, so wird die Energie auch freigegeben. Im Unsichtbaren bildet sich dabei so etwas wie die Gestalt einer Blume, erst stengelhaft und dann sich ergießend in Blütenform Richtung Sonne. Auf diese Weise könnte man zu höchsten Energien kommen ...

»Diese« (die Ideen) »sind mehr als abstrakte Gedanken, es sind Mächte, die mit feuriger Gewalt wirken können. Es sind Wesen, die fortwährend neue Formen schaffen. Letzten Endes können wir die gesamte Natur und alles Menschenwerk auf sie zurückführen. Sie sind die Urbilder alles dessen, was geschaffen ist und geschaffen wird.«

Die Ideen sind also Wesen und zugleich auch *Urbilder* für alles, was geschaffen wird. Wenn Julius im vorletzten Zitat von einem »Bild der Ideen« spricht, so müßte man eigentlich sagen: »Abbild«, um es klar zu unterscheiden von einem »Urbild«.

> »Die Ideen sind un-sinnlich, den Sinnesorganen unwahrnehmbar und somit nur im Denken erreichbar.«

Dieses Denken allerdings *muß Lichtdenken* sein. Mit dem üblichen intellektuellen, wissenschaftlichen Denken wird man den »Ideen« keinen Schritt näherkommen!

> »Sie sind unräumlich, können aber im Raume wirken. Ein einzelnes Urbild hat den Drang, sich fortwährend und stets in neuen Formen zu verwirklichen ...«

Ein *Drang* steckt also in den Urbildern, eine Art *Urwille*: *ICCHĀ*, wie die Tantriker sagen. Wenn man hier das Wort ICCHĀ ausspricht, pustet es bis dort zur Schiebetüre* ... ICCHĀ bedeutet »Wille«, der, weil er am Ursprung steht, ein Urwille ist. Im tantrischen Sāṃkhya wird ICCHĀ als Synonym für die AVYAKTA PRAKṚTI genommen. AVYAKTA PRAKṚTI ist ICCHĀ Gottes, der Urwille Gottes. Da ist etwas im Unvergänglichen, das *drängt*, wodurch dieses Etwas *aus* dem Unvergänglichen heraus zur Schöpfung wird ...

Ich wiederhole die letzten beiden Sätze von Julius und füge noch einen weiteren von ihm hinzu (S.18):

> »Sie« (diese Ideen) »sind unräumlich, können aber im Raume wirken. Ein einzelnes Urbild hat den Drang, sich fortwährend und stets in neuen Formen zu verwirklichen. Die Ideen kennen keine Trägheit, keine Ruhe, wohl aber einen aus sich selbst stets von neuem entspringenden Drang zur Entfaltung.«

---

* bezieht sich auf den Tagungsraum im Humboldthaus.

Ein Sāṃkhya-Kenner wird hier unwillkürlich an Sāṃkhya denken: Im Sāṃkhya wird über eine Dimension der PRAKṚTI gesprochen, die darin besteht, Verborgenes zu manifestieren, in Erscheinung treten zu lassen ... Das ist SATTVA. SATTVA will *manifestieren*, und es gibt indische Texte, wo PRAKṚTI einfach SATTVA genannt wird. Damit faßt man PRAKṚTI an erster Stelle auf als die Fähigkeit »erscheinen zu lassen«, d.h. »ans Licht zu bringen« – während von einem anderen Standpunkt PRAKṚTI von ihrem TAMAS-Aspekt her verstanden werden kann, als dasjenige, was verdeckt, verhüllt etc. Außerdem, wenn im letzten Zitat steht, daß die Ideen keine Trägheit kennen, keine Ruhe, so sei daran erinnert, daß PRAKṚTI in Indien auch ganz allgemein mit dem Prinzip der Bewegung in Verbindung gebracht wird – »JAGAT«, wörtlich: »das, was sich bewegt«, ist ein Ausdruck für die erschaffene Welt. Dieses Prinzip gehört dem RAJAS-GUṆA an.

»Wie wirken diese Mächte? Kein anderes Beispiel kann uns das besser lehren als die Pflanze. Und haben wir von ihr etwas gelernt, so haben wir sehr viel gewonnen für zahllose andere Gebiete ...
Wenn wir die Pflanze so betrachten, wie wir es hier getan haben, begegnen wir fortwährend den Spuren der Ideen-Wirksamkeit. Um sich im Raume verwirklichen zu können, ist die Wechselwirkung von Idee und Materie nötig.«

Mit diesem Satz können wir direkt ins Sāṃkhya einsteigen. »Idee« ist hier gefaßt an der Seite des Seins, des Wesens, also an der Seite des Unphysischen, Unvergänglichen, an der Seite also, wo im Sāṃkhya der PURUṢA sich befindet – *ich identifiziere jetzt aber Idee noch nicht mit PURUṢA!* »Materie« befindet sich hier an der PRAKṚTI-Seite, und zwar, wie Julius »Materie« an uns heranführt, genau genommen an der Seite der *VYAKTA* PRAKṚTI, der entfalteten Materie. Der letzte eben zitierte Satz von Julius könnte direkt aus dem Sāṃkhya stammen. Im Sāṃkhya wird nämlich gesagt, daß die ganze Schöpfung aus der Wechselwirkung von PURUṢA und (AVYAKTA) PRAKṚTI hervorgeht. Den oben zitierten Satz von F.H. Julius müssen wir *parallel* dazu sehen. Er impliziert, daß die Schöpfung aus der Wechselwirkung von Idee und Materie hervorgeht. Die Wechselwirkung von PURUṢA und (AVYAKTA) PRAKṚTI heißt nun in Sanskrit: *SAṂYOGA VIŚEṢA*. SAṂYOGA VIŚEṢA ist eine ganz besondere: VIŚEṢA, Form von »SAṂYOGA«, was wörtlich »zusammen vereinigen« bedeutet. Der Begriff der »Nähe« im Zusammenhang mit PURUṢA und PRAKṚTI stammt aus diesem Bereich. Dieser SAṂYOGA VIŚEṢA impliziert eine *spezielle Nähe*. Diese Nähe ist – zunächst – absolut mysteriös, unergründlich. SAṂYOGA VIŚEṢA ist also ein *Miteinander-in-Beziehung-Treten* von PURUṢA und PRAKṚTI in einer ganz besonderen Weise, eine *Vereinigung* zwischen ihnen von besonderer Art.

Wenn wir nachher bei Julius weiterlesen, *dann sehen wir die in der Natur selbst liegende Berechtigung des dualistischen Ansatzes im Sāṃkhya* – der dualistische Grundansatz des Sāṃkhya kann auch am Pflanzenwachstum abgelesen werden. Dafür versuchen wir innerlich einfach zuzuschauen, was Julius beschreibt, verbieten uns aber, im gewöhnlichen Sinne darüber nachzudenken. Lassen wir also einfach wirken, was sich im Pflanzenwachstum tut und geben uns dann Rechenschaft: Was ist im Laufe der Jahreszeiten geschehen? – Darin liegt eine urmerkwürdige, typisch organische Bewegung, und wenn wir immer wieder versuchen, uns diese zu vergegenwärtigen und sie dadurch *innerlich* wahrzunehmen, wird in unserer Denkstruktur, in unserer Denkdynamik, diese spezifische Bewegung, die in der Pflanze liegt, aufgeweckt. Wenn dieser Prozeß eine gewisse Reifezeit in uns durchgemacht hat, fängt man an, Feinstoffliches – mit den Augen – zu sehen.

Für Sāṃkhyas und Yogins gibt es – genau genommen – keine *über*sinnliche Wahrnehmung, auch die feinstofflichen Ebenen sind für sie »sinnlich«. Man braucht für die »übersinnliche« Welt im Grunde *dieselben Sinne* (INDRIYAS) wie für den grobstofflichen Bereich. Ja, diese Sinne *sind* nämlich von Haus aus schon im Feinstofflichen gegründet. Sie sind wie *fein*stoffliche Blumen, die erst in einem späteren Stadium in die *grob*stoffliche Welt umgebogen und gleichsam »auf den Boden gedrückt« worden sind. Unsere heutigen Wahrnehmungssinne sind zur grobstofflichen Welt hinabgedrückte, ja: *in* die grobstoffliche Welt *hinein*gedrückte und dadurch stark *eingeschränkte* Wahrnehmungsorgane. Durch entsprechende Übungen oder auch besondere Lebensumstände können sie sich aber wieder aus dieser Verdunkelung und Einschränkung befreien.

Ich sage doch manchmal: Alles sogenannte *Hellsehen* fängt schon mit ganz normalem *Sehen* an. In unserem normalen Sehen, Hören, Schmecken steckt »Hellsehen« schon drin, und eigentlich gibt es überhaupt keine Unterbrechung im Kontinuum von grobphysischem Sehen zu »übersinnlichem« Sehen. Wir alle haben die Kapazität zu ausführlichem »Hellsehen« in uns, es muß nur wieder neu entfaltet werden. Sehr viel an unserem Spektrum von dem, was wir normalerweise sehen, ist schlicht nur Gewohnheit. Gewöhnlich wird vor allem dasjenige in uns aktualisiert, was die Gesellschaft und die Mitmenschen aus uns herausziehen. Wenn diese Komponente einmal wegfallen würde, sähen wir uns innerhalb relativ kürzester Zeit wie *in eine andere Gegend* versetzt, wir würden plötzlich zu einem völlig anderen Wahrnehmungsfeld kommen können. Viele Naturvölker haben übrigens ihr »Programm der Dinge«, die sie normal sinnlich wahrnehmen, etwas verschoben zu dem unsrigen, wodurch sie eine Reihe Dinge sehen – vor allem in der Natur –, die für uns nicht mehr sichtbar sind.

Wir können aber nicht eine einzige Wahrnehmung – ob grobstofflicher oder feinstofflicher Art – durchführen, wenn nicht unser MANAS in das entsprechende Organ »hineinkriecht«. Das MANAS wird oft auch »der 6. Sinn« genannt, weil es – vom unteren Ende des 25-TATTVA-Systems aus gesehen – direkt nach unseren 5 Sinnen: Riechen, Schmecken, Sehen, Fühlen und Hören, seinen Ort hat. Im Wahrnehmungsakt, den wir mit unseren 5 Sinnen durchführen, nimmt MANAS jeweils die

Form dieser fünf an: *Geruchs*form oder *Seh*form oder *Klang*form etc. und ist somit unmittelbar an jeder Wahrnehmung beteiligt. Würde sich MANAS aus unseren Sinnen zurückziehen, so würden wir *nichts* mehr wahrnehmen! MANAS wird aber auch unser »Denkorgan« oder »Denksinn« genannt. Es ist Teil des CITTA, dieser BUDDHI-AHAṂKĀRA-MANAS-Einheit, über die wir bereits gesprochen haben. MANAS verleiht unserer Wahrnehmung eine Denk-Komponente, was sich u.a. darin äußert, daß wir das Wahrgenommene »identifizieren« und »einordnen« können in uns bekannte »Kategorien«.* *In jeder Wahrnehmung steckt also auch das Denken unmittelbar drin. Aber umgekehrt steckt auch im Denken die Wahrnehmung drin.*

Es ist auch das MANAS, wodurch wir, auch wenn wir nicht aktuell in der äußeren Welt mit einem Wahrnehmungsakt beschäftigt sind, in unserem Innenleben bildhaft, etwa über früher Wahrgenommenes, reflektieren können, indem wir Sinneseindrücke wieder aufrufen und am inneren Auge vorbeiziehen lassen. Oder wir können uns innerlich eine herrliche Mahlzeit ausmalen und in verschiedenen Genüssen schwelgen, die wir dann später meist auch äußerlich zu verwirklichen trachten. So wird MANAS auch unser »innerer Sinn« genannt, im Gegensatz zu unseren »äußeren Sinnen«, womit die 5 Wahrnehmungsorgane, aber auch die 5 Tatorgane, mit denen wir uns noch beschäftigen werden, gemeint sind. MANAS steckt nämlich nicht nur in unseren Wahrnehmungsorganen, wenn wir wahrnehmen, sondern auch in unseren Tatorganen, wenn wir handeln. Es *koordioniert* außerdem all unsere 10 Sinne untereinander und stellt deren Verbindung mit unserem Ich-Organ, bzw. Ich-Sinn (AHAṂKĀRA) her.

---

* Dieses »Einordnen in Kategorien« hat aber keinen abstrakten Charakter, sondern beruht auf einem *unmittelbaren*, »bildhaften« Erkennen und spontanen Zuordnen.

Jetzt aber zurück zu Julius:

»Die Materie ist dasjenige, was sich im Raume ausbreitet, das Raumfüllende. Die Materie ist damit völlig aus dem Gebiet der Idee herausgetreten. Daher neigt die Materie auch zur Formlosigkeit, zur Schwere und Trägheit.«*

Diese drei Worte – Formlosigkeit, Schwere und Trägheit – sind alle TAMAS-Worte – wer kennt diese Zustände nicht ...

»Aus sich selbst kann die Materie niemals etwas Neues entfalten, niemals einen Zustand verändern.«

Diesen Satz könnte Kapila geschrieben haben ...

»Überläßt man sie sich selbst, dann endet alles in Formzerfall und Pulverisierung, in einem allgemeinen Ausgleich.«

Hier wird man unwillkürlich an den modernen Entropie-Begriff in der Physik erinnert ...

»Was ist also der Inhalt des Lebens einer Pflanze? Ein Kampf zwischen Materie und Idee.«

In der Sprache des Sāṃkhya ausgedrückt: ein *Kampf* zwischen PRAKṚTI und PURUṢA – wobei das Wort »Kampf« unbedingt zwischen Anführungszeichen stehen sollte – wir müssen diesen »Kampf« als dynamische Auseinandersetzung zwischen zwei Gegensätzen (nicht »Gegnern« ...) sehen, mit dem Ziel, daß daraus etwas Gutes, etwas zutiefst Erwünschtes hervorgeht. Daß der Begriff »Kampf« hier nicht einfach mit so etwas wie »Krieg« im allgemeinen Sinne gleichgesetzt werden kann, geht daraus

---

* Man gebe sich Rechenschaft darüber, daß es stets VYAKTA PRAKṚTI ist, von der bei Julius die Rede ist!

hervor, daß in Indien diesem »Kampf« ohne weiteres Begriffe wie »Spiel« oder »Tanz« zur Seite gestellt werden. *Im Sprachgebrauch des Sāṃkhya finden wir just an dieser Stelle den Begriff »SAṂYOGA VIŚEṢA« angewendet.*

Der letzte Satz von Julius sei nochmals wiederholt und anschließend gleich der nächste hinzugefügt:

> *»Was ist also der Inhalt des Lebens einer Pflanze? Ein Kampf zwischen Materie und Idee. Eine allmähliche R e a l i s i e r u n g der Idee mit Hilfe des Stoffes, eine allmähliche I d e a l i s i e r u n g der Materie.«*

Wollen wir diesen Satz richtig aufnehmen und uns davon durchdringen lassen ... Die Idee ist »oben«, nicht sichtbar – da »unten« ist massive, kompakte Materie, etwa in Form einer Blumenzwiebel, und nun kommt die Idee »herunter« und fängt an, auf diese Materie einzuwirken. Die Materie hat verborgenerweise in sich die SATTVA-Fähigkeit, die gerne *manifestieren* will – hätte sie diese Fähigkeit nicht, würde sie schwerfällig da liegen bleiben; jetzt aber fängt sie an, sich zu erheben. Die Idee kommt also herunter und beginnt, sich allmählich zu »realisieren«, indem sie sich in den Stoff einhüllt, der jetzt seinerseits in einen Prozeß zunehmender Formbildung geworfen ist. Kurz: die Idee »inkarniert« sich.

Seht also deutlich vor Augen die kompakte Blumenzwiebel einer Tulpe oder einer Narzisse, oder die (Rhizom-)Knolle einer Gladiole im Boden. Eine Wurzel wächst in den Boden. Dann bricht ein Stengel nach oben heraus, Blatt nach Blatt entfaltet sich, wobei die Pflanze nach unten hin noch relativ formlos ist. – Was unterstützt die Form- und Gestaltbildung einer Pflanze? Und was unterstützt die Substanzhaftigkeit, die Reservekräfte, das, was nicht so sehr Form, als wohl Quantität hat? Die Materie wird nach oben hin gehend immer mehr durchgestaltet, die Blätter werden mehr durchziseliert, ihre Substanz wird immer feiner, immer subtiler und transparenter, und schließlich manifestiert sich eine Blüte in einer wundervollen, sonnen-orientierten Gestalt. – Seht ihr, was für eine Transformation die Materie vom Zwiebelsein bis hin zur Blüte durchmacht ...?

In dieser Blumenblüte hat sich die Idee am Ende maximal realisiert – wobei die »Realität« – die Materie – sich gleichzeitig maximal idealisiert hat.

Der Faktor, wodurch die Materie diese Prozesse mitzumachen fähig ist, ist das uns inzwischen vertraute SATTVA-GUṆA. SATTVA ist dasjenige in der Materie, das dem PURUṢA in seinem Wesen am meisten »verwandt« ist. Gäbe es das SATTVA *nicht* in der PRAKṚTI, so hätte die Idee keinen Anknüpfungspunkt, um in der Materie überhaupt wirksam werden zu können. Denk an den oft zitierten Satz: »Wär' nicht das Auge sonnenhaft ...«.*

> *»Solange die Pflanze wächst und blüht, so lange überwindet die Idee die Materie. Beim Älterwerden der Pflanze verliert die Idee an Macht, bis sie bei deren Absterben gänzlich verlischt. Nach dem Tode herrscht wieder ausschließlich die Materie.«*

Diesen Vorgang sich immer wieder vorzustellen, möglichst anhand vieler sinnlicher Beobachtungen von lebendigen Pflanzen in der Natur, fördert das »hellsichtige« Sehen ...

F: Wohin ziehen sich die Ideen zurück, wenn die Pflanze stirbt?

OM: Oder – woher kommen sie, kann man auch fragen, wenn die Pflanze noch im Wachstum begriffen ist? Wie kommt Julius auf die Idee, sich auf diese Weise aus-

* Wär' nicht das Auge sonnenhaft, wie könnten wir das Licht erblicken? Lebt' nicht in uns des Gottes eigne Kraft, wie könnt' uns Göttliches entzücken?

zudrücken? Er hatte, während er schrieb, wieder genau vor Augen, was er anhand der Pflanze wahrgenommen hat – so hat er auch die Gestik der Pflanze gesehen, die – ihrer materiellen Hülle sich entwindend – sich wieder zu ihrem eigentlichen Ursprung im Ideellen zurückzieht. Äußerlich sieht man nur das Zu-Grunde-Gehen des Materiellen, *innerlich* aber vollzieht sich gleichzeitig eine entgegengesetzte Bewegung, ein *Aufgehen*, ein *Zurückkehren*, bzw. ein *Sich-Zurückziehen* in die unmaterielle »Über-Sinnlichkeit«. Und da stehen wir zuerst einfach wahrnehmend da und lassen diesen Prozeß auf uns wirken. Indem wir hier nicht sofort eine Antwort geben, sondern offen sind dafür, was genau geschieht, werden wir weitergeführt ...

L: Diese Idee muß doch aber noch »in der Nähe« sein, sonst würde sich die physische Form auflösen.

OM: Die Form *löst* sich ja auch auf. Daß die Pflanze noch eine Zeitlang ihre Form behält, obwohl das Leben aus ihr gewichen ist, verdankt sie jenen Trägheitskräften, welche allen grobstofflichen Leibern dieser Welt eigen sind.

H: Womit schafft die Idee die Pflanze, mit welcher Energie?

OM: Wie wir schon gesehen haben, sind nach Platon sämtliche Ideen zugleich *potentielle Kräfte*, DYNÁMEIS ... Fast alle aufgeführten Zitate von Julius über die Ideen legen Zeugnis davon ab.

In der Sprache des Sāṃkhya ausgedrückt, löst die geheimnisvolle *Nähe der Ideen* erst dasjenige *in der Materie* aus, was wir mit Recht (aktualisierte) »Energien« und »Kräfte« nennen. Im Sāṃkhya fallen diese unter den Begriff des *RAJAS*-GUṆA. Die Ideen im Sinne Platons wirken, was ihre Nähe zur Materie angeht, genauso, wie der PURUṢA im Sinne des Sāṃkhya, der in die Nähe zur PRAKṚTI tritt ...

M: Etwas ist mir noch nicht ganz klar. Idee ist doch noch nicht PURUṢA ...

OM: Da hast du recht. So wird auch die Erleuchtung im platonischen Sinne – das Erwachen eines Menschen auf der Ebene der Ideen – in Indien noch nicht als volle Erleuchtung anerkannt ... und dennoch, da die Ideen unvergänglich und von jenseitigem Licht durchflutet sind, können wir sie zunächst durchaus *analog* an die Seite von PURUṢA setzen. Die »Materie« ihrerseits hat ihren Platz an der Seite der PRAKṚTI, und zwar der VYAKTA PRAKṚTI. Auf diese VYAKTA PRAKṚTI können die Ideen, bzw. der PURUṢA, einwirken, und zwar mittels der *AVYAKTA PRAKṚTI* – in jeder belebten VYAKTA PRAKṚTI gibt es nämlich immer ein AVYAKTA-Tor, durch das die Idee, bzw. der PURUṢA, einen Zugriff auf die Materie hat ...

Die »Initiative«* dazu, überhaupt etwas hervorzubringen und zu gestalten, geht im Grunde vom PURUṢA aus – bei Julius sind es die Ideen –, und dadurch kommt letztlich die Wechselwirkung von PURUṢA und PRAKṚTI, bzw. Idee und Materie zustande. Natürlich ist es unmöglich, dies streng nach Sāṃkhya so zu formulieren, wo man doch erkenntnistheoretisch vom radikalsten Unterschied zwischen PRAKṚTI und PURUṢA ausgeht. Im Sāṃkhya fragt man sich dann, wie die beiden denn überhaupt zusammenkommen, und darin steckt eines der Sāṃkhya-Kôans ...

Die Ausführungen von Julius zeigen, daß er das Geschehen in der Pflanzenwelt unwillkürlich mittels eines scharf dualistischen Gegensatzes beschreibt – und zwar ist er nicht aufgrund irgend einer intellektuellen Theorie darauf gekommen, sondern lediglich durch die beharrliche Wahrnehmung des Pflanzenwachstums durch viele Jahre hindurch. Das Ineinandergreifen, bzw. die Wechselwirkung der Gegen-

---

* Streng nach den Spielregeln des klassischen Sāṃkhya darf man allerdings nicht von einer »Initiative« des PURUṢA sprechen. Der PURUṢA »tut« ja nichts ... ergreift folglich auch keine Initiative! Dennoch wird niemand bezweifeln, daß der PURUṢA so etwas wie ein »Anliegen« hat, das nach Verwirklichung strebt ... Wir kommen hierauf noch zu sprechen.

sätze in der Natur, wie Julius diese beschreibt, ist voll gültig und gilt *analog* auch für das Sāṃkhya. Meines Erachtens ist man im ursprünglichen Sāṃkhya auf keinem anderen Weg als dem, den Julius, und vor ihm Steiner, Goethe und Platon gegangen sind, zum TATTVA-System mit seiner inhärenten Dualität gekommen. Diese Dualität ist Bestandteil des Lebens, und aus dem Leben heraus entstand auch das Sāṃkhya. Wie das Sāṃkhya läßt Julius die Gegensätze in ihrer Spannung voll bestehen und versucht keine falsche Art der Überbrückung. Julius könnte von seinem Wesen her durchaus auch ein Sāṃkhya-Mensch sein. Seine Darstellung diese Dinge betreffend ist nicht mehr zu überbieten, gerade auch von der Didaktik des unmittelbaren Erfahrens her.

Um jetzt aber nochmals auf die Bemerkung von vorhin zurückzukommen: Im Grunde geht der PURUṢA tatsächlich noch über die Ideen hinaus. Das Gesamt aller Ideen in ihrer gewaltigen übersinnlichen und unvergänglichen Daseinsweise ist *lichtdurchwoben*. Wann wird dann die Erleuchtung im Sinne des Sāṃkhya-Yoga erreicht? Die Antwort lautet: erst, wenn man sich jetzt auch noch *von den Ideen als solchen zurückzieht* und sich nur noch auf das *Licht an sich in diesen Ideen* sammelt – *dann* ist die Voraussetzung eines Durchbruchs zum PURUṢA gegeben.

An dieser Stelle können wir jetzt auch den Begriffen »PURUṢA« und »Ideen« ihren Ort im Verhältnis zueinander geben. In diesem Zusammenhang ist es nun aufschlußreich, daß die platonische Lehre von *einer* höchsten Idee spricht, die *über* allen anderen Ideen steht. Platon nennt sie die »Idee des Guten«. Sie wird als die »Sonne im Reich der Ideen« gesehen, als den ersten Anfang des Seins und als das Ziel der höchsten Erkenntnis. Zuweilen wird sie auch dem Begriff der *Gottheit* gleichgesetzt. Diese höchste der Ideen *durchstrahlt* alle anderen Ideen. Aus allem, was über diese »Ideensonne des Guten« ausgesagt wird, müssen wir schließen, daß sie dieselbe Ebene wie der PURUṢA innehat, ja, daß sie unmittelbar dem PURUṢA gleichzusetzen ist.* In dieser *höchsten* aller Ideen, bzw. in dem PURUṢA, ist der *urbildhafte, wesenhafte Aspekt der Ideen, rein von ihrem licht-visuellen Formprinzip* her, begründet.

Die *energetische Komponente* der platonischen Ideen hingegen, die sich in Platons Begriff der DYNÁMEIS – der *potentiellen Kräfte* – niederschlägt, ist im Sāṃkhya scharf vom PURUṢA getrennt! Wenn Julius also davon spricht, daß in den Ideen ein *Drang* steckt, *sich zu verwirklichen,* oder *eine Macht, die mit feuriger Gewalt wirkt*, so gehört *dieser* Aspekt der Ideen – zusammen mit Platons Begriff der DYNÁMEIS – in der Terminologie des Sāṃkhya an die Seite der *AVYAKTA PRAKṚTI!* Dabei ist das Wort »Drang« einer unmittelbaren Aktualisierung bereits näher als das Wort »Macht«. Sobald dann Kräfte *aktualisiert* in Erscheinung treten, haben wir es mit *VYAKTA* PRAKṚTI zu tun, und zwar speziell mit deren RAJAS-GUṆA.

Die platonischen Ideen sind also so formuliert, daß sie im Sinne des Sāṃkhya einerseits einen PURUṢA-Hintergrund – in der Gestalt einer alle Ideen durchdringenden »Idee des Guten« – haben, andererseits sehr deutlich *AVYAKTA PRAKṚTI*-Natur in sich tragen, wobei – so wie die DYNÁMEIS formuliert sind – es klar das *RAJAS* unter den 3 GUṆAS ist, das in den Vordergrund tritt. Vergessen wir hierbei nicht: Die AVYAKTA PRAKṚTI teilt mit dem PURUṢA die *Unmanifestiertheit*, die *Unvergänglichkeit* und die *Allgegenwart!*

---

* Zweifelsohne handelt es sich hierbei primär um den PURUṢA im Kontext des Kosmos: den SAMAṢṬI-PURUṢA und nicht primär um den PURUṢA im Kontext des einzelnen Menschen: den VYAṢṬI-PURUṢA, obwohl im gleichen Atemzug daran erinnert werden muß, daß der SAMAṢṬI-PURUṢA, bzw. der PURUṢA VIŚEṢA der lebendige Inbegriff aller VYAṢṬI-PURUṢAS ist, sie somit alle durchdringt!

Wir haben im letzten Kapitel (S. 157) darüber gesprochen, daß die »Initiative« dazu, überhaupt etwas hervorzubringen und zu gestalten, im Grunde vom PURUṢA ausgeht, haben aber gleichzeitig hinzugesagt, daß streng nach den Spielregeln des klassischen Sāṃkhya man nicht von einer »Initiative« des PURUṢA sprechen darf. Es wird im klassischen Sāṃkhya ausdrücklich gesagt, daß der PURUṢA nichts tut – die PRAKṚTI ist es, die alles tut. Folglich ergreift der PURUṢA auch keine Initiative ...

Dazu jetzt ein Sāṃkhya-Ausdruck, der genauso subtil ist wie SAṂYOGA VIŚEṢA: *PURUṢA ARTHA*. PURUṢA ARTHA ist *ein zentrales Kernwort* des Sāṃkhya und bedeutet: *»um des PURUṢA willen«*.

Dieser PURUṢA ARTHA-Satz impliziert, daß keine noch so kleine Bewegung in der PRAKṚTI zustande kommen kann, die nicht »PURUṢA ARTHA«, d.h. »um des PURUṢA willen« wäre. Das bedeutet, daß die PRAKṚTI in all ihren Taten *uneingeschränkt PURUṢA-orientiert* ist – sowohl in ihrer Ganzheit, wie bis in die Ausführung der kleinsten Einzelheiten. *Nichts* tut die PRAKṚTI für sich selbst oder ohne einen Anlaß, *alles*, was sie hervorbringt und gestaltet, tut sie »for the sake of PURUṢA«, so der englische Ausdruck in G.J. Larsons Buch. Wenn aber alles, was geschieht, »um des PURUṢA willen« ist, so muß der PURUṢA letzten Endes der *wahre Grund* für all das sein ... In diesem PURUṢA ARTHA-Ausdruck liegt der *Beweis* dafür, daß die Initiative zum gewaltigen Werk der Schöpfung letztlich wirklich vom PURUṢA *ausgeht*, wenn auch die Ausführung dieses Werkes ganz »in den Händen« der PRAKṚTI liegt!

Aber *dann* müssen wir – da die AVYAKTA PRAKṚTI doch als blind und ohne Bewußtsein gilt – auch für die *göttlichen Formen* mit ihren *weit übermenschlichen Intelligenzstrukturen*, die sich in voller Realität im PRAKṚTI-Bereich ausbreiten, den

PURUṢA verantwortlich machen! Das bedeutet aber, daß der PURUṢA diesen ganzen Reichtum irgendwie potentiell in sich haben muß. Wenn man hier aber von »potentiell« spricht, so darf man diese »Potentialität« *nicht* auffassen als versteckterweise doch eine »Aktualität«, etwa in der Art, wie in unserem gewöhnlichen Tagesbewußtsein die Dinge um uns herum »aktuell« sind. Die Daseinsweise im PURUṢA ist so anders als alles, was wir hier kennen, daß wir nicht einfach Berge, Bäume und Pflanzen etc. in ihn hineinversetzen können. *Aktuell* ist der PURUṢA so leer, so rein und so pur, »Licht ohne alle Eigenschaften«, wie die Sāṃkhyas es von ihm sagen; daran wird nicht gerüttelt – und dennoch ist er *potentiell* der Inbegriff aller Gestaltungen, aller Formen und Farben, die die PRAKṚTI nach und nach entfaltet, denn, die PRAKṚTI tut alles, was sie tut, PURUṢA ARTHA, unmittelbar »for the sake of PURUṢA«. Die PRAKṚTI ist so innig »for the sake of PURUṢA« ausgerichtet, daß *nichts* geschieht, was nicht zu innigst den PURUṢA angeht, zutiefst seinem Wesen entspricht ...

Wenn wir uns also fragen: Was *ist* wohl im PURUṢA, daß die PRAKṚTI all diese fantastischen Kreationen erschafft, diese gewaltigen Formen und diesen Farbenreichtum entfaltet, diese höchste göttliche Intelligenz manifestiert?, so hat diese Frage schon eine Wirkung, durch die wir hingeführt werden, die Antwort unmittelbar zu *schauen* ... und in der Folge davon, in SAMĀDHI: in der Erleuchtung, erfahren wir dann die *volle Realität eines völlig reinen PURUṢA*, ganz im Sinne des Sāṃkhya: PURUṢA ist das *›GANZ ANDERE‹*, pures Licht ohne alle Eigenschaften, pures Bewußtsein usw. ...

Mit PURUṢA verbunden ist auch das Wort *Innigkeit*. Wenn man über Innigkeit nachsinnt im täglichen Leben, so hat »innig« doch mit »innen« zu tun, aber durch »Innigkeit« kommt ein Etwas hinzu – und das muß man schmecken ... und es ist so, daß, wenn man von außen, vom Grobphysischen zum Feinstofflichen, und noch näher zum PURUṢA kommt, ein Aspekt von *Innigkeit* erfahren wird, der so unbeschreiblich ist und einen so zutiefst berührt, daß manche auf dem Weg, kurz bevor sie im PURUṢA landen, sich erst einmal ausweinen müssen ... und erst nach ein paar Monaten diese Wanderung wieder aufnehmen können – dann kommen sie dem PURUṢA noch näher, und nachdem sie sich wieder ausgeweint haben, fühlen sie: »Alles wird einmal gut werden ...«

V: Und der Weg dazu ist das Innewerden.

OM: Stimmt.

G: Die letzten Sätze waren ein echtes Kôan ...

Gleich werde ich ein Zitat von Erich Frauwallner über die 3 GUṆAS diktieren, das nahezu wörtlich aus der SĀṂKHYA-KĀRIKĀ stammt. Man findet ganze Listen über die Bedeutung der 3 GUṆAS, doch ist es nicht nötig, diese Listen auswendig zu kennen. Viel besser, man versteht die *grundsätzliche* Bedeutung der 3 GUṆAS und fängt dann selber an zu versuchen, sie in der unmittelbaren Umgebung wahrzunehmen. Der Blick, den wir dafür brauchen, ist von einer bestimmten physiognomischen Art. Es ist dieselbe Art, wodurch wir zum Beispiel auch Menschen in ihrer *Bewegung* wahrnehmen können. Etwas wiederholt sich im Spielraum ihrer Gestik, und im gegebenen Augenblick übersteigt man die Zeitdimension, worin sich ihre Gestik nach und nach entfaltet, und dann erlebt man das Gesamt ihrer Bewegungen wie *simultan* – man nennt dies eine »Simultanwahrnehmung«. Diese Wahrnehmung kann auch mit mehr Licht (SATTVA) oder mehr Dunkel (TAMAS) verbunden sein, oder das Bewegungselement (RAJAS) drängt sich in den Vordergrund ... Das Spiel der 3 GUṆAS kann man in allem Möglichen versuchen zu erleben: außer daß man Menschen daraufhin anschaut, kann man auch Landschaften unter diesem Gesichtspunkt betrachten, oder Tiere, Pflanzen, Berge; man kann sie in verschiedenen Wetterlagen studieren und in allen möglichen Situationen versuchen zu erfassen, die uns im täglichen Leben begegnen. Später kann man dann seine Eindrücke auch einmal mit den Listen in den Büchern vergleichen ...

In dem nun folgenden Zitat aus Erich Frauwallners Buch: *Geschichte der indischen Philosophie*, habe ich die Worte »Güte«, »Leidenschaft« und »Finsternis« ersetzt durch die entsprechenden Ausdrücke aus dem Urtext: »SATTVA«, »RAJAS« und »TAMAS«, weil *diese* Begriffe in ihrer Bedeutung umfassender sind. »Güte« und »Leidenschaft« sind psychologische Begriffe, die man vorwiegend Menschen zuordnet. Viele Indologen sehen die GUṆAS als nur psychische Realitäten an. Die

GUṆA-Prinzipien fangen aber jenseits der menschlichen Psyche an und betreffen u.a. auch die anorganische Natur. Sie durchziehen *alle* Bereiche der Schöpfung, wobei sie auf jeder Ebene die entsprechenden Charakteristika annehmen.

> »Das sattva ist leicht (laghu) und erhellend (prakāśakam*). Es verursacht das Aufwärtsstreben« (Auftrieb) »in den Dingen und die Regsamkeit der Organe. Es vertreibt das Dunkel und ermöglicht das Erfassen der Gegenstände der Erkenntnis. Das rajas ist stützend (upastambhakam**) und beweglich (calam). Es verursacht jede Art von Bewegung und veranlaßt im Körper die Tätigkeit der Atemkräfte (prāṇādayaḥ) und der Tatorgane (karmendriyāni). Das tamas schließlich ist schwer (guru) und hemmend (varaṇakam). Es ist die Ursache, daß die Dinge fallen und sich gegenseitig verdecken. Und auf ihm beruht es, wenn die Organe schwerfällig sind, und es erschwert das Erkennen der Objekte.«***

Der Spur von TAMAS, RAJAS und SATTVA quer durch alle TATTVAS hindurch nachzugehen, stellt einen Erleuchtungsweg für sich dar, abgesehen von anderen Erleuchtungswegen, die im Sāṃkhya-System auch noch veranlagt sind und über die wir zum Teil schon gesprochen haben.

Als Hilfe zur Wahrnehmung der 3 GUṆAS können wir auch immer wieder die kontrastreiche Lehre der Temperamente aus der Chaldäischen Systematik und Astrologie über »Sonne« und »Saturn« heranziehen. »Sonne«: ausstrahlend, Licht, Wärme ☉ – »Saturn«: zusammenziehend, verdunkelnd, verdichtend ♄ . Man findet, wie bereits angesprochen, die Prinzipien »Sonne« und »Saturn« abbildhaft in den GUṆAS SATTVA und TAMAS zurück.

---

* prakāśakam heißt auch erleuchtend, das (PURUṢA)-Licht vermittelnd.

** upastambhakam bedeutet auch antreibend, anregend.

*** Erich Frauwallner: *Geschichte der indischen Philosophie*, Band I, Seite 351.

Wenn wir – nachdem wir die GUṆAS eine Weile in ihrer inneren Verflechtung mit den *grobstofflichen* Erscheinungen auf uns wirken lassen haben – uns jetzt als nächsten Schritt immer stärker auf ihr *Wesen* ausrichten, als das, was sie *in sich* sind, dann machen wir sie immer mehr los von ihrer äußeren, grobstofflichen Manifestation. Wir »verlassen« damit in gewisser Weise die grobphysische Welt, und allmählich erweitert sich unser Wahrnehmungsfeld über den nächst höheren, *feinstofflichen* Schöpfungsbereich, in dem wir nun ebenfalls ihr Eingebundensein erleben. Der Bereich, der unmittelbar anschließt an die grobstoffliche Welt, ist die Ebene der Bildekräfte (PRĀṆA-MAYA-KOŚA). Manche Menschen erfahren die feinstoffliche Welt auch zuerst einmal als Innenwelt in sich selbst, anhand der eigenen Stimmungen oder insoweit man mit sich sonstige Erfahrungen macht. Man kann Feinstoffliches aber durchaus auch draußen erleben ... Wenn man sich also ganz gesammelt auf das Wesen von SATTVA, RAJAS und TAMAS als solche besinnt, tritt man allmählich in Bereiche der feinstofflichen Welt ein – aber dabei *bleibt* es nicht ...

Übrigens, wenn man sich öfters mit den GUṆAS beschäftigt, vielleicht plötzlich einen Narren an ihnen gefressen hat und lange bei der Sache verweilt, zieht man entsprechende gutwillige Geister um sich herum an, die Spaß daran haben und einen vielleicht irgendwo hinführen, wo man Auftritte von diesen GUṆAS erleben kann. Wenn man sich intensiv mit etwas beschäftigt, ist es doch oft so, daß man im gegebenen Augenblick in entsprechende äußere Lebenssituationen hineinkommt. Mit C.G. Jung würden wir hier von *Synchronizität* sprechen. Wenn man nun so etwas wie eine »Aufführung« der GUṆAS wahrgenommen hat, so ist es von Vorteil, sich so rasch wie möglich zurückzuziehen und das Erlebte in Ruhe in sich nachwirken zu lassen. – Manchmal erlebte ich etwas, das so stark, so massiv war, daß ich dachte, es sei für den Rest des Lebens in mir eingeprägt. Später aber, nach Stunden, als ich mich nochmals hinsetzte, um es in Ruhe in mir nachwirken zu lassen, merkte ich, daß ich nur noch eine blasse Erinnerung daran hatte – der unmittelbare, frische Eindruck war weg. Wenn sich also irgendwo etwas Besonderes abspielt, und du die Zeit hast, laß noch eine Straßenbahn vorüberfahren, zieh dich so rasch wie möglich an die Kiosk-Ecke da zurück und verweile bei dem Erlebnis, so lange du kannst. Dann bleibt es nämlich wie in einer präsentischen Zeit noch eine Weile lebendig und man kann die Erfahrung voll ausschöpfen.

Läßt man sich im Laufe der Zeit immer wieder auf das Wesen der GUṆAS ein, verläßt man schließlich nicht nur die grobstofflichen, sondern auch die feinstofflichen Dinge und Situationen, woran sie sich demonstrieren und nähert sich den GUṆAS *selbst* – man fängt allmählich an, die eigene *Natur* von SATTVA, RAJAS und TAMAS zu schauen. Ausgehend von der grobstofflichen Ebene gehen wir also den GUṆAS entlang quer durch die feinstoffliche Welt hindurch, *überschreiten* dann aber auch diese feinstoffliche Welt und landen schließlich dort, wo die GUṆAS in ihrer Purheit ganz für sich – ohne Mischung untereinander – sind und walten, und das ist die AVYAKTA PRAKṚTI. Es sind die GUṆAS, von denen wir auf diesem Weg nach oben geführt und mitgenommen werden. Sie selbst kehren sozusagen geflügelt dahin zurück, weil dort ihr Ursprung ist. Von sich her tendieren sie immer zu ihrem Urzustand in der AVYAKTA PRAKṚTI zurück, der ein Zustand allerhöchster Harmonie ist ...

SĀMYĀVASTHĀ – DER GLEICHGEWICHTSZUSTAND DER 3 GUṆAS IN AVYAKTA

Jetzt kommt eine Aussage höchst interessanter Art, und da ist man angewiesen auf die Mitteilung eines Menschen wie Kapila, weil man sonst nicht ohne weiteres darauf gekommen wäre. Es heißt, daß die 3 GUṆAS in unaufhörlicher Bewegung sind, in einem ständigen Spiel miteinander. Dies gilt für die grobstoffliche und die feinstoffliche PRAKṚTI, aber auch für die AVYAKTA. In unseren manifestierten Welten aber da unten, der grobstofflichen und der feinstofflichen, sind sie immer irgendwie in einem *Ungleichgewichtsverhältnis*, wodurch z.B. ein GUṆA auf Kosten der zwei anderen überwiegt. Es können aber auch zwei GUṆAS gleichstark werden auf Kosten von dem dritten. Die GUṆAS können miteinander arbeiten und etwas herstellen, oder sie können »gegeneinander« arbeiten – es ist ein ständiges Spiel dieser drei. In der AVYAKTA PRAKṚTI hingegen sind die 3 GUṆAS in äußerster Balance, *in einem vollkommenen Gleichgewicht*. Dieses vollkommene Gleichgewicht wird »SĀMYĀVASTHĀ« genannt. »AVASTHĀ« bedeutet »Zustand«, »SĀMYA« ist das »Gleichgewicht«. SĀMYĀVASTHĀ ist also ein Gleichgewichtszustand, ja: es ist der *Urzustand des Gleichgewichtes überhaupt*. Und nun das Interessante: »Nach außen hin« ist nichts los, es geschieht nichts, die Bewegung der 3 GUṆAS spielt sich ausschließlich »innen«, d.h. im Bereich der AVYAKTA PRAKṚTI ab; es ist eine Bewegung *in allerhöchster Vollkommenheit und Harmonie* – und das ist eine Meditation wert. Vollkommene Ausgewogenheit der 3 GUṆAS in AVYAKTA – nach außen hin ist *nichts* zu bemerken. Nach innen hin aber, in einem verborgenen »Innen«, da sind sie in einem höchst harmonischen, vollkommenen Tanz – ein internes, subtiles Geschehen, eine lautlose, wunderbare Feier in tiefster Meditationsstille – eine überwältigende Ruhe, und das wirkt außergewöhnlich harmonisierend und gleichzeitig jenseitig entrückt. Und – dann gibt es auch keine Schöpfung! Er herrscht PRALAYA, Weltennacht.

Die Schöpfung entsteht nun dadurch, daß dieses vollkommene Gleichgewicht der 3 GUṆAS (SĀMYĀVASTHĀ) »gestört« wird. Dies wird »VAIṢAMYA« genannt: »die Aufstörung«, »die Störung des Gleichgewichtes«. Weil also die GUṆAS aus dem Gleichgewicht geraten, fängt der Schöpfungsprozeß an, sich zu entfalten.

Nun kann man sich fragen, *wodurch* die GUṆAS denn in ihrem Gleichgewicht gestört werden, *was* denn wohl diesen Störfall bewirkt. – Die ganze Schöpfung als die Folge eines Störfalls, da denkt man doch unwillkürlich an eine Art Panne, eine Art Unglück, einen Störfall wie in einem Atomkraftwerk ...

E: »Es bestand zu keinem Zeitpunkt eine Gefahr ...«

OM: ... das raunt dann durch das Weltall ...

Nun, die Texte bestehen auf dem Ausdruck »Störfall«. Wodurch kommt aber dieser Störfall zustande? Der Grund dafür kann nicht in der PRAKṚTI selbst liegen – diese ist in einer solchen Harmonie, das würde ewig so weitergehen. Da muß schon etwas passieren ... Wodurch also wird der Störfall bewirkt? Es heißt: durch die *Nähe*, durch die *Gegenwart des PURUṢA (SANNIDHI)!* Durch ein lautloses Nähertreten des PURUṢA zum lautlosen Tanz der 3 GUṆAS »fliegen« diese aus der Kurve. Schöpfung entsteht, VYAKTA PRAKṚTI.*

---

* Wenn in diesem und am Schluß des letzten Abschnitts (S. 169) über die 3 GUṆAS im Zusammenhang mit der Entstehung und Auflösung der *ganzen Schöpfung* gesprochen wird, so betrifft dieses Geschehen natürlich nicht mehr nur einen einzelnen Menschen, der im Kontext seines individuellen Erleuchtungsgeschehens von den GUṆAS in die AVYAKTA PRAKṚTI mitgenommen wird ...

Ich sehe die Sache mit dem Störfall (VAIṢAMYA) so, daß von einem bestimmten Standpunkt aus man tatsächlich von einer Störung sprechen darf, nämlich vom Standpunkt der ungestörten, unendlichen Harmonie in den Bewegungen dieser 3 GUṆAS. Warum aber kommt der PURUṢA überhaupt in die Nähe und stört dieses vollkommene Gleichgewicht? – Aus den Texten kann man entnehmen, daß der PURUṢA *ein Anliegen* hat! Aber, »ein Anliegen haben« deutet doch auf etwas Bestimmtes hin, nämlich einen *Drang* oder ein *Wollen* – doch das gerade wird offiziell dem PURUṢA abgesprochen! Nochmals, denk an den Kôan-Charakter gewisser Sāṃkhya-Aussagen, darin steckt etwas Kostbares. Also, da *drängt* etwas, auch wenn einige intellektuelle Sāṃkhya-Leute das nicht wahrhaben wollen. Die Sāṃkhya-›Insider‹ schmunzeln natürlich darüber, sie verstehen, wie es sich damit verhält. Jedenfalls – durch diese »PURUṢA-Nähe« stürzen die GUṆAS aus ihrer ursprünglichen Verfassung der Harmonie, und gleichzeitig setzt der gewaltige Schöpfungsprozeß ein. Die Art, wie die AVYAKTA PRAKṚTI sich jetzt aber bewegt, so daß die ganze Schöpfung mit ihrer brillanten göttlichen Mathematik und diesen fantastischen Formen aus ihr hervorgeht, ist *PURUṢA ARTHA*, ganz »um des PURUṢA willen« – es geschieht kein Strich, kein Zentimeter an Bewegung, der nicht zu innigst und unmittelbar auf das bezogen ist, was »for the sake of PURUṢA« ist. Aber, so kann man fragen: Was hat der PURUṢA denn davon? Und da wird in den Sāṃkhya-Texten über zwei Arten von Dingen gesprochen, woraus der PURUṢA »einen Nutzen« zieht:

1. Der PURUṢA wird zum Genießenden, zum Erfahrenden der Schöpfung. Er wird zum Erlebenden, zu dem, der in den Genuß kommt, die Schöpfung zu sehen, in ihr zu leben und zu »handeln« (man spricht im klassischen Sāṃkhya dem PURUṢA zwar jegliches Handeln ab ...). Man kann sich dann natürlich fragen, worin denn eigentlich sein Genuß besteht – aber das spielt hier keine Rolle. Es wird schlicht

gesagt: Er kommt in den Genuß, das ganze Panorama zu sehen, wahrzunehmen und zu erleben ...

2. Das Ganze spielt sich aber auch ab, damit am Ende der Geschichte der PURUṢA wieder *aus dieser Welt* herausgeführt wird, und es wird gesagt, daß der Mensch damit zur Befreiung (MOKṢA) kommt, bzw. zu dem, was wir gewöhnlich Erleuchtung nennen.

Da diese zwei Gründe nun einmal so da stehen, müssen wir sie zunächst einfach als gegeben annehmen. Der eine Grund ist also der, daß der PURUṢA in den Genuß kommt, die Entfaltung der Schöpfung und alles, was dabei geschieht, wahrzunehmen, und der zweite: nun mit Hilfe von dem, was er wahrnimmt, sich wieder zu befreien. Am besten ist, man sagt es so: um die Erleuchtung herbeizuführen. Aber – steckt hierin nicht eine Art Widerspruch? Der PURUṢA ist doch schon der Inbegriff der Erleuchtung, er ist doch schon das Licht selbst! – Nicht umsonst rede ich von Kôan-Charakter ...

Die Erleuchtung zu erlangen impliziert ganz allgemein die Loslösung, die Erlösung von jeglicher Verhaftung oder Gebundenheit. Der PURUṢA gerät nämlich, so heißt es, durch das Anschauen des Schauspieles in einen Zustand der Gebundenheit, ja, beinahe des Gefesselt-Seins. Dieselbe Welt aber, die ihn fesselt, führt später die Erleuchtung herbei, die Befreiung *von* eben dieser Welt ...

So wird es immer wieder gesagt, und es lohnt sich, diese Aussagen so stehenzulassen – im Laufe der Zeit wird man in zunehmendem Maße verstehen, um was es hier eigentlich geht – aufgrund seines eigenen Lebens, in der Sprache seiner selbst erfahrenen Theorie und Praxis ...

A: Mir gefällt das Wort Gebundenheit nicht, das paßt so gar nicht zum Wesen des PURUṢA – könnte man nicht sagen »verhüllen«, »identifizieren«?

OM: Das Wort »identifizieren« wird auch gebraucht, und es wird gesagt, daß *durch* eine Identifikation diese Gebundenheit entsteht. –

In manchen Texten liest man nun, daß es die Gebundenheit in Wirklichkeit gar nicht gibt, daß lediglich der PURUṢA so *denkt* ... er »denkt« natürlich nicht in dem Sinne, wie *wir* Denken auffassen, deswegen ist man auch sehr vorsichtig mit solchen Äußerungen. Jedenfalls, so wird gesagt: Es *ist* für ihn so, auch wenn es eigentlich gar nicht wahr ist, und wenn es von ihm abfällt, fällt so etwas wie eine – man darf es auch beinahe nicht sagen, das wäre fast Vedānta – »Illusion« von ihm ab, und er erlebt voll seine KAIVALYA, die absolute Freiheit.

Die zweifache Aufgabe der PRAKṚTI ist es also: einmal den PURUṢA zum Augenzeugen des ganzen Dramas zu machen und ihn dieses Ganze erfahren und genießen zu lassen – wodurch aber Fesselung, Haftung und Gebundensein durch Identifizierung zustande kommen. Zweitens ist es dieselbe PRAKṚTI, die eben durch dieses Spiel diesen gebundenen PURUṢA wieder entläßt und befreit, und nun formuliere ich den viel umstrittenen Satz, der als *Kernsatz des Sāṃkhya* gilt:

Sobald der Mensch den Unterschied zwischen PURUṢA und PRAKṚTI erkennt, ist er frei!

Das bedeutet, daß der betreffende Mensch zur Erleuchtung gekommen ist, volle Überschau und volle Freiheit hat. Und dann kommt noch ein interessanter Punkt. Es heißt, daß jetzt alle TATTVAS, vom 25. unten (ERDE), anfangen, sich einzufalten, in umgekehrter Richtung ihrer Entstehung. Sie »rollen« sich zurück in die AVYAKTA PRAKṚTI, und die GUṆAS kehren wieder zu ihrer höchsten wunderbaren Harmonie zurück, die so groß, so gewaltig ist und nach außen hin so total *nichts* liefert – und der PURUṢA, so wird gesagt, verweilt dann *ewig im Lichte seines Seins ...*

Wie die Autoren der Urtexte, so habe auch ich bei all diesen Äußerungen dafür gesorgt, wenig Erläuterungen zu geben. Lassen wir diese Aussagen vorläufig einfach auf uns wirken ...

Wie im letzten Abschnitt dargelegt, wird im Sāṃkhya von einem Gebunden-Sein des PURUṢA gesprochen, in das er durch das Anschauen des Schöpfungs-Schauspieles hineingerät. Aber dann heißt es irgendwo gegen Ende der SĀṂKHYA-KĀRIKĀ: »Aber der PURUṢA *ist nie* gefesselt oder gebunden, und deswegen wird er auch nie *erlöst* ...« So kurz und knapp wie dieser Satz da steht, gibt es übrigens direkt hunderte Arten von Aussagen von Menschen, die zur Erleuchtung, zu SATORI*, zu KÊNSHO* gekommen sind, die – und das geht eigentlich Mystikern aller Religionen auch nicht anders – sagen, wenn sie da durchbrechen: *»Es war immer schon so, noch nie hat sich etwas geändert!«*

In einer wunderbaren Dichtung über die BODHISATTVAS**, in der beschrieben wird, was sie nicht alles für Gewaltiges tun, um das Leiden der Wesen zu mildern oder zu beseitigen, steht irgendwo gegen Ende: *»Noch nie haben Bodhisattvas existiert oder werden je existieren, die die Welt oder die Wesen erlösen, noch nie ...«* Wir kennen diese paradoxe Ausdrucksweise aus dem Zen-Buddhismus. Vom Prinzip her wird hier etwas auf buddhistische Weise ausgedrückt, das man schon sehr lange aus dem Hinduismus genauso kannte, sobald es um das BRAHMAN*** ging. Von unserer grobstofflichen Sphäre aus und auch den feinstofflichen Bereichen, sogar bis auf die Ebene der manifestierten Gottheit – also des großen, kosmischen Menschen, ĪŚVARA als PURUṢA VIŚEṢA – kann man solcherart Sätze sagen wie: daß es leidende Wesen

---

* SATORI und KÊNSHO sind Begriffe aus dem Zen-Buddhismus für die Erleuchtung.

** BODHISATTVAS sind BUDDHAS, die immer wiederkommen, bis die letzten leidenden Wesen gerettet sind.

*** Das BRAHMAN ist die höchste, allumfassendste, unmanifestierte Gottheit, manchmal auch PARABRAHMAN genannt, um es klar zu unterscheiden von BRAHMĀ: Gott als dem Schöpfer der Welten.

gibt, die gefesselt sind und daß sie zur Erlösung kommen können ... Vom *Brahman-Standpunkt* aus aber, da wird lapidar festgestellt, daß es diese Schöpfung nicht gibt, auch nicht gegeben hat und nicht geben wird! Diese Aussagen wurden aber so schlecht verstanden von westlichen Interpreten, daß sie behaupteten, wir hätten hier eine Philosophie der Weltverneinung – als ob es sich hier um eine philosophische Einstellung handeln würde. Es geht hier aber nicht um »Philosophie« ... Wir haben doch ein *Wirklichkeitsgefühl*, wenn wir jetzt hier in diesem Raum zusammen sind; es wird aber betont, daß jene Wirklichkeitserfahrung, die sich auf das SAT, das alles umfassende SEIN BRAHMANS bezieht, so überwältigend groß und stark ist (das ist das SAT, das immer *IST*, das keine Vergangenheit und Zukunft kennt*), daß – von der Ebene dieses höchsten Seins aus – alles, was es sonst noch gibt, ein dermaßen *herabgesetztes* Sein ist gegenüber dem BRAHMAN-Sein, daß es dagegen vollkommen verblaßt und wie verschwindet!! (Ein Gleichnis hierzu aus dem täglichen Leben: Das alles durchleuchtende Licht der Sonne an einem wolkenlosen Tag läßt das Licht von über tausend Fixsternen am selben Himmel vollkommen verschwinden!)**

Die BRAHMAN-Erfahrung trägt implizit auch alle körperliche, grobstoffliche Erfahrung in sich. In BRAHMAN ist *alles* voll integriert, und das kann man *mit seinem ganzen Leib und seiner ganzen Seele erleben*.

Gewöhnlich haben wir ein explizites Bewußtsein von unserem Sein hier in dieser Welt, weil hier ständig sowohl Dinge sind wie auch Mängel, Abwesenheiten; diese Abwesenheiten, die auch schmerzhaft sein können – sehr »spezifische« Abwesenheiten – schaffen so etwas wie *Kontraststellen* und bewirken u.a. dadurch unser

---

* In einer guten Übertragung eines griechischen Textes von Parmenides (Hermann Diels: *Die Fragmente der Vorsokratiker*, 2. Druck, Jan. 1963, S. 44 ff.) hat der Übersetzer »to on esti« statt mit: »das Sein ist«, mit: »das IST ist« wiedergegeben.

** Man sehe diese Aussage auch im Zusammenhang mit den Ausführungen im Abschnitt MĀYĀ auf Seite 64 ff., wo es um die zwei Standpunkte der Welterklärung geht ...

Lebensgefühl. Zum Beispiel freue ich mich über ein Zusammensein mit jemand, oder ich fühle schmerzlich, daß ich von ihm getrennt bin. Sind wir zusammen: wunderbar, sind wir nicht zusammen: schmerzliche Trennung. Bei Parmenides steht nun ein Satz in diesem Sinne, daß auf einer bestimmten Ebene der geistigen Erfahrung das Anwesend-Sein gewisser Dinge auch bei deren Abwesenheit auf derjenigen Ebene, auf der man gewöhnlich lebt, *geschaut* werden kann – *gleichsam das Wahrnehmen und Sehen des Anwesenden und des Abwesenden in einer voll realen gegenwärtigen Schau!* Das bedeutet, da es hier diese ganze Verschiebung von Anwesendem und Abwesendem nicht mehr gibt, es auch diese Arten von Kontrast nicht gibt. Es wird *alles gleichzeitig* erlebt – *alles* ist da, und das, was uns im täglichen Leben einst so schmerzlich berührte, oder ganz bestimmte Erfahrungen, die immer in der Beschränktheit liegen, werden nicht mehr als solche erfahren, weil das Bewußtsein ausgeweitet ist – bis ins Unendliche könnte man sagen, auch wenn das nicht immer so formuliert wird. Jeder Mensch hat die Veranlagung, an dieser allgegenwärtigen Schau teilzuhaben – so äußern sich Buddhisten wie auch Hinduisten –, nie wird es ihm aber möglich sein, diese Erfahrung mit Worten hinreichend auszudrücken.

Aber *aus* diesem Bereich »fallen« immer mal wieder Sätze heraus. Wenn die Zenmeister gelegentlich ein Wort sagen – was selten vorkommt, lieber bringen sie die Schüler dazu, es selber zu erfahren, aber wenn sie Aussagen machen, dann sind diese kurz und knapp, und die Worte stammen unmittelbar aus ihrem diesbezüglichen Erleben, worin sie, während sie z.B. auf der Straße laufen, mitten drin stecken. Auch die Kôans entspringen diesem Bereich, und der Zenmeister hält dann seine Schüler dazu an, diese Kôans zu lösen. Manchmal setzt er seine Schüler diesbezüglich sogar unter Druck. Es gibt nämlich etwas in uns, das erst fast wie in äußerste Not gebracht werden muß – es muß »auf Leben und Tod« gehen, will der ersehnte Durchbruch endlich gelingen. In der Zen-Schulung in Japan schafft man eine solche Situation, ohne daß man draußen im Krieg steht, wo auch Leben und Tod walten und was vielfach dieselbe Wirkung eines Durchbruchs zum PURUṢA hat. So wird denn auch in der indischen Überlieferung gesagt, daß die Anzahl der Erleuchteten in der KṢATRIYA-Kaste, der Kaste der Krieger und Könige, höher lag als in der Kaste der Brahmanen, die nicht selten ein geschütztes, etabliertes Leben führten. In dieser Situation von »Leben und Tod« wird sozusagen der PURUṢA wie herausgeschält. Auch in unserer Zeit finden immer wieder Durchbrüche in Kriegssituationen statt, wenn Menschen gerade nicht sterben, aber unerträglich zu leben haben. (Siehe zu diesem Thema auch das Kapitel *ARCHIPEL GULAG* auf S. 223.)

Die AVYAKTA PRAKṚTI ist eine höchst geheimnisvolle, gewaltige Sache. Wenn nun die GUṆAS aus dem Gleichgewicht, aus der Balance geraten und aus der AVYAKTA sich die VYAKTA PRAKṚTI entfaltet – *ist dann »da oben« wohl keine AVYAKTA PRAKṚTI mehr übrig?* Mit BRAHMAN stellt sich dieselbe Frage. In einer gewissen Hinsicht opfert BRAHMAN sich, um überhaupt als manifestierter Gott, BRAHMĀ, in Erscheinung zu treten – das heißt zugleich: in eine gewaltige Selbstbeschränkung hineinzugeraten. Es gibt zu diesem Thema verschiedene Arten von mythologischen Darstellungen quer durch die Welt, worin z.B. das höchste Wesen geopfert und in Stücke geschnitten wird.

Ich habe das BRAHMAN – oft zur ausdrücklichen Unterscheidung von BRAHMĀ auch PARABRAHMAN genannt – dem Urmerkur-Zeichen aus der Chaldäischen Systematik zur Seite gestellt. Das Urmerkur-Zeichen wird dargestellt wie ein Merkur-Zeichen, aber mit einem Punkt in der Mitte des Kreises. Für diese Ebene steht auch das TAO der Chinesen. – Der Bereich des BRAHMAN ist *unmanifestiert*. Er bricht dann dahin auf, daß der *manifestierte Gott* entsteht. Das Bild dafür in der Chaldäischen Systematik ist: der Urmerkur »spaltet sich auf« in »ausstrahlende Sonne« und »zusammenziehenden Saturn«, die erste große Urpolarität. Diese »ausstrahlende Sonne« entspricht dem ĪŚVARA, dem PURUṢA VIŚEṢA. Der PURUṢA VIŚEṢA, der manifestierte Gott, erscheint aber nicht ohne seinen »Schatten« (jetzt nicht im jungschen Sinne gemeint). Der Schatten entsteht *zur gleichen Zeit.* Er ist ein noch total »unangekleideter« Schatten, was unter anderem beinhaltet, daß er (noch) nichts mit dem »Bösen« zu tun hat.

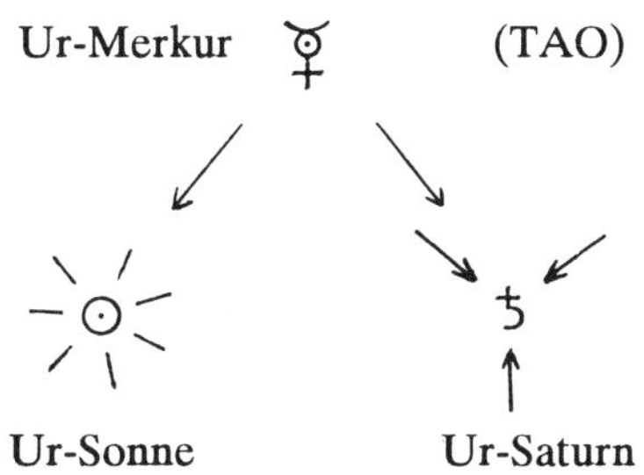

Dieser Prozeß, ausgedrückt in den Symbolen der Chaldäischen Systematik, zeigt sich so: Der Urmerkur, der gebildet ist aus Kreis, Halbkreis und Kreuz (☿), bricht auf und »zerlegt sich« in Kreis (Sonne ⊙) einerseits und Halbkreis mit Kreuz (Saturn ♄) anderseits. Man kann sagen, daß die manifestierte Gottheit die *Sonnen-Würde* hat. So wie »Buddha« und »Christus« keine Eigennamen sind, sondern eine *Würde* darstellen – »Buddha« heißt »der Erleuchtete« oder »der Erwachte« und »Christus« bedeutet »der Gesalbte« –, so hat in der Sprache der Chaldäischen Systematik der manifestierte Gott die *Würde* der »Sonne« – er strahlt mit höchster Lichtqualität. Jetzt kann man zu Recht fragen: Dann ist der Urmerkur wohl weg? Er ist doch jetzt in Stücke geschnitten, *dann gibt es den Bereich da oben also nicht mehr?* Dann gibt es jetzt nur noch die Ebene des manifestierten Gottes? Nein, das ist nicht so!

Es gibt zwei Standpunkte im Sinne von »DARŚANAS«, Sichtweisen, die man in dieser Sache einnehmen kann, die man auch bereits in der ĪŚA-UPANIṢAD findet. Vom einen Standpunkt aus entstehen der manifestierte Gott und die ganze Schöpfung – erst die vollkommene und dann die gestürzte. Vom anderen Standpunkt aus hat sich *noch nie* so etwas wie eine Schöpfung vollzogen, *noch nie* hat sich etwa der Urmerkur »aufgespalten« in eine »Sonne« und einen »Saturn«. *Vom BRAHMAN-Standpunkt aus ist dieser Bereich unversehrt, und es ändert sich auch nie etwas!* Dann ist nach der MĀYĀVĀDA (Täuschungslehre) des Advaita-Vedānta die Tatsache, daß je etwas an Schöpfung entstanden sein soll, ein Schein, eine Täuschung. Darüber haben wir schon im Abschnitt MĀYĀ gesprochen. Da haben wir auch erwähnt, daß die Tantriker keine Vertreter dieses Standpunkts sind. Sie sind überzeugt, daß die Schöpfung *wirklich entstanden ist* – und doch: sobald sie die höchste Erleuchtung erreicht haben, erleben sie, daß die Realität des Schöpfungsgeschehens in seinem Seinswert *weit zurückbleibt* hinter dem Seinswert von PARABRAHMAN, der alles überstrahlt. Verglichen mit dem alles übertreffenden Seinslicht hier in PARABRAHMAN stellt alles, was es sonst noch gibt, lediglich einen Schatten dar! Hat jemand also das PARABRAHMAN-Erlebnis, dann wird auch er sagen: Die Schöpfung hat es noch nie gegeben ... Eine andere Weise von Reden ist diese: das PARABRAHMAN ist *so* unerschöpflich und unendlich, daß da einerseits ein Schöpfungsprozeß vor sich gehen kann – es kommt eine Schöpfung zustande, die sich entfaltet, ein paar Milliarden Jahre lang lebt und sich wieder zurückentfaltet –, andererseits aber – zu gleicher Zeit – die Urmerkur-, bzw. PARABRAHMAN-Ebene *völlig unversehrt* bleibt. Daraus ist noch *nie* ein »Gramm« weggenommen worden, weil: PARABRAHMAN ist die Unendlichkeit selbst!* Deshalb können auch die Inder das Konzept haben, daß viele Schöpfungen entstehen können, sowohl sukzessiv, wie auch simultan, sogar mit unterschiedlichen Anfängen. Das Gleiche gilt auch für die AVYAKTA PRAKṚTI. Von *einem* Standpunkt aus ist sie völlig unversehrt und wird dies bis in alle Zukunft auch bleiben, aber von einem anderen Standpunkt aus läuft durch sie und in ihr die ganze Schöpfung ab – und eines Tages »rollt« sie auch wieder zurück ...

---

* In der ĪŚA-UPANIṢAD heißt es: Das ist Unendlich, dies ist Unendlich. Das Unendliche geht aus dem Unendlichen hervor. Wird das Unendliche aus dem Unendlichen genommen, so bleibt immer noch das Unendliche übrig.

F: Du hast über »Saturn« gesprochen als »unangekleideter Schatten«. Kannst du noch etwas dazu sagen im Zusammenhang mit dem Bösen?

OM: Man muß unterscheiden zwischen dem Schatten und dem Bösen. – Es kann kein großes – manifestiertes – Licht erscheinen, ohne daß es seinen – ebenfalls manifestierten – Schatten mitbringt. Dieser ist in diesem Stadium aber naturgegeben und wertfrei. In Indien stellt man ĪŚVARA zur Seite die AVYAKTA PRAKṚTI, bzw. die MĀYĀ, die der Inbegriff von Schatten*bildung* ist – sie ist die *Kraft der Schattenbildung*. Wir haben vorhin gesagt, daß, als ĪŚVARA, die »Sonne«, erschien, gleichzeitig auch der »Saturn« entstand. Diese gewaltige schattenbildende Kraft des »Saturn« tritt bei jeder Schöpfung, auch einer vollkommenen, als Gegenpol immer auf, ohne daß je Böses zu entstehen bräuchte. »Saturn« ist purer Schattenwurf, aktiver Schattenverursacher, er ist die Kraft der Zusammenziehung.* Wenn Böses entsteht, dann erst sehr viel später. Aber der Schatten ist die *ontologische Voraussetzung* dafür, daß Böses überhaupt entstehen und wirken kann! Ohne »Saturn« und seine Schattenbildung wäre es nicht möglich, daß Böses je zur Wirkung kommt. Die Polarität »Licht–Dunkel» ist also m.E. keine gültige Analogie zur Polarität »gut–böse«, wie z.B. C.G. Jung es auffaßte. In einem Buch von Eliphas Lévi** gibt es hierzu ein instruktives Bild, die Zeichnung einer Faust und deren Schattenwurf. Nun aber mischt der geniale Zeichner in geschickter Weise einige Kritzelstrichlein in den Schatten hinein – und siehe da: der Schattenwurf hat sich in eine Teufelsfratze gewandelt ...!

---

* Für diejenigen, die sich schon einmal in das System der 36 TATTVAS vertieft haben: Im tantrischen System bringt der »SAṂKOCA«-Begriff eindeutig das *Saturn*-Prinzip zum Ausdruck. Demnach bezieht sich »SAṂKOCA« auf »Zusammenziehung«, »Verdichtung«, bzw. auf eine »zentripetale« Dynamik. Oft tritt das Wort »KAÑCUKA« als Synonym von »SAṂKOCA« auf. Genau genommen aber ist »KAÑCUKA« das, was durch die »Zusammenziehung« oder die »Verdichtung« *bewirkt wird*: ein Umhüllendes, ein »Mantel«. Im Kontext des tantrischen Systems aber handelt es sich hierbei um einen Leib oder Körper, der eine seelische Entität umschließt, einhüllt oder schützt.

** Elphas Lévi: *Dogme et Rituel de la Haute Magie.*

L: Wo in den TATTVAS ist der Zusammenhang mit der Paradies-Vertreibung? Kann es nicht eine Schöpfung auch ohne das geben?

OM: Davon gehe ich aus! Aus der tiefen Weltennacht – das ist etwas Göttliches, eine wunderbare, tiefe Dunkelheit, die warm und gut ist – bricht wie eine strahlende Blume eine Schöpfung hervor, existiert eine Zeitlang und verschwindet wieder. So eine Schöpfung kann total in Ordnung, in voller Harmonie bleiben – ohne Leid. Aber auch dafür ist »Saturn« nötig. Aus »Sonne« und »Saturn« wird das Feld gewoben ...

T: Könnte man die TATTVAS nicht auch als Schöpfungsmodell für eine Schöpfung sehen, die nicht gefallen ist?

OM: Eine Frage entsteht hierbei, was die letzten fünf TATTVAS, die grobstofflichen Elemente (MAHĀBHŪTAS) anbelangt. Ein Merkmal der gefallenen Schöpfung ist eine zu große Verhärtung und Verdunkelung der grobstofflichen Welt – hängen nun die letzten fünf TATTVAS speziell mit dem Sturz zusammen oder nicht? Es könnte eventuell durchaus eine Grobstofflichkeit zustande kommen in dem Sinne, wie das die Tibeter und Hildegard von Bingen unabhängig voneinander beschreiben, wobei *diese* Grobstofflichkeit aber nicht in den heutigen, überspitzten Grad an Verhärtung hineingerät, sondern eine große Transparenz behält. Die Untransparenz unserer Welt hängt eng damit zusammen, daß das ursprüngliche Licht verdunkelt, verschleiert wurde und der Mensch infolgedessen aus der Kurve flog. Der Mensch braucht eigentlich in allem immer die unmittelbare Führung vom Licht her ...

Jedesmal, wenn wir von neuem damit anfangen, die TATTVAS aufzuschreiben, wollen wir das PURUṢA-Licht wieder aufrufen ...

1. PURUṢA

---

2. AVYAKTA PRAKṚTI – mit den 3 GUṆAS, die in SĀMYĀVASTHĀ sind (Ausgewogenheit der 3 GUṆAS in AVYAKTA). – Dann kommt der »Störfall« zustande, bewirkt durch die PURUṢA-Nähe zur PRAKṚTI. *PURUṢA-Nähe* ist eine ganz subtile Sache. Wenn es aber PURUṢA-*Nähe* gibt, muß es auch dessen *Nicht-Nähe*, *Entfernung* oder *»Weit-weg-Sein«* geben ..., und wir können annehmen, daß dieser Fall *dann* gegeben ist, solange die AVYAKTA PRAKṚTI noch in sich selbst ruht und nach außen hin nichts hergibt. Dann ist der PURUṢA also gerade *nicht* nahe ... Und plötzlich kommt diese zauberhafte Nähe von PURUṢA zustande – durch sein »Anliegen« geschieht alles –, es wirft die GUṆAS aus dem Gleichgewicht. Jetzt fängt die Schöpfung an – aus der AVYAKTA PRAKṚTI entfaltet sich die erste VYAKTA-Stufe, die BUDDHI.

3. BUDDHI – In der BUDDHI befinden sich die 3 GUṆAS – im Gegensatz zur AVYAKTA-Stufe – *explizit* wirksam. In der BUDDHI herrscht ein gewaltiges Übergewicht von *einem* GUṆA, dem SATTVA – erinnern wir uns: dadurch, daß die GUṆAS aus ihrer inneren Ausgewogenheit geraten sind, kommt dieses erste manifestierte TATTVA überhaupt zustande. Man unterteilt die BUDDHI nach den 3 GUṆAS in einen SATTVA-Aspekt, einen RAJAS-Aspekt und einen TAMAS-Aspekt:

BUDDHI
- SĀTTVIKA-BUDDHI
- RĀJASA-BUDDHI
- TĀMASA-BUDDHI

SĀTTVIKA-BUDDHI überwiegt von diesen dreien bei weitem, so daß die BUDDHI vor lauter SATTVA beinahe unendlich weit im Weltall erstrahlt und nur schon deswegen MAHAT heißt, weil sie so groß, so geräumig ist. Aber RĀJASA-BUDDHI und TĀMASA-BUDDHI sind auch wirksam. Wir bleiben jetzt hierbei nicht lange stehen. Ich will aber bereits hier andeuten, daß *innerhalb* der BUDDHI ganz bestimmte innere Organe – BHĀVAS genannt – »entknospen«, vier an der SATTVA-Seite und vier an der TAMAS-Seite. Während eine vierfache Organbildung in der SĀTTVIKA-BUDDHI stattfindet, entsteht zugleich in der TĀMASA-BUDDHI ein vierfacher »Schattenwurf« dieser Organbildung, wodurch vier weitere Organe begründet werden. Diese acht Organe sind aber keine extra TATTVAS. – Die RĀJASA-BUDDHI wird meist nicht hervorgehoben. Wie es heißt, beteiligt sich der RĀJASA-GUṆA energetisch nach beiden Seiten hin: sowohl an der Entfaltung, Gestaltung und Tätigkeit der Organe der SĀTTVIKA-Seite, wie auch an jener der TĀMASA-Seite. Diese Organe findet der Leser im nächsten Kapitel: *DIE 8 BHĀVAS DER BUDDHI*, beschrieben.

Aus der AVYAKTA PRAKṚTI entfaltet sich also die BUDDHI, und aus dieser entsteht nun das nächste TATTVA, der AHAṂKĀRA.

4. AHAṂKĀRA – Ich-Sinn, Ich-Organ, Ich-Organismus, »Haus-, Garten- und Küchen-Ich«. AHAṂKĀRA ist eine ganze Welt für sich. Wie alles in der PRAKṚTI »besteht« auch der AHAṂKĀRA aus den 3 GUṆAS.

AHAṂKĀRA
- SĀTTVIKA-AHAṂKĀRA
- RĀJASA-AHAṂKĀRA
- TĀMASA-AHAṂKĀRA

Alle TATTVAS sind immer tätig auf der Ebene von SATTVA, RAJAS und TAMAS. Dabei »arbeiten« die 3 GUṆAS immer miteinander – sie wirken ineinander, oder »gegeneinander«, auch durcheinander, aber doch nie ungeordnet. Alles geschieht PURUṢA ARTHA, entsprechend dem Anliegen des PURUṢA.

Der AHAṂKĀRA in seiner SATTVA-Manifestation erschafft das MANAS. In seiner SATTVA-Funktion bringt er aber nicht nur das MANAS hervor, sondern auch die 5 Wahrnehmungssinne/organe – »JÑĀNENDRIYAS« oder »BUDDHĪNDRIYAS« – und die 5 Tatsinne/organe – »KARMENDRIYAS«. Die 5 Wahrnehmungsorgane und die 5 Tatorgane gehen dabei *direkt* aus dem AHAṂKĀRA hervor, nicht aus dem MANAS! MANAS ist, wie ich mich manchmal ausdrücke, ein »Sackgasse-TATTVA«, AHAṂKĀRA hingegen ein »Transit-TATTVA«, d.h. er ist selbst hervorgebracht und bringt auch selber wieder neue TATTVAS aus sich hervor. MANAS ist zwar hervorgebracht, bringt aber selbst keine »Kinder« – weitere TATTVAS – mehr hervor.

MANAS + 5 JÑĀNENDRIYAS + 5 KARMENDRIYAS (1 + 5 + 5)

AHAṂKĀRA ↗

Wir kennen die *Wahrnehmungsorgane des Hörens, des Tastens oder Fühlens, des Sehens, des Schmeckens* und *des Riechens*. Diese Aufzählung erfolgt nach dem »Reihenfolge-Prinzip«, d.h. ihre Reihenfolge ist nicht beliebig. »Reihenfolge-Prinzip« bedeutet, daß die Reihenfolge, worin Dinge aufgelistet sind, wichtig ist, sie gibt einen bestimmten Aufschluß über den inneren Ort und die Bedeutung dieser Dinge. –

Die 5 Wahrnehmungs- und 5 Tatorgane werden alle »INDRIYAS« genannt. Wir haben also 5 »JÑĀNA-INDRIYAS« = »JÑĀNENDRIYAS«, bzw. 5 »BUDDHI-INDRIYAS« = »BUDDHĪNDRIYAS« (*Wahrnehmungsorgane*) und 5 »KARMA-INDRIYAS« = »KARMENDRIYAS« (*Tatorgane*). Das Wort »INDRIYA« wird manchmal mit »Sinn«, manchmal mit »Organ« übersetzt, wobei im Sāṃkhya-Zusammenhang nicht unterschieden wird zwischen »Sinn« und »Organ«.* Auch wir werden hier diesen Unterschied nicht machen. Wir können also sowohl sagen: Wahrnehmungssinne – Tatsinne, wie auch Wahrnehmungsorgane – Tatorgane. Wichtig ist allerdings zu beachten, daß im Sāṃkhya das Wort »Organ« oder »Sinn« immer auf PRAKṚTI-Natur hinweist, wobei die INDRIYAS als von *feinstofflicher* Natur gesehen werden müssen.

5 der 25 TATTVAS kennen wir also als Gehörsinn, Tastsinn, Gesichtssinn, Geschmackssinn und Geruchssinn, aber – wir müssen, um mit Husserl zu sprechen, die Sinne »in Idee setzen«! In dem Moment, daß man etwas *in Idee setzt*, erhebt man sich aus der Welt der Erscheinungen und versetzt sich in die *Essenz*, die *Wesenheit* dieses Dinges, und *das* ist mit dem Wort »TATTVA« gemeint. Sobald es ein Gehör-*TATTVA* ist, ein Geschmacks-*TATTVA*, ein Gesichts-*TATTVA*, bedeutet das: jetzt werden diese 5 Wahrnehmungssinne oder Wahrnehmungsorgane für das genommen, was sie *in sich sind*, ohne Rücksicht auf z.B. den Kuchen oder all die anderen verschiedenen Gegenstände, die uns interessieren. – Jeder kennt es, daß er *sieht*, daß er *hört* usw., aber wenn es um das Gesichts-*TATTVA* oder Gehör-*TATTVA* geht, so sind dieses Sehen oder dieses Hören nicht mehr in dem profanen Sinne von: »wir sehen den Kuchen, den wir gerne essen wollen, wir schmecken ihn nachher«, usw. gemeint, sondern, man wird jetzt wie zurückgeworfen auf *das Sehen* des Auges, *das Hören* des Ohres, *das Fühlen/Tasten* des Tastsinnes ...

---

* In der Sanskrit-Literatur wird kein Unterschied gemacht zwischen »Sinn« und »Organ«. Deswegen wird »INDRIYA« von den Indologen manchmal mit »Sinn«, manchmal mit »Organ« übersetzt. Hier im Westen unterscheiden wir aber normalerweise zwischen Sinn und Organ. »Sinn« ist bei uns mehr das geistige Vermögen, die geistige Fähigkeit wahrzunehmen, während »Organ« sich auf das physische Organ, das Auge oder das Ohr etc. bezieht. Im Sāṃkhya werden die physischen Organe als »ADHIṢṬĀNAS«, »Träger«, bezeichnet, womit die grobstofflichen Aufenthaltsorte, Sitze oder Träger der – feinstofflichen – INDRIYAS gemeint sind.

Da die 5 JÑĀNENDRIYAS 5 *TATTVAS* sind, bedeutet dies auch, daß sie auf dem Wege zur Erleuchtung und zum Ursprung der Welt hin eine wichtige Rolle spielen. Dafür müssen wir aber bei diesen Sinnen in der eben beschriebenen Weise *stehenbleiben!* Wir leben heute in einer Zeit, in der weltweit der Trend sich abzeichnet, sich um die Erfassung der Elemente zu bemühen und um die Erweiterung und Schulung der Sinne. Da ist ein Evolutionstrieb in uns, der uns zur Erleuchtung bringen will und weiß, daß der Weg dahin zu einem Teil auf ein Intensivieren unseres Sehens und Hörens und Schmeckens etc. baut. Insoweit knüpft Sāṃkhya an eine ganz natürliche Situation an. Diese Hinwendung zu den Elementen und zu den Sinnen könnte man als Auswirkung eines erneuten Sāṃkhya-Impulses sehen, der im Augenblick quer durch die Welt wirkt.

Jetzt wollen wir auch die Reihenfolge der 5 KARMENDRIYAS, wie sie im Sāṃkhya gegeben wird, darstellen. Es gibt in Indien zwei Überlieferungen in bezug auf die Reihenfolge der Tatsinne, eine *vedāntische* und eine *tantrische*. Beide Reihenfolgen fangen mit dem Tatsinn des Sprechens an, aber dann geht die Aufzählung verschieden weiter. Aber, nun kann man fragen: »Wenn eine Reihenfolge im Sein der Dinge begründet liegt, gibt es dann nicht nur diese eine?« Das ist eine berechtigte Frage. Wie wir gesehen haben, gibt es eine feste Reihenfolge für die 5 Wahrnehmungssinne – liegt jetzt die Reihenfolge für die Tatsinne nicht auch fest? Ich meine ja, aber wenn das wahr ist, warum haben wir dann zwei verschiedene Überlieferungen, was die Reihenfolge angeht? Ich gebe darauf vorläufig eine kurze Antwort: Weil es offensichtlich zwei verschiedene, dennoch je *gültige Kriterien* gegeben hat – das eine in der vedāntischen Geistesströmung und das andere in der tantrischen –, wonach die jeweilige Reihenfolge bestimmt wurde. Ich kann euch nur raten, immer wieder *beide* Reihenfolgen in ruhiger Betrachtung auf euch wirken zu lassen ...

Die KARMENDRIYAS in der *vedāntischen Reihenfolge*, die auch der SĀṂKHYA-KĀRIKĀ entspricht – Sāṃkhya ist ursprünglich im vedāntischen Kontext entstanden – sieht folgendermaßen aus:*

1. Tatsinn des Sprechens, wozu alle akustischen Verlautbarungen gehören
2. Tatsinn des Greifens und des Handelns
3. Tatsinn des Stehens und des Gehens; alles, was wir mit den Beinen, bzw. Füßen tun: rennen, laufen, springen ...
4. Tatsinn des Ausscheidens
5. Tatsinn der Zeugung.

Weil die Wahrnehmungssinne und die Tatsinne nach außen, in die Welt, gerichtet sind, werden sie, wie bereits auf Seite 152 erwähnt, »die äußeren Sinne« (BĀHYA-INDRIYAS) genannt, während MANAS »der innere Sinn« (ĀNTARA-INDRIYA) genannt wird. Wenn der Mensch wahrnimmt oder handelt, geht sein MANAS über die Sinne mit nach außen. Wenn das MANAS aber nicht in der Außenwelt beschäftigt ist, kann es »innen« nachdenken über das Gehörte, das Gesehene etc. MANAS wird in Indien oft in einem Atemzug mit den 10 INDRIYAS erwähnt und manchmal sogar mit zu den INDRIYAS gerechnet. Für MANAS, die 5 Wahrnehmungssinne und die 5 Tatsinne findet man in den Urtexten auch den abkürzenden Ausdruck: »die 11«, womit »die 11 INDRIYAS« (MANAS + 5 + 5) gemeint sind. Auf eine bestimmte Weise erhebt sich das MANAS aber über die 10 äußeren INDRIYAS, auch insoweit es sie alle untereinander koordiniert. Außerdem gehört es auch zum ANTAḤKARAṆA, dem »inneren Organ« (»ANTAḤ« = inneres; »KARAṆA« ist ein Wort für »Instrument«, »Organ«, »Sinn«), jener Einheit von BUDDHI, AHAṂKĀRA und MANAS, die im Yoga CITTA

* Die tantrische Reihenfolge der KARMENDRIYAS wird auf Seite 255 dargestellt.

genannt wird. Innerhalb des ANTAḤKARAṆA ist der MANAS-Anteil aber den 10 äußeren Organen am nächsten. Die äußeren Sinne werden auch *die Tore* (zur Außenwelt) genannt, während MANAS als *der Torhüter* gesehen wird – manchmal liest man auch, daß das ANTAḤKARAṆA als Ganzes der Torhüter sei ... Das ANTAḤKARAṆA kann außerdem in den drei Zeiten: Vergangenheit, Gegenwart und Zukunft operieren, während die äußeren Sinne *nur* in der Gegenwart funktionieren.

MANAS ist an jeder Wahrnehmung und an jeder Tat, die wir durchführen, beteiligt. Dabei schlüpft MANAS sozusagen in die entsprechenden INDRIYAS. Ohne MANAS-Beteiligung wäre keine Apperzeption, Wahrnehmung, möglich. Śrī Yukteśvar sagt nun, daß die Tatorgane, die KARMENDRIYAS, an erster Stelle dazu da sind, *den Menschen mit den Objekten in Verbindung zu bringen* – erst dann kann die *Wahrnehmung* dieser Objekte erfolgen. Beim Tasten können wir diesen Prozeß am leichtesten beobachten. Will ich zum Beispiel mit meiner Hand etwas tasten, so muß ich diese zuerst einmal ausstrecken – das KARMENDRIYA des Handelns, bzw. Greifens kommt in Betrieb. Wenn ich mit meinem Tatorgan Hand am erwünschten Gegenstand ankomme, habe ich Tast-Verbindung mit ihm. In diesem Augenblick wird der Impuls des aktiven Nach-außen-»Gehens« umgedreht, und jetzt erfolgt die Wahrnehmung. Erst jetzt wird mein Tastsinn zu einem *Wahrnehmungs*organ. Beim Tastsinn gerade fallen Wahrnehmungsorgan und Tatorgan weitgehend zusammen. Man kann aber bemerken, daß die Wahrnehmung bei allen Sinnen auf eine solche Weise – wenn auch die Zusammenhänge zwischen den einzelnen JÑĀNENDRIYAS und KARMENDRIYAS nicht so offensichtlich zu Tage treten wie beim Tasten – zustande kommt: Das *Primäre* ist immer eine Tat von mir her – von mir muß etwas ausgehen, das in der Folge irgendwo ankommt, dort aufgehalten und anschließend zurückgeworfen, und dann erst zur Wahrnehmung wird. Ohne dieses primäre Nach-außen-Gehen würde keine Wahrnehmung erfolgen ...

Die Darstellung auf S. 185 über die Hervorbringung von MANAS und den 10 INDRIYAS aus dem SĀTTVIKA-AHAṂKĀRA entspricht der Aufstellung in der SĀṂKHYA-KĀRIKĀ von Īśvarakṛṣṇa, ist also klassisches Sāṃkhya.

Aus RĀJASA-AHAṂKĀRA sind nach dieser Einteilung keine TATTVAS hervorgegangen. Es beteiligt sich aber der RĀJASA-AHAṂKĀRA bei der Schöpfung der 11 INDRIYAS auf energetische Weise, indem er den 11 INDRIYAS Energie zufließen läßt.

In Indien wird die Hervorbringung des MANAS und der 10 INDRIYAS aus dem AHAṂKĀRA manchmal aber auch etwas anders behandelt. Statt aus SĀTTVIKA-AHAṂKĀRA läßt man dann die 10 INDRIYAS aus dem RĀJASA-AHAṂKĀRA hervorgehen, während das MANAS nach wie vor dem SĀTTVIKA-AHAṂKĀRA entspringt. – »Oh, wie kompliziert«, kann man sagen. Ich meine, das ist für die Sāṃkhya-Schulung ausgezeichnet. Man kann sich dann nämlich die Frage stellen, warum diese verschiedenen Einteilungen zustande kamen. Īśvarakṛṣṇa, der im 5. Jh. n. Chr. gelebt hat, läßt also »die 11« aus dem SĀTTVIKA-AHAṂKĀRA hervorgehen, während in der Sāṃkhya-Renaissance des 16. Jh. nur MANAS geachtet wird, aus dem SĀTTVIKA-AHAṂKĀRA zu entstehen, die 5 + 5 hingegen beim RĀJASA-AHAṂKĀRA landen:

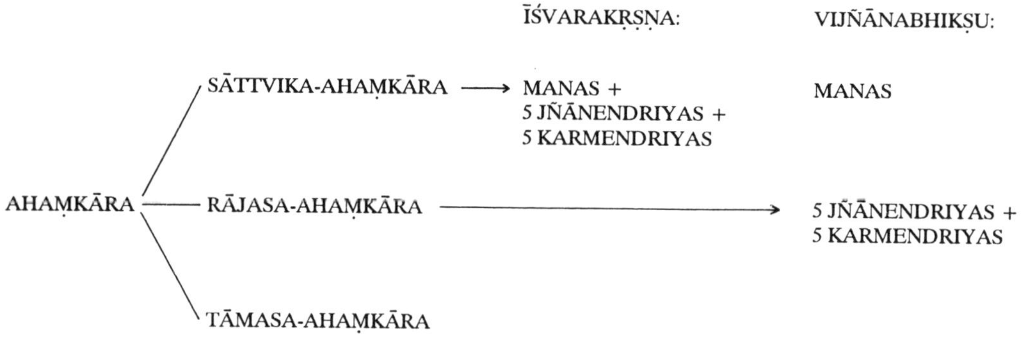

Warum hat Vijñānabhikṣu es wohl für nötig befunden, die 10 INDRIYAS aus dem RĀJASA-AHAṂKĀRA hervorgehen zu lassen? – Offensichtlich sah er die Wahrnehmungs- und Tat-INDRIYAS stark unter dem RAJAS-Aspekt, dem energetischen Aspekt stehen, während Īśvarakṛṣṇa es ganz eindeutig fand, daß sie zusammen mit MANAS aus dem SĀTTVIKA-AHAṂKĀRA entstehen – wer weiß, vielleicht ist das auch ein Zeitproblem! Vielleicht ist es so, daß die 10 INDRIYAS im Laufe der Zeit immer eher energetischer wurden und zugleich einen SATTVA-Verlust erlitten. Das 5. Jahrhundert (Īśvarakṛṣṇa) war im Vergleich zum 16. Jahrhundert noch relativ lichtnah ... Desweiteren sollte man bedenken, daß der Unterschied zwischen diesen beiden Auffassungen in der Praxis gar nicht so radikal ist, wie das auf den ersten Blick aussieht. Denn: auch wenn alle 11 INDRIYAS dem SĀTTVIKA-AHAṂKĀRA zugesprochen werden, *»beteiligt«* sich ja, wie wir sahen, *auch* der RĀJASA-AHAṂKĀRA an ihnen allen, indem er seine Energie beisteuert. Im Grunde geht es bei diesen Unterschieden doch nur um mehr oder weniger starke Akzentverlagerungen. Sogar wenn z.B. alle 10 INDRIYAS ausschließlich dem RĀJASA-AHAṂKĀRA zugeordnet und damit ebenso ausschließlich dem SĀTTVIKA-AHAṂKĀRA *entzogen* werden, so fließt dennoch aus dem MANAS, wegen seiner erwähnten Vorrangstellung über die 10 INDRIYAS, SĀTTVIKA-Einfluß in die 10 äußeren Sinnesorgane hinein. Solche Überlegungen anzustellen, ist, wenn man dies auf eine lockere Weise tut, sehr nützlich, weil sie unser Denken in Bewegung setzen und ganz fruchtbar für unsere eigene Übung diesbezüglich sind.

Jetzt können wir gleich das TATTVA-System noch abrunden: Während nach der SĀṂKHYA-KĀRIKĀ oben, aus dem SĀTTVIKA-AHAṂKĀRA, MANAS + 5 + 5 hervorgehen, entstehen zugleich unten, aus dem TĀMASA-AHAṂKĀRA, die 5 »TANMĀTRAS« – die 5 »feinstofflichen Elemente«, »SŪKṢMA-BHŪTAS« – und zwar jeweils gleichzeitig mit den 5 JÑĀNENDRIYAS. Später gehen dann aus den 5 TANMĀTRAS die

5 »MAHĀ-BHŪTAS« – wörtlich: »die großen Elemente«, auch »STHŪLA-BHŪTAS«, »die grobstofflichen Elemente« genannt – hervor (siehe hierzu die nächste Darstellung). Dabei ist die Reihenfolge der JÑĀNENDRIYAS, der TANMĀTRAS und der MAHĀBHŪTAS zwingend miteinander verbunden. Diese 15 TATTVAS sind auf eine strenge Weise innerlich miteinander koordiniert. Wir gehen auf diese Zusammenhänge noch in aller Ausführlichkeit ein. Es geht jetzt erst einmal darum, daß wir eine Total-Übersicht über das ganze 25 TATTVA-System bekommen.

AHAṂKĀRA ↗ MANAS + 5 + 5 (5. – 15. TATTVA)

AHAṂKĀRA ↘ DIE 5 TANMĀTRAS (16. – 20. TATTVA)

↓ ↓ ↓ ↓ ↓

DIE 5 MAHĀBHŪTAS (21. – 25. TATTVA)

Die *5 TANMĀTRAS* sind eine äußerst interessante, ja, aufregende Angelegenheit. Was sind die 5 TANMĀTRAS? Sie sind die *Sinnesgegenstände*, von denen jeder zu einem bestimmten Wahrnehmungssinn gehört. Wenn ich etwa ein *Organ des Hörens* habe, dann gibt es parallel dazu das *TANMĀTRA des Hörens*. Die 5 TANMĀTRAS entstehen jeweils *mit den 5 Wahrnehmungssinnen zusammen*. Zusammen mit dem Hörorgan entsteht also das TANMĀTRA, der Gegenstand des Hörens, das Gehörte. Danach entsteht zusammen mit dem Fühlen oder Tasten an der TAMAS-Seite, der Objekt-Seite*, das Objekt des Tastens oder Fühlens. Zusammen mit dem Wahrnehmungssinn des

---

* Die TANMĀTRAS haben im Vergleich zu den INDRIYAS, die relativ an der Subjektseite stehen, ausgesprochen *Objekt*charakter. Wir kommen hierauf im Kapitel: SCHÖPFUNGSPROZESS noch einmal zurück.

Sehens entsteht dann der Gegenstand des Sehens. Nachher entsteht zusammen mit dem Schmecken an der TAMAS-Seite das Objekt des Schmeckens. Schließlich entsteht zusammen mit dem Geruchsorgan das Objekt des Riechens.

Richard Garbe umschreibt das Wort »TANMĀTRA« mit: »*nur* dieses«, d.h. das TANMĀTRA des Hörens wird *nur* gehört, wird nicht gefühlt oder gesehen oder geschmeckt oder gerochen. Das TANMĀTRA des Hörens ist also *nur* Objekt für das Hören, nicht für das Fühlen, das Sehen, das Schmecken und das Riechen. Das TANMĀTRA des Fühlens ist *nur* Objekt für das Fühlen, nicht für das Hören, das Sehen, das Schmecken und das Riechen. Das TANMĀTRA des Sehens ist *nur* Objekt des Sehens, nicht des Hörens, des Fühlens, des Schmeckens und des Riechens. Das TANMĀTRA des Schmeckens ist *nur* Objekt für das Schmecken, nicht für das Hören, das Fühlen, das Sehen und das Riechen. Das TANMĀTRA des Riechens ist *nur* Objekt des Riechens, nicht des Hörens, des Fühlens, des Sehens und des Schmeckens. Jemand, der noch nicht darüber nachgedacht hat, sagt vielleicht: »Das ist doch immer so.« – Nein! Sind unsere tagtäglichen Objekte des Schmeckens nur Objekte des Schmeckens? Schwarzwälderkirsch-Torte z.B. – schmeckt wunderbar, aber ich kann sie nicht nur schmecken, ich kann sie auch sehen und tasten und riechen. Mit anderen Worten, die TANMĀTRAS sind schon etwas Besonderes, weil sie jeweils nur *einem einzigen Sinn* zugehören und nur von diesem wahrgenommen werden! Und außerdem sind diese TANMĀTRAS feinstofflicher Art, sie sind zwar Objekte, aber *feinstoffliche* Objekte. Also:

Die 5 TANMĀTRAS sind die 5 feinstofflichen Gegenstände der 5 Wahrnehmungsorgane.

Wie aus diesen 5 TANMĀTRAS, den feinstofflichen Elementen, den SŪKṢMA-BHŪTAS, die 5 grobstofflichen Elemente, die STHŪLA-BHŪTAS oder MAHĀ-BHŪTAS, im einzelnen entstehen, wird später (im Kapitel: *SCHÖPFUNGSPROZESS*) in aller Anschaulichkeit geschildert. Diese grobstofflichen Elemente sind die uns bekannten fünf Elemente: ĀKĀŚA*, Luft/Wind, Feuer, Wasser und Erde, hier in der Reihenfolge ihrer Entstehung aufgeführt. Man kann die 5 MAHĀ-BHŪTAS, bzw. STHŪLA-BHŪTAS auch die *5 grobstofflichen Elemente der Wahrnehmung* nennen.

Hiermit haben wir alle 25 TATTVAS aufgeführt.

Ist es nicht enorm, daß von den 25 TATTVAS die meisten uns bekannt sind? Wir kennen die 5 Wahrnehmungsorgane. Die 5 Tatorgane kennen wir ebenfalls. Weiter kennen wir die 5 Elemente: ĀKĀŚA, Luft/Wind, Feuer, Wasser, Erde. Wir kennen also von den 25 TATTVAS des Sāṃkhya zumindest 15 in unserem normalen täglichen Leben – das sind 15 Entitäten, die wir jetzt aber alle unter ihrem *TATTVA-Gesichtspunkt* sehen müssen. Sie müssen *in Idee gesetzt, in Wesensschau erfaßt werden!* Die restlichen 10 TATTVAS sind uns meist weniger bekannt. Zwar ist uns MANAS auch vertraut, nur ruft Sāṃkhya uns dazu auf, dieses MANAS noch mehr zu durchdringen, das heißt, wir sollen Abstand zu ihm nehmen und sehen, wie es in uns wirksam ist.

Auf diese Weise wird Sāṃkhya zu einem stufenartigen Weg, der seinen Ausgang bei den grobstofflichen Elementen nimmt und dann sukzessiv nach oben führt, mit gewaltiger Hilfe der 3 GUṆAS, die von sich her immer zu ihrem Urzustand auf der AVYAKTA PRAKṚTI-Ebene tendieren und uns auf dem Weg dahin nach oben ziehen.

Bei diesem Prozeß ist die BUDDHI dasjenige Organ, womit wir die TATTVAS durchdringen und wodurch wir überhaupt zur Erleuchtung kommen können. »Ohne BUDDHI keine Erleuchtung«, heißt es. Dabei ist die BUDDHI doch eigentlich PRA-

* ĀKĀŚA ist das feinste der 5 grobstofflichen Elemente und wird gewöhnlich mit »Äther« übersetzt. Eine andere Übersetzung von ĀKĀŚA ist »Raum«.

KṚTI. BUDDHI ist aber dasjenige in der PRAKṚTI, das am meisten PURUṢA-haft ist ... Speziell für die Erleuchtung zuständig innerhalb der BUDDHI ist ein ganz bestimmtes Organ. Es ist der »JÑĀNA-BHĀVA«, unser »Erleuchtungssinn«, und dieser ist das Herz von BUDDHI.*

* Über die BHĀVAS wird im nächsten Kapitel gesprochen.

DIE 8 BHĀVAS DER BUDDHI

Die acht BHĀVAS (DHARMA-BHĀVA, JÑĀNA-BHĀVA etc.) sind acht eingeborene Organe innerhalb der BUDDHI.* Wie u.a. bereits erwähnt, sind diese Organe keine expliziten TATTVAS, die von der BUDDHI hervorgebracht werden. Die acht BHĀVAS stellen acht *Seinszustände*, acht *Dispositionen innerhalb* der BUDDHI dar. Sie bilden die Disposition oder die Voraussetzung für bestimmte Weisen der Einstellung, des Denkens oder des Handelns, wie auch für spezifische Fähigkeiten.

BUDDHI	SĀTTVIKA-BUDDHI:	DHARMA-BHĀVA	JÑĀNA-BHĀVA	VAIRĀGYA-BHĀVA	AIŚVARYA-BHĀVA
	TĀMASA-BUDDHI:	ADHARMA-BHĀVA	AJÑĀNA-BHĀVA	RĀGA-BHĀVA	ANAIŚVARYA-BHĀVA

Auf den folgenden Seiten werden nun diese acht BHĀVAS paarweise – das bedeutet: jeweils ein BHĀVA von der SĀTTVIKA-BUDDHI-Seite mit seinem entsprechenden »Schattenwurf«-BHĀVA an der TĀMASA-BUDDHI-Seite – skizziert.

---

* Auf Seite 184 wurden die acht BHĀVAS bereits eingeführt.

DHARMA-BHĀVA – ADHARMA-BHĀVA

Eine oft verwendete Übersetzung von DHARMA ist: »Tugend«, »Pflicht«. Das Unbefriedigende einer solchen Übersetzung ist aber, daß man dadurch nie verstehen wird, was »DHARMA« grundsätzlich, von seinem Wesen her, bedeutet. »Tugend« und »Pflicht« können zwar in bestimmten Fällen den Begriff DHARMA gut wiedergeben, die wahre Bedeutung dieses Wortes umfaßt aber wesentlich mehr und reicht erheblich tiefer. DHARMA ist ein ganz zentraler Begriff in der großen integrierten Hindu-Religion, die von den Indern selbst *SANĀTANA-DHARMA* genannt wird.

In Indien werden drei Arten von DHARMA unterschieden:

1. SANATĀNA-DHARMA
2. YUGA-DHARMA
3. SVA-DHARMA.

SANĀTANA-DHARMA bedeutet »das Ewige Gesetz«. Damit ist das umfassendste Gesetz gemeint, das es gibt. Es gilt quer durch das Universum, war seit jeher gültig und wird in alle Zukunft gültig sein. Es ist das »Ewige Gesetz der allumfassenden Weisheit, welches die Welt zusammenhält.«*

Das Wort »DHARMA« geht zurück auf die Wurzel »DHṚ«: »das, was die Welt im Innersten zusammenhält« (Goethes Faust). Dazu gehören die inhärenten Gesetze der Natur, z.B. das Gesetz, wonach die Planeten um die Sonne kreisen, oder das Gesetz, wonach die chemischen Prozesse ablaufen ... DHARMA waltet aber auch auf den feinstofflichen Schöpfungsstufen, wozu auch die psychischen und geistigen Ebenen gehören. Überall, auf *allen* Ebenen, wo lebendige Gesetzmäßigkeiten wirksam sind, ist DHARMA am Werk – DHARMA geht quer durch alles, was sich manifestiert.

---

* T.R. Anantharaman: *Die Bhagavadgita*, S. 100.

Auf der ethisch-moralischen Ebene enthält es dann tatsächlich Begriffe wie »Tugend« und »Pflichterfüllung«, die wir anfangs erwähnt haben.

YUGA-DHARMA ist die Zeitalter-gemäße Umsetzung des SANĀTANA-DHARMA. T.R. Anantharaman schreibt dazu: »YUGA heißt ›Zeitalter‹ oder ›Ära‹ und wird immer angewandt, wenn eine bestimmte Periode im Ablauf der Menschheitsgeschichte gemeint ist. In einer jeden solchen Periode erhalten gewisse Aspekte des allumfassenden SANĀTANA-DHARMA eine besondere Wichtigkeit und Bedeutung für das Leben der Menschen.« Das YUGA-DHARMA bestimmt somit die äußere Ausführung bestimmter Aspekte des SANĀTANA-DHARMA in der entsprechenden Epoche. Jedes Zeitalter hat sein eigenes YUGA-DHARMA mit neuen, allgemeingültigen Gesetzmäßigkeiten für das menschliche Verhalten, wodurch es erst möglich wird, dem SANĀTANA-DHARMA gemäß zu leben.

Auch der Inhalt der Gesetzbücher Indiens beruht ursprünglich auf DHARMA und wurde somit geachtet, keiner menschlichen Willkür zu unterstehen. Es wurde stillschweigend vorausgesetzt, daß das, was einst in den Gesetzbüchern gelandet ist, »von oben« gekommen ist, vermittelt von einer großen Wesenheit, MANU genannt, nach der diese Gesetzbücher auch benannt sind.

Wichtig ist, daß DHARMA nicht aufgefaßt wird als etwas Konventionelles, Starres, als etwas, das künstlich von Menschen ausgedacht wurde. Leider ist nicht alles, was in der menschlichen Gesellschaft z.B. als »Tugend« und »Pflicht« betrachtet wird, der direkte Ausdruck göttlicher Gesetzmäßigkeiten. Es vermischten sich nur allzu oft ursprünglich von Gott gegebene Gebote mit menschlicher Willkür. In Anbetracht dieser Situation müssen wir beachten, daß das Wort DHARMA sich ursprünglich *ausschließlich* auf die primäre, gottgegebene Struktur bezieht! So wird der DHARMA-Sinn (DHARMA-BHĀVA) im Menschen, wenn er überhaupt vernommen, wahrgenommen wird, sich nie an menschlichen Konventionen orientieren, sondern sich immer aus dem göttlichen Ursprung des Menschen heraus zu Wort melden. (Wenn z.B. Freud das *Gewissen* des Menschen mit »sozialer Angst« umschreibt, Erich Neumann hingegen hierfür lieber den Ausdruck »innere Stimme« wählt, so liegt Erich Neumanns Wortwahl dem Umkreis des DHARMA-Begriffes bedeutend näher als Freuds Bezeichnung.)

So können wir jetzt formulieren, daß der DHARMA-BHĀVA unser eingeborener Sinn für die göttlichen Gesetzmäßigkeiten und Ordnungsprinzipien ist, die im umfassendsten Sinne in Mensch und Welt wirksam sind. So wie man mit dem Auge die Welt des Sichtbaren sehen kann, so haben wir im DHARMA-BHĀVA ein Organ, mit dem wir die gottgegebenen Gesetze wahrnehmen und in unserem Leben realisieren können, und zwar potentiell auf allen Ebenen.

Wenn es darum geht, DHARMA *im persönlichen Leben* umzusetzen, so ist hierfür das *SVA-DHARMA* richtunggebend. Das SVA-DHARMA ist das ureigene Gesetz eines jeden Menschen, das auch seinen ureigenen Weg bestimmt. Das ewig gültige SANĀTANA-DHARMA leuchtet im SVA-DHARMA eines jeden Menschen ur-individuell auf und läßt ihn im Idealfall in jeder Situation das Richtige tun.

Was ist dann wohl der ADHARMA-BHĀVA? Im Extremfall könnte z.B. in einem Menschen ADHARMA ausbrechen als sehr gezielte *Gesetzlosigkeit*, die er in seinem Leben umsetzt zum Unheil seiner Umgebung und sich selbst, wobei er direkt anknüpft an die »Fähigkeit« von ADHARMA: »Ich bin der Geist, der stets verneint! Und das mit Recht: denn alles, was entsteht, ist wert, daß es zugrunde geht; drum besser wär's, daß nichts entstünde (Goethes Faust).« – Der ADHARMA-BHĀVA kann sich als Zerstörungsdrang manifestieren, als Vernichtungswut, absolute Verneinung: »weg mit allem«; er ist der »Widersacher« von allem, was schön, gut und göttlich usw. ist ...

Wenn wir unser DHARMA-Organ entwickeln und immer mehr danach leben, so wird uns dies innerlich aus den dunklen TAMAS-Bereichen immer näher in Richtung SATTVA-Licht bringen und uns zugleich zunehmend stabilisieren. Um zur Erleuchtung durchzubrechen, brauchen wir aber noch ein anderes Organ, den JÑĀNA-BHĀVA.

JÑĀNA-BHĀVA – AJÑĀNA-BHĀVA *

JÑĀNA bedeutet »Erkennen«, »Wissen«, wobei aber hier ausdrücklich die *Erleuchtungs*-Erkenntnis gemeint ist – das erleuchtende Erkennen, das auch das *befreiende* oder *erlösende Wissen* genannt wird. Hier müssen wir einen Augenblick innehalten, da es sich beim JÑĀNA-BHĀVA um eine Art von «Wissen« handelt, die uns in der westlichen Welt allgemein regelrecht unbekannt ist.

Am meisten vertraut sind wir mit einer Weise von »Denken«, von »Erkennen« und »Wissen«, welche wir die »alltägliche« nennen könnten. Diese ist überwiegend anschaulich, bunt und farbig, konkret und praktisch, zugleich von vielen Gefühlsnuancen durchzogen. Im Sinne des Sāṃkhya wird dieses gesamte Feld von inneren und äußeren Erfahrungen – wie auch die mit ihnen einhergehenden Handlungen – grundlegend vom *MANAS*-Organ ge-›managed‹!

Der Zusammenschluß aller MANAS-Funktionen bildet einen in sich geschlossenen, organischen »Körper« oder »Leib«, der im Vedānta der »*MANO-MAYA-KOŚA*« genannt wird. (KOŚA: Leib; MAYA: gebildet aus; MANO = MANAS: Gesamtheit aller *psychischen* Vorgänge. Hierbei bezieht sich der Ausdruck »psychisch« sehr wohl *auch* auf das gesamte Objekt aller »Psychologie« im *westlichen* Sinne!)

Der Mensch wäre aber kein »Mensch« – in durchaus gewöhnlichem Sinne – wenn nicht auch die *BUDDHI*, in welch geringem Ausmaß auch immer, sich an seinem Leben und Treiben beteiligen würde. Dies zeigt sich unter anderem immer dort und in dem Maße, wie der Mensch sich über sein »kleines Ich« (AHAṂKĀRA) erhebt und ein unbefangenes, unparteiisches Urteil fällt über z.B. einen Mitmenschen, oder auch eine bestimmte Sachlage – sei es im Beruf, Privatleben oder in sonstigen Lebens-

* Dieser JÑĀNA-BHĀVA-Abschnitt wurde von O.M. Hinze für diese Publikation mit Hinblick darauf, daß der JÑĀNA-BHĀVA eine besonders zentrale Stellung innerhalb des Sāṃkhya einnimmt, neu geschrieben.

bereichen. Nun gibt es Menschen, welche diese BUDDHI-Fähigkeit in einem ganz außerordentlichen Ausmaß besitzen. Diese Menschen lassen sich durchweg von der BUDDHI führen, was zur Folge hat, daß das ganze »Denken«, »Erkennen« und »Wissen« der alltäglichen Sphäre sich auf einem lichtvoll-erhöhten Lebensniveau abspielt. Bildhaft und kurz formuliert: so wie das *MANAS* überwiegend »bunt« und »farbig« ist, so ist die *BUDDHI* »hell« und »leuchtend«. Je mehr sich die BUDDHI am menschlichen Leben beteiligt, umso klarer und heller werden auch die »Farben« im entsprechenden MANAS-Bereich. Noch etwas verbindet sich mit einer überdurchschnittlich starken Beteiligung der BUDDHI am Gesamtleben eines Menschen: Die Helligkeit der BUDDHI im MANAS-Bereich, d.h. im gesamtpsychischen Bereich des Menschen, strahlt Offenheit, Güte und Wohlwollen aus, nicht nur gegenüber allen Mitmenschen, sondern überhaupt der gesamten Kreatur der Schöpfung gegenüber. –

Wir können nun das helle Licht der BUDDHI auch *für sich* betrachten: dieses charakterisiert insgesamt den sogenannten »*VIJÑĀNA-MAYA-KOŚA*«, den »Leib« (KOŚA) »gebildet aus« (MAYA) »Erkennen« (VIJÑĀNA). »VIJÑĀNA« nun gilt allgemein als ein Synonym für »BUDDHI«. Es fällt aber auf, daß »VIJÑĀNA« (= VI-JÑĀNA) sehr dem Wort »JÑĀNA« ähnelt ... Sind sie sich in der Bedeutung gleich oder zumindest sinnverwandt? Ja – zum Teil sind sie es: beide werden oft mit den Wörtern »Erkennen« oder »Wissen« übersetzt. Es gibt aber Zusammenhänge, in denen »JÑĀNA« den Ausdruck »VIJÑĀNA« sozusagen »überholt« und ihn dabei eine ganze Dimension hinter, bzw. »unter« sich läßt ... Auf diese höchste Form von *JÑĀNA* wollen wir gleich zurückkommen: impliziert sie doch das »erleuchtende Erkennen«, das anfangs erwähnt wurde. Aber, wir haben als Vorbereitung dazu das unmittelbare Umfeld des »JÑĀNA-BHĀVA« – nämlich die BUDDHI in ihrer Gesamtheit – noch nicht genügend ausgeleuchtet. So wird es zum Beispiel Zeit, auf die BUDDHI, bzw. das VIJÑĀNA, als auf ein geistiges Organ im Menschen hinzuweisen, dessen Auswirkung, ja: handfeste »Leistung«, allgemein – auch in der abendländischen Öffentlichkeit – eine überragend hohe Anerkennung genießt. Ich meine: *die Fähigkeit der strengen Wissenschaftsausübung.* Das Wörtchen »streng« ist an dieser Stelle entscheidend. Es handelt sich hier nämlich um eine strenge, konsequente und objektive Weise von Denken, wie sie üblich ist in der sogenannten »höheren Mathematik«, der höheren Logik, in allen möglichen Formen von höchst abstraktem Denken, einem Denken, das streng formal und mit höchst möglicher Konsequenz und Exaktheit durchgeführt wird. Gruselt es einem da als lebendigem Menschen aus Fleisch und Blut und als durchseeltes Wesen nicht? Ja, so mancher Durchschnittsmensch schreckt zurück vor einer solchen strengen Geistestätigkeit, falls er nicht schon mit einem hohen Maß an logischer und mathematischer Begabung geboren ist ... Doch sind solcherart extrem begabte Menschen eher in der Minderheit, wie jeder Mathematik- oder Physik-Lehrer bestätigen wird. Die – zurecht – hochgeschätzte allgemeinmenschliche Eigenschaft der »Nüchternheit« und der »faktischen Realitätsorientierung« stellt im Bereich des Denkens die untere Grenze allen wissenschaftlichen Denkens dar. Ein Mensch, der in diesem Sinne nicht »nüchtern« denken kann, kann erst recht nicht »streng wissenschaftlich« denken.

Und jetzt stellen wir uns die Frage: »Wo« im Menschen ist diese strenge Weise von Denken eigentlich zu Hause? Im MANO-MAYA-KOŚA? Nein – dieser Bereich ist dafür viel zu »bunt und farbig« und zu »gefühlsträchtig«, wie wir sahen. Das strenge Denken – besonders in seiner »höchsten« Ausprägung – kann außerdem etwas »Kaltes« haben ... der MANO-MAYA-KOŚA ist dagegen eher »warmblütig«, ja: er kann sich sogar leidenschaftlich »erhitzen«! Wohin, nochmals, gehört denn das streng wissenschaftliche Denken? Nun, die Antwort wurde schon vorweg gegeben: der »Ort« des strengen wissenschaftlichen Denkens ist die BUDDHI und *kann* auch nur die BUDDHI sein. Aber – hier stutzen wir: hatten wir nicht dem strengen Denken unter Umständen eine gewisse »Kälte« zugeschrieben? Wie aber verträgt sich jene Kälte mit der ausgesprochen wohltuenden, hellen und erhebenden Wirkung, die wir *ebenfalls* der BUDDHI zugeschrieben hatten? *Diese* wäre in ihrer Wesensnatur doch wohl eher als »warm«, doch keinesfalls als »kalt« zu bezeichnen? Ja – so ist es auch: der überragende Eindruck, der von der BUDDHI in ihrer Gesamtgestalt ausgeht, ist Licht und eine milde, wohltuende Wärme (nie Hitze!). Genau an dieser Stelle stehen wir an einer Wegkreuzung: Hier das wohlwollende und deswegen wohltuende Erkennen. Erkennen mit warmer Anteilnahme, »mit Herz«, kurz: mit *Liebe*. Dort eine eher »kühle« Wissenschaftlichkeit, die im Extremfall eiskalt, lieblos und »unmenschlich« wird, ja: »über Leichen geht«.

Global können wir nun sagen, daß diese erste Fähigkeit, das »Erkennen mit warmer Anteilnahme«, im oberen Teil, im SATTVA-Bereich der BUDDHI lokalisiert ist, während die »kühle Wissenschaftlichkeit« mitsamt ihrer möglichen Extreme zum unteren Teil, zum TAMAS-Bereich der BUDDHI gehört. Genauer ausgedrückt: *Diese* Art »strenge Wissenschaftlichkeit« ist veranlagt im AJÑĀNA-BHĀVA der BUDDHI. Laßt mich gleich hier aber darauf hinweisen, daß die Eigenschaft der »Strenge« – streng genommen – nicht nur im Dunkelbereich der BUDDHI auffindbar ist. Sie waltet ebenso im Lichtbereich der BUDDHI – ja, man staune: hier im Lichtbereich der BUDDHI hat sie sogar ihren eigentlichen, wahren Ursprung! Nur: *diese* »Strenge« ist in sich durchflutet von Licht und Liebe, ist durchtränkt von lauter Göttlichkeit ... Man darf in diesem Zusammenhang hinweisen auf den im Christentum geläufigen Begriff eines Gottes, der für uns Menschen ein »*strenger* Vater« ist, demgegenüber wir uns nur mit größter »Gottes*furcht*« nähern sollten ... Liebe Freunde: *diese* »Strenge« und *diese* »Furcht« ist nichts, was wir in negativem Sinne fürchten und deswegen ablehnen müßten! Auch wenn wir zitternd vor Gott stehen: es tut uns nur unendlich gut, daß Gottes Auge in dieser Weise auf uns ruht, denn wir fühlen zugleich die ungeheure Reinigung, die von seinem Uns-Sehen ausgeht, und wir fühlen vor allem die Kraft seiner Liebe, die uns hält und trägt – *und* uns dieses Abenteuer bestehen läßt ... Bitte: in diesem Sinne versteht die »Strenge« im Bereich der SĀTTVIKA-BUDDHI – und begreift, daß zum Beispiel die beiden BHĀVAS *DHARMA* und

JÑĀNA potentiell die Grundlagen einer vollendeten »strengen« Naturwissenschaft in sich tragen. Vor *dieser* Wissenschaft (Sanskrit: *VIDYĀ*) bräuchte sich aber unsere arme Erde-Natur, mitsamt uns selbst als Teile derselben Natur, nimmer mehr zu fürchten!

Und jetzt noch einmal zur »strengen Wissenschaftsausübung«, wie sie *in unserer Zeit* gepflegt wird. (Es ist hier nicht der Ort, dies auch nur im Entferntesten »vollständig« zu behandeln – ich gebe nur einige kurze Hinweise.)

Im Dunkelbereich der BUDDHI nun haben wir es mit einer bestimmten Art von Umkehrung aller Eigenschaften der Licht-Ebene der BUDDHI zu tun. Diese Umkehrung vollzieht sich nicht genau spiegelbildlich-entgegengesetzt (aus Gründen, die jetzt unbesprochen bleiben müssen). Dadurch entstehen außer der Umkehrung auch noch gewisse *Entstellungen* der ursprünglich *göttlichen Formen*, ja: eine Art von Karikatur derselben. (Deswegen auch spricht man im Sāṃkhya wohl von den *»acht* BHĀVAS« der BUDDHI, statt schlicht von den *»vier* BHĀVAS« und ihren jeweiligen Gegensätzen!)

So zum Beispiel wandelt sich die lichtvolle, vom Ursprung her wohltuende Strenge in eine Form von »amorpher Härte«, welche der Kreatur weh tut und somit lieblos wirkt. Die ursprünglich »sehende Strenge« verkehrt sich in »blinde Gesetzestreue«. *Hier* erst entsteht auch die spezifische, wissenschaftliche Kälte, wovon vorhin einmal die Rede war.

Jetzt mögen wir zurückblicken auf den Anfang dieses Abschnittes. Es wurde eine kurze Charakteristik des Menschen auf der Ebene des *MANO-MAYA-KOŚA* gegeben. Als nächstes wurde die Beteiligung der *BUDDHI* am Leben und Treiben des Menschen skizziert. Hierbei wurde ihre lichtvolle und erhebende Wirkung auf den *MANO-MAYA-KOŚA*, und damit auch auf das Gesamtleben des Menschen herausgestellt. Nach allem, was anschließend noch zur Sprache kam, können wir nun zusammenfassend sagen, daß es offensichtlich der *SĀTTVIKA*-Anteil der BUDDHI ist, der sich so lichtvoll und wohltuend am Gesamtleben des Menschen beteiligt. Aber auch, daß es noch einen anderen Bezirk der BUDDHI gibt, die *TĀMASA*-BUDDHI, welche den Dunkelbereich der BUDDHI darstellt, und – eine höchst wichtige Einsicht – daß auch *diese* sich am Gesamtleben des Menschen zu beteiligen versucht. Von den vier Dunkel-BHĀVAS ist es an erster Stelle der *AJÑĀNA*-BHĀVA, der uns in diesem Abschnitt beschäftigt. Auf welche Weise versucht nun der *AJÑĀNA-BHĀVA* sich an unserem Gesamtleben zu beteiligen?

Die Achse JÑĀNA-BHĀVA/AJÑĀNA-BHĀVA umfaßt die volle Spannweite *aller* Erkenntnismöglichkeiten des Menschen, deren äußerste Pole in der manifestierten Welt somit die BHĀVAS *JÑĀNA* und *AJÑĀNA* sind. Wir müssen uns dabei im klaren sein darüber, daß die besondere Art des *AJÑĀNA*-BHĀVA in einer ganz bestimmten Weise vom Wesen des *JÑĀNA*-BHĀVA abhängt – und zwar: JÑĀNA-BHĀVA im Sinne seiner »Verkehrung«, seiner »Verneinung« oder seines »Gegensatzes«. *Was* also *ist* das Wesen von JÑĀNA-BHĀVA? Das Wesen von JÑĀNA-BHĀVA besteht in seiner Fähigkeit, dem Menschen die *Erleuchtung* zu ermöglichen. Diametral dem gegenüber: Das Wesen von AJÑĀNA-BHĀVA besteht in seiner Tendenz, die Erleuchtung hinauszuzögern, aufzuhalten – zu hemmen, zu blockieren, ja:, zu verdunkeln – und zwar mit der Kraft des »Nicht-Wissens« und der Macht der »dunklen und dumpfen Trägheit«, welche sich u.a. in lange gepflegten und tief eingefahrenen Gewohnheiten Ausdruck verschafft.

VAIRĀGYA-BHĀVA – RĀGA-BHĀVA

Beim VAIRĀGYA-BHĀVA oder VIRĀGA-BHĀVA, wie dieser auch genannt wird, geht es um die innere Haltung in bezug auf alles, was es im Leben zu genießen gibt. Dabei kommt es vor allem darauf an, sich den Objekten des Genusses nicht *auszuliefern*, was aber nicht bedeutet, daß man nicht *genießen* soll ... Was das Thema Genuß anbelangt, so begegnen wir auch heute noch einem aus vergangenen Jahrhunderten überkommenen Element, das manchen zurecht sehr stört – eine bestimmte, falsch verstandene Art von Askese, die verlangt, daß man das Leben nicht genießen dürfe, daß man Abstand nehmen müsse von allen Freuden. *Diese* Haltung dem Genuß gegenüber ist mit VAIRĀGYA aber nicht gemeint. VAIRĀGYA liegt in der Verlängerung der Art und Weise, wie die alten Griechen mit dem Prinzip Genuß umgegangen sind. Die Griechen waren ein lebenslustiges Volk und haben die Welt genossen, und doch – es waren griechische Weisen und Philosophen, die das Wort prägten, daß man *Askese* treiben müsse *im Dienste des wahren Genießens!* Zum einen muß ein Mensch herausfinden, welchen der vielen verschiedenen Arten von Genuß er den Vorrang vor anderen geben will – und außerdem soll ein Genuß ein *wirklicher* Genuß sein. Also sprachen sie von einer Durchdringung des Genießens mit dem Erkennen, und dazu gehört auch, daß man nur durch eine besondere Art von *Zurückhaltung* Genuß und Lust optimal leben kann. Diese Art von Askese nannten sie »die Geometrie des Genusses«.

Ein triviales Beispiel: Ich trinke gerne Kaffee. Nun komme ich zu einem Freund auf Besuch, und er fragt mich, ob ich eine Tasse Kaffee möchte. Natürlich lasse ich mir das nicht entgehen, ich trinke also eine Tasse Kaffee. Kaum ist die Tasse leer – und diese ist bei mir schnell leer, da ich den Kaffee gerne heiß trinke –, fragt mein Freund: »Willst du noch eine Tasse?« »Ja, gerne«, sage ich. Also trinke ich eine zweite Tasse Kaffee, und entweder ist meine Lust so groß, daß ich die zweite auch leicht verkrafte – oder es kann sein, daß sie, wenn ich ehrlich bin, schon etwas weniger gut schmeckt als die erste. – Und dann kommt mein Freund zum dritten Mal mit der Kaffee-Kanne, aber jetzt fühle ich deutlich: wenn ich jetzt nochmals eine Tasse trinke, bringe ich mich um ein gutes Stück wirklichen Genuß. Also, wenn ich ein bißchen vernünftig bin, und ich will mir vielleicht gar leisten können, am späten Nachmittag zusätzlich noch einen Cappuccino trinken zu gehen, dann ist es besser, wenn ich jetzt nein sage ... bedenke: in solch einem Fall verzichte ich im Grunde *nur* zugunsten einer erweiterten Lust-*Steigerung!* Natürlich ist dies ein sehr einfaches Beispiel – dennoch kann an ihm im allerersten Ansatz das Prinzip: momentanes Verzichten auf eine vordergründige Freude zugunsten einer umfassenderen Freude – klar herausgestellt werden. Der VAIRĀGYA-BHĀVA nämlich liegt in *dieser* Richtung – nur daß er nicht bei einer so einfachen Sache wie Kaffeetrinken stehenbleibt, sondern sich auf *alle* Arten von Genuß bezieht, die es gibt – und außerdem nicht »mal gelegentlich«, sondern immer und überall durchgeführt werden sollte!

Jetzt aber gleich ein Sprung zum »Schattenwurf«-BHĀVA von VAIRĀGYA, dem RĀGA-BHĀVA. RĀGA wird manchmal mit Leidenschaft, mit Begehren, mit Begierde übersetzt. Technisch ist dies aber nicht ganz richtig. RĀGA ist vielmehr die *Kraft der Haftung*, die von irgendeinem Genuß auf den Menschen ausgeht. Das kann auf dem Gebiet des Essens und Trinkens sein, auf dem Gebiet der Sexualität ... auf allen Gebieten, die bei uns Lust erzeugen können. Von den Objekten unserer Lust geht eine anziehende Kraft, vielleicht eine starke Macht aus, der wir mehr oder weniger wie verfallen können. Immer wieder wollen wir die Erfüllung dieses bestimmten Genusses erreichen, werden dadurch unfrei und in unseren weiteren Möglichkeiten stark eingeschränkt, ja, wir »verengen« uns buchstäblich ... Diese Haftungskraft, die ständig von neuem unser Streben nach Wunscherfüllung in Gang setzt – qualitativ, aber auch quantitativ – ist RĀGA. Daß in RĀGA eine Kraft steckt, merkt man meist erst, wenn man sich von einem Genuß, der zur Gewohnheit geworden ist, lösen will.

Man kann RĀGA auch sehen als das *Feld von Begehrenskraft zwischen dem Menschen und seinem Wunschobjekt.*

Meine temperamentmäßige philosophische Überzeugung ist: Alles, was lustvoll, genußvoll ist, ist gut, muß im Grunde gut sein, es kann nichts dagegen sein. Davon gehe ich zunächst aus, aber ...

Was habe ich nicht alles erlebt, zum Beispiel die Tochter einer Klientin, ein Mädchen, das sehr viel getrunken und sich als Frau nach allen möglichen Seiten hergegeben hat, Selbstmordversuche hinter sich hatte und solche Geschichten mehr – sie kam völlig auf den Hund. Frage nicht, wie die Mutter gelitten hat. Diese Tochter hatte etwas gegen mich, weil ihre Mutter und ich uns öfters über so »abstruse« geistige Themen wie Anthroposphie und Yoga unterhalten haben. Die Tochter haßte einfach alles, was »geistig« und »gut« war. Aber einmal kamen wir dennoch ins Gespräch, wobei wir die ganze Nacht durch Stuttgart gelaufen sind. Dabei hat sie mir erzählt, was sie ärgert: *Sie* will das Leben *genießen* und sieht dann Leute wie ihre Mutter oder auch mich, die offenbar nur glücklich sind, wenn sie den *Ernst* des Lebens pflegen ...! Ich sagte dann zu ihr, daß ich glaube, *sie* tappe im Dunkeln, was das Thema »das Leben genießen« anbelangt. »Ich habe gehört, du hast schon deinen dritten Selbstmordversuch hinter dir – gehört das zu deiner Art von Genießen? Also ich muß sagen, ich bin sicher, daß ich das Leben mehr genieße als du!« – Es war eine Sternstunde damals, sie wurde immer offener und schien eine Menge verstanden zu haben. Später haben wir uns dann kaum mehr gesehen. In jener Nacht aber konnte ich ihr die griechische Anschauung über die »Geometrie des Genusses« in aller Ausführlichkeit darlegen.

Was ist gegen Genuß? Überhaupt nichts. Jeden Genuß nenne ich eine »Fähigkeit«. So ist der Mensch *als Mensch* veranlagt zu, sagen wir mal, zwanzig verschiedenen Genuß-Fähigkeiten. Wenn aber *eine* Fähigkeit dermaßen wuchert, sich so breitmacht wie ein Tumor, daß die neunzehn andern verkümmern und gar nicht mehr zum Zuge kommen, so geht dieser Mensch zu Grunde, er erhängt sich oder bringt sich sonst irgendwie um, und es ist keine Rede davon, daß er wirklich genießt, denn – *wer* genießt letzten Endes? PURUṢA! – Bei *ihm* kommt alles zusammen! Die zwanzig Genußfähigkeiten landen alle bei ihm, und der PURUṢA – und damit der ganze Mensch – fühlt sich nicht glücklich, wenn er nur *einen* Genuß pflegt und diesem auch noch ausgeliefert ist ... Alkohol trinken z.B. ist eine Fähigkeit, wunderbar, aber wenn er alle anderen Genüsse verdrängt? – So, und jetzt wollen wir nochmals auf die »Geometrie des Genusses« der Griechen zurückkommen: Lebe jede Fähigkeit so, wie es *wirklich* genußvoll ist; das bedeutet nicht minimal, aber auch nicht maximal, sondern *optimal*, das heißt *mit* den in ihr selbst liegenden *Einschränkungen*, sonst fliegst du aus der Genußkurve heraus, und – halte dich auch offen für die anderen in dir veranlagten Genüsse.

Was kann ich aber tun, wenn ich unglücklich darüber bin, daß ich zu stark ausgefüllt werde von einer oder mehreren RĀGA-Kräften? – Jetzt muß ich wie einen Schritt zurücktreten: VAIRĀGYA! Von meinen gelebten Genuß-Fähigkeiten muß ich mich *hier* mehr zurücknehmen und *dort* vielleicht auch. Indem ich die Gegenkraft von RĀGA: VAIRĀGYA, aktiviere und dem Zwang, der von der RĀGA-Kraft ausgeht, widerstehe, bekomme ich erst den nötigen Abstand, wodurch die Kraft frei wird zu entdecken, was es sonst noch für Möglichkeiten des Genießens gibt. Der yogische Mensch – also auch ein Sāṃkhya-Schüler – wird allerdings immer darauf aus sein, das spirituelle Niveau seiner Genuß-Palette so möglich zu *erhöhen*, keinesfalls zu *senken*. Hierbei gibt es *ein* untrügliches Kriterium: im ersten Fall wird man innerlich *glücklicher* – im zweiten Fall deutlich *unglücklicher* werden. Hand in Hand hiermit fühlt man sich im ersten Fall »dem Lichte« näher kommen, im zweiten Fall wird es einem deutlich dunkler ...! – Und nun gibt es einen Genuß, der *alles* in den Schatten stellt, was es gibt, und das ist der *PURUṢA-Genuß!* Dieser ist einfach nicht zu übertreffen – er steht zu einem »normalen« Genuß nicht im Verhältnis von hunderttausend zu eins, sondern von unendlich zu eins. Die »Seinskraft« dieses Genusses ist unendlich viel größer als die Summe aller anderen Genüsse zusammen. *Dieser* Genuß ist gleichsam »die Fülle selbst«: PŪRṆA.

So wie die Gegenkraft von RĀGA VAIRĀGYA ist: die Lockerung, bzw. Aufhebung von RĀGA, so stellt PŪRṆA einen zweiten Gegensatz zu RĀGA dar. In der 36-TATTVA-Lehre des Tantrismus wird erzählt, wie im Rahmen des Schöpfungsprozesses – auf ganz hoher Stufe, noch lange bevor es diese Erde gab – Gott sich auf fünffache Weise selbst einschränkte, wodurch Schöpfung überhaupt erst möglich wurde. Als erstes beschränkte er die Ewigkeit (NITYATVA), die dadurch zu Zeit (KĀLA) wurde. Als nächstes beschränkte er seine Alldurchdringung (VYĀPAKATVA), die somit zu beschränktem Raum, zu Örtlichkeit (NIYATI) wurde. Als drittes beschränkte Gott seine *PŪRṆATVA*, die in der Folge zu *RĀGA* wurde.*

PŪRṆATVA, die »Voll-heit«, ist die enorme Liebes- und Seinskraft des Göttlichen in seiner überragenden Fülle, die eine unermeßliche Anziehung ausübt und zugleich einen »Genuß« in *unendlich* göttlichem Ausmaß darstellt. Durch den Akt der

---

* Der Vollständigkeit halber seien die letzten beiden Selbsteinschränkungen Gottes hier ebenfalls aufgeführt:
Als viertes beschränkte Gott seine Allwissenheit (SARVAJÑATVA), die dadurch zu beschränktem Wissen (VIDYĀ) wurde. (Nur in diesem Kontext erhält der Begriff VIDYĀ die Bedeutung einer »beschränkten« Erkenntnis. Im allgemeinen aber bezieht sich das Wort VIDYĀ auf das wahre Wissen, auf die göttliche Erkenntnis. Das Wort VIDYĀ erhält im Kontext der 5 KAÑCUKAS somit eine relativ beschränktere Bedeutung als es sonst im allgemeinen hat.)
Als fünftes schließlich beschränkte Gott seine Allmacht (SARVAKARTṚTVA), die so zu gerichteten Schöpfungskräften (KALĀ) wurde.
Diese fünf Selbsteinschränkungen Gottes werden die 5 SAṂKOCAS genannt. Wir haben diesen Begriff an früherer Stelle bereits kennengelernt. Diese fünffache Einschränkung Gottes führt zu der Entstehung der 5 KAÑCUKAS (KĀLA, NIYATI, RĀGA, VIDYĀ und KALĀ).

dritten Beschränkung wurde sie zu RĀGA: einer *beschränkten* Anziehung, einer *beschränkten* Seinskraft, die allen Dingen innewohnt, deren Genuß deswegen immer ein beschränkter Genuß bleibt. Aus diesen inneren Zusammenhängen heraus haben die tantrischen Yogins so etwas wie einen »PŪRṆA-Weg« begründet. Der Mensch soll nicht da ansetzen, seine kleinen, in ihrer Seinskraft beschränkten Genüßchen aufzugeben, sondern er soll anfangen, sich bei allen Genüssen auf PŪRṆATVA zu richten. Der »Allverhaftung«* an das Unendliche und an Gott selbst als Inbegriff von allem, was es gibt, PŪRṆA – im Gegensatz zur Verhaftung an etwas Beschränktes, RĀGA – sollen wir uns hingeben. Dafür brauchen wir aber dennoch auch VAIRĀGYA, um unsere drängenden, haftenden Beziehungen mit den Objekten zu lockern. Nicht eine große Askese wird von uns also verlangt, diese können wir sowieso meist gar nicht aufbringen – und außerdem können Exzesse in der Askese paradoxerweise auch wieder RĀGA-behaftet sein –, sondern wir sollen nur gerade soviel Verzicht aufbringen, daß unser Blick frei wird für alles ganz Große, Schöne, Göttliche, für den PURUṢA – und dann wird PŪRṆA selbst dich packen und du wirst erfüllt von den göttlichsten Anziehungskräften, die auch in der Natur selbst begründet sind ... *Diese* Art von Askese, VAIRĀGYA, wird damit auch völlig verständlich, da sie zugunsten unserer tiefsten Fähigkeit und der größten Freude – ĀNANDA – geschieht, die man sich überhaupt vorstellen kann.

In Yoganandas *Autobiographie eines Yogi* kommt in Kapitel VII ein Weiser mit Namen Bhaduri Mahasaya vor, der u.a. die verschiedenen PRĀṆĀYĀMAS** des achtgliedrigen Yogapfades von Patañjali beherrschte, wodurch er auch in der Lage war, in der Luft zu schweben. Er hielt öfters Vorträge vor einer kleinen Gruppe von Men-

* Ich hoffe, hier wird sich kein Mißverständnis einschleichen: eine solche »Allverhaftung« hat in Wirklichkeit nichts mehr mit »Verhaftung« zu tun, da der Mensch in diesem Fall uneingeschränkt zu sich selbst kommt – *sich selbst* und damit uneingeschränkt *frei* wird.

** Atemübungen, mit deren Hilfe sich das PRĀṆA, die Lebenskraft meistern läßt.

schen, zu der auch Mukunda, wie Yogananda als Kind genannt wurde, gehörte. Dieser Mann sagte, als ein Schüler ihn pries, weil er in seiner Jugend allem äußeren Reichtum und aller Bequemlichkeit entsagt hatte, um Gott zu suchen: »Der Fall ist genau umgekehrt. Ich habe ein paar armselige Rupien und billige Vergnügungen gegen das Kosmische Reich ewig währender Glückseligkeit eingetauscht. Wie könnte ich mir dabei etwas versagt haben? Ich freue mich, wenn ich meinen Reichtum mit anderen teilen kann. Ist das etwa ein Opfer? Die eigentlichen Entsagenden sind die kurzsichtigen weltlichen Menschen, die um des armseligen, irdischen Flitterwerks willen auf unvergleichliche göttliche Reichtümer verzichten.« Yogananda lachte in sich hinein, als er diese paradoxe Ansicht über den Begriff »Entsagung« hörte ... Solche Menschen wie dieser Heilige sind glücklich ohne Ende und genießen das Leben uneingeschränkt! Sie haben eine Heiterkeit und Freude in unendlichem Ausmaß in sich, die durch nichts und niemanden mehr getrübt werden kann ...

Der RĀGA-BHĀVA in uns veranlagt also Anhaftung und Ausgeliefertsein an einen oder mehrere Gegenstände unseres Begehrens. Der VAIRĀGYA-BHĀVA beinhaltet die Fähigkeit, jede Verhaftung an unsere verschiedenen Genüsse zu vermeiden, bzw. uns davon zu befreien. Die Ungebundenheit und Freiheit, die wir durch VAIRĀGYA erfahren, öffnet uns mehr und mehr für PŪRṆA, die volle, unbeschränkte göttliche Seinskraft, und damit ist eine unermeßliche Freude verbunden.

AIŚVARYA-BHĀVA – ANAIŚVARYA-BHĀVA

Das Wort »AIŚVARYA« ist abgeleitet von »ĪŚVARA«, was übersetzt »der Herr« heißt; »AIŚVARYA« bedeutet »die Herrschaft«. Über ĪŚVARA haben wir an früherer Stelle bereits gesprochen. ĪŚVARA bezeichnet Gott in seiner Funktion als *Herr über die Schöpfung*. Es gibt ungezählte Namen für den manifestierten Gott, je nachdem, welche Funktion er innehat. Nennt man ihn z.B. PURUṢA, dann betrachtet man ihn unter dem Aspekt des höchsten Bewußtseins, des höchsten Ichs usw. Wenn man den manifestierten Gott ĪŚVARA nennt, dann sieht man ihn unter dem Aspekt seiner *Macht* und seiner *Kraft*, wie wir das auch aus dem Judentum (Jahwe oder Jehova) und dem Christentum kennen, *Gott als der gewaltige, mächtige Herrscher*. Da der Mensch als Ebenbild und Gleichnis Gottes erschaffen ist, verfügt er vom Wesen her über dieselbe Macht und Kraft. Diese Fähigkeiten sind veranlagt im AIŚVARYA-BHĀVA innerhalb der BUDDHI. Der AIŚVARYA-BHĀVA leuchtet auf, wenn der Mensch die drei ersten BHĀVAS: DHARMA, JÑĀNA und VAIRĀGYA in einer guten Proportion zueinander entwickelt hat.

Selbst im atheistischen Sāṃkhya kommt man nicht darum herum, ein »ĪŚVARA-Organ« innerhalb der BUDDHI anzuerkennen ... Was aber passiert, wenn der Mensch dieses Organ zur Entfaltung bringt? Er erlangt die Fähigkeit, *Herr* zu sein über alles, was Schöpfung ist. Er hat somit die *Macht* über die innere und die äußere Natur. Der Mensch kann jetzt z.B. beliebig alt werden, oder er kann beliebig über Dinge verfügen, die wir heutzutage mit unserer Technik meistern, wofür er aber diese Technik nicht nötig hat – außerdem beherrscht er alle möglichen paraphysikalischen Phänomene. Diese Fähigkeiten nennt man »SIDDHIS« – »paranormale Fähigkeiten«, wie man hier im Westen sagt.

Diese Fähigkeiten, SIDDHIS, sind im AIŚVARYA-BHĀVA der BUDDHI veranlagt, und man entwickelt sie auf dem Weg zur Erleuchtung unwillkürlich in einem gewissen Ausmaß, noch bevor man den PURUṢA selbst erreicht hat. Alle indischen Schulen haben aber von jeher davor gewarnt, nicht bei den SIDDHIS stehenzubleiben, sie auch nicht zu früh extra auszubilden – erst soll man zur Erleuchtung kommen, dann kann man machen, was man will. Man wird dann auch keinen Mißbrauch treiben, indem man seine Macht für egoistische Zwecke einsetzt. Wenn man zur Erleuchtung gekommen ist, hat man eine echte *AHAṂKĀRA-Überwindung* hinter sich, d.h. den AHAṂKĀRA als Zentrum des Egoismus gibt es in dieser Form nicht mehr. Man handelt dann aus seinem Erleuchtungswissen, JÑĀNA, heraus, in Übereinstimmung mit allen Gesetzen des DHARMA. Die BUDDHI-Ebene ist zwar an sich AHAṂKĀRA-frei, also nicht egobezogen, aber wir können durchaus mit unserem AHAṂKĀRA, unserem Ego, auch heute schon Fähigkeiten der BUDDHI für unsere Ziele einspannen. Um ein Beispiel zu nennen: unsere Fähigkeiten, die wir aus der BUDDHI beziehen – in diesem Fall speziell aus dem AJÑĀNA-BHĀVA – haben dazu geführt, daß wir zu einer Physik gekommen sind, wodurch wir in der Lage sind, Waffen herzustellen, mit denen wir die ganze Menschheit vernichten können ... Manche Physiker sind der Meinung, daß diese Physik »wertfrei« sei, man könne mit ihrer Hilfe sowohl Gutes bewirken wie auch Schlechtes anrichten. Andere Physiker, zu denen auch Walter Heitler* gehört, haben hierzu aber eine andere Auffassung. Heitler sagte, daß etwas in der *Methodik* unserer Wissenschaftsausübung liegt, wodurch wir grundsätzlich auf einen falschen Weg gekommen sind ... Wir setzen also in unserer Naturwissenschaft durchaus Fähigkeiten der BUDDHI ein, die allerdings nicht unbedingt an ihrer SATTVA-Seite liegen, und außerdem werden diese Fähigkeiten wirklich zumeist in den Dienst unseres Egoismus gestellt.

So kann das Entwickeln der SIDDHIS, noch bevor man die Erleuchtung erreicht hat, eine heillos gefährliche Angelegenheit sein. Immer wieder gab es auch in der

* Walter Heitler war seinerzeit Hochschulprofessor für theoretische Physik in Zürich.

Geschichte große Asketen, die nicht zur Erleuchtung gekommen waren, sich aber durch eine gewaltige Entfaltung ihres AIŚVARYA-BHĀVA übermächtige Kräfte angeeignet hatten, so daß selbst Götter (DEVAS – also nicht Gott) vor ihrer TAPAS*-Gewalt erzitterten! Darüber gibt es herrliche mythologische Geschichten, die von Heinrich Zimmer übersetzt wurden, in denen immer wieder gezeigt wird, daß die Götter (DEVAS) diesbezüglich den Menschen – letztendlich – unterlegen sind.

Mit dem AIŚVARYA-BHĀVA sind in der indischen Tradition acht bestimmte SIDDHIS, die jetzt nicht näher erwähnt werden, verbunden. Ein Mensch, ausgerüstet mit einem voll ausgebildeten AIŚVARYA-BHĀVA, verfügt also über große Macht und Kraft, und er ist darin tatsächlich ein Abbild von ĪŚVARA, nur – wenn er nicht auch *zur Erleuchtung* gekommen ist, kann es passieren, daß er eine absolute *Karikatur* von ĪŚVARA wird. Ebenbild und Gleichnis Gottes zu sein bedeutet nicht nur, gewaltige Kräfte zu beherrschen, sondern auch, sich seines tiefsten Wesens bewußt zu sein (also Erleuchtung) und tiefste Einsicht in die Struktur der Schöpfung zu haben. Durch Gottes Auge hindurch *sieht* und *erkennt* man dann das Wesen der Schöpfung und *handelt* entsprechend *in der Verlängerung* ĪŚVARAS. Der AIŚVARYA-BHĀVA baut somit ganz auf JÑĀNA, Erleuchtungswissen und DHARMA, Erkennen der Gesetzmäßigkeiten, die in der Schöpfung am Werke sind. Wenn der Mensch im Auftrag Gottes *Herr* ist über die Schöpfung, so wird er mit großer Liebe dieses kostbare Geschenk hüten und versorgen. Der AIŚVARYA-BHĀVA beinhaltet aber auch, Herr zu sein über sich selbst. Das fängt mit kleinen Dingen an, wie z.B. damit, seine Stimmungen und Launen in den Griff zu bekommen.

Zum ANAIŚVARYA-BHĀVA an der Gegenseite seien hier noch einige wenige Denkanstöße gegeben: Der ANAIŚVARYA-BHĀVA ist die Umkehrung der göttlichen

---

* Unter TAPAS, wörtlich »Erhitzung«, wird eine strenge Askese verstanden.

Macht des ĪŚVARA und impliziert u.a. Machtlosigkeit, Unvermögen, Schwäche und Kraftlosigkeit. Das kann bedeuten, daß uns schlicht die Macht über uns selbst fehlt und wir uns nicht in der Gewalt haben. Der ANAIŚVARYA-BHĀVA kann sich auch darin zeigen, daß wir keine Kraft haben, in der Außenwelt durchzugreifen, wenn es nötig wäre – die Unfähigkeit, etwas, das wir eingesehen haben, in die Tat umzusetzen ... Überall, wo die Macht des wahren Herr-Seins – mit seinen Grundlagen: JÑĀNA-BHĀVA, DHARMA-BHĀVA und VAIRĀGYA-BHĀVA – fehlt, wird dem ANAIŚVARYA-BHĀVA Tür und Tor geöffnet.

Um jetzt zum Schluß nochmals kurz auf die acht BHĀVAS in ihrer Gesamtheit zu sprechen zu kommen:

Die vier oberen BHĀVAS leuchten im SATTVA-Bereich der BUDDHI. Da gibt es also vier ausformulierte, genau umrissene Fähigkeiten: DHARMA-BHĀVA, JÑĀNA-BHĀVA, VAIRĀGYA-BHĀVA und AIŚVARYA-BHĀVA, die vom Wesen her licht-orientiert sind. Von diesen vier BHĀVAS befinden sich der DHARMA-BHĀVA und der JÑĀNA-BHĀVA eher an der Wahrnehmungsseite, während der VAIRĀGYA-BHĀVA und der AIŚVARYA-BHĀVA mehr an der Tatseite stehen.

An der TAMAS-Seite von BUDDHI haben wir dann ihre »Schattenwürfe«, ihre Umkehrungen, bzw. ihre Entstellungen. Diese acht BHĀVAS sind eine geniale Anordnung, und es sei nochmals betont, daß es nicht nur vier BHĀVAS und ihre *Gegensätze* sind, sondern daß sie als vollgültige acht BHĀVAS angesehen werden müssen.

Bei G.J. Larson – der sich dabei auf den Urtext der SĀṂKHYA-KĀRIKĀ bezieht – steht nun ein Satz in dem Sinne, daß von den acht BHĀVAS *sieben »binden«* und nur *einer zur Befreiung* führt, nämlich JÑĀNA, die erleuchtende Erkenntnis. Ich habe neben diese Aussage von Larson lange ein Fragezeichen gesetzt, ich war nicht unbedingt damit einverstanden – und doch finde ich solche Sätze gut, weil man darüber nachsinnen kann.* – Ein Gedanke, der mir spontan dazu kam, war die Gestalt des Hiob. Hiob war geradezu ein Inbegriff von DHARMA, er hatte sogar Gott gegenüber irgendwie Recht – und doch ... Wenn ich an Hiob denke, verstehe ich, daß DHARMA binden *kann*, und daß nur JÑĀNA das Organ ist, das zur Befreiung führt. Man kann – wie Hiob – perfekt und in allen Hinsichten vollkommen sein, und er-

* Heute geht es mir mit dieser Aussage – die sich übrigens schon bei Richard Garbe in seinem Sāṃkhya-Buch findet – so, daß ich sie nicht diskussionslos in der eben gegebenen Kurzform stehenlassen kann. M.E. läßt nur eine eingehende Erörterung *aller* 8 BHĀVAS, *unter dem durch diese Aussage aufgeworfenen Gesichtspunkt*, das sich hier auftuende Problem zu seinem Recht kommen.

reicht doch die Erleuchtung einfach nicht – und zwar deswegen, weil man vielleicht verborgenerweise auf eine höchst subtile Art eine falsche Selbstzufriedenheit pflegt ... das könnte bei Hiob der Fall gewesen sein. Ein solcher Charakterzug ist nur ganz schwer zu brechen!*

T: Ich habe noch eine Frage zum RĀGA-BHĀVA. MANAS ist doch gekennzeichnet durch RĀGA ... Wie ist jetzt der Zusammenhang zwischen MANAS und RĀGA?

OM: MANAS, wie ich es u.a. in dem Beispiel mit dem Kleid beschrieben habe, impliziert natürlich RĀGA. Im Sāṃkhya gibt es eine zentrale Lehre: »*SAT-KĀRYA-VĀDA*«, das ist »die Lehre von Ursache und Wirkung«.** Sie bringt zum Ausdruck, daß alles, was in den Produkten steckt, verborgenerweise schon in ihren Ursachen liegen muß. Das bedeutet, es gibt nichts in MANAS, was nicht verborgenerweise, potentiell bereits in der BUDDHI veranlagt liegt. Das impliziert aber noch nicht, daß es auf der BUDDHI-Ebene auch schon als solches *manifestiert* ist. So sind auch z.B. die Eigenschaften der fünf Elemente alle in der AVYAKTA PRAKṚTI bereits latent anwesend. Kein Wunder also, daß an der TAMAS-Seite von BUDDHI das RĀGA-Prinzip schon veranlagt ist. Da haben wir tatsächlich die *Wurzel der Verhaftung*, die dann in MANAS aktualisiert und weiter ausgeführt werden kann – aber nicht unbedingt ausgeführt werden muß!

---

* Wir kommen auf das Thema Hiob am Schluß dieses Buches noch einmal zu sprechen (DER DURCHBRUCH VON HIOB, S. 291).

** Im Ausdruck »SAT-KĀRYA-VĀDA« ist »SAT«: das »Sein«, »KĀRYA«: die »Folge« oder die »Wirkung«, und »VĀDA«: die »Lehre«. Das Wort für Ursache (»KĀRAṆA«) ist hier allerdings weggefallen – es wird einfach hinzugedacht. Das »Sein« bezieht sich auf das »Sein der Wirkung in der Ursache«.

Wir werden gleich – im Zusammenhang mit der PURUṢA-Suche – etwas über Alexander Solschenizyns Buch: *Archipel Gulag* hören.

Zuvor aber noch zu einem Artikel, den ich in der Zeitschrift »STERN« fand (Heft 25, vom 15. Juni 1989, S. 104), mit dem Titel: *Ein Mann sehnt sich nach dem Gulag.* Dieser Artikel handelt von Anatoly Schtscharanski, einem Bürgerrechtler und jüdischen Russen, der neun Jahre lang in einem sowjetischen Gefängnis saß, bevor er 1986 freikam und von den Israelis zum »Helden« gemacht wurde. In diesem Artikel spricht er u.a. über unsere westliche Art zu leben, darüber, was so viele Leute hier unter Freiheit verstehen, nämlich das *Auswählen* aus Myriaden von Möglichkeiten, womit sie ihr Leben verbringen. (Er versteht z.B. nicht, was die Amerikaner mit den vielen verschiedenen Arten Cornflakes anfangen.) Auch er sei »jetzt gefangen in diesen weltlichen Problemen«, sein Leben sei »oberflächlich geworden«, er hätte jetzt »keine Zeit mehr, über die wirklich wichtigen Fragen nachzudenken«. In Wirklichkeit ist natürlich keine Rede davon, daß er verglichen mit anderen ein so oberflächliches Leben führt. Aber er kommt jetzt in eine Art von Bedrängnis, die er vorher auf diese Weise im Gulag nicht hatte. Er sagt: »Wie soll ich nur die Freiheit genießen, ohne die existenzielle Tiefe zu verlieren, die ich im Gefängnis fühlte? ... Vielleicht geht Gorbatschow mit seinen Reformen so weit, daß er mir – nur für ein paar Wochen – erlaubt, in meine Strafzelle zurückzukehren. Vielleicht kann ich dann im Gulag meinen Sinn fürs Wesentliche zurückgewinnen.« Wir werden nachher hören, daß Solschenizyn ähnliche Wünsche hegte.

In der Zeit seiner Gefangenschaft hat sich bei ihm ein Leitspruch herausgeschält, der direkt unser PURUṢA-Thema betrifft: *»Nichts, was sie tun«* (die Wärter), *»kann mich erniedrigen. Ich kann mich nur selbst erniedrigen.«* Dies ist ein Satz von einem Menschen, bei dem PURUSA sehr deutlich schon wirksam geworden ist. Dieser Leitspruch impliziert ein Wissen um den eigenen unsterblichen Wesenskern, was sich bei Schtscharanski u.a. in einer absoluten Treue sich selbst gegenüber äußerte mit allen Konsequenzen in seinem Verhalten. Schtscharanski hat sich im Gulag stets an diesen Leitsatz gehalten, obwohl er dadurch immer wieder sein Leben aufs Spiel setzte. Aus irgendeinem Grund, der in dieser speziellen PURUṢA-Nähe zu suchen ist, fürchtete er nicht die schreckliche Folter. Nicht ein kleines Unrecht ließ er geschehen. So kämpfte er für die wenigen im Strafvollzug zugesicherten Rechte, verteidigte sich selbst vor Gericht, wies Widersprüche nach und machte die Vorwürfe der Anklage lächerlich. Außerdem nahm er verbotene Kontakte zu Mithäftlingen auf, wofür man ihn immer wieder in eine eisigkalte Strafzelle sperrte, wo er nur Wasser und Brot erhielt. Auch protestierte er, als man ihm das von seiner Frau geschenkte Psalmbuch wegnahm, das für ihn »seine Verbindung zur Außenwelt« darstellte. Als Folge dieses Protestes gab man ihm 186 Tage verschärfte Haft – stark geschwächt auf dem Weg ins Lagerkrankenhaus bekam er das Buch wieder zurück ...

Im Gulag hat er sich seine geistige Gesundheit übrigens mit Schachspielen erhalten. Während er in nächtelanger Isolierhaft wach lag, löste er komplizierte Schachprobleme, nur im Kopf, drei Partien gleichzeitig gegen sich selber. (Schtscharanski war Mathematiker und hatte seine Doktorarbeit über »Entscheidungsprozesse im Schach-Endspiel« gemacht.) Er glaubt, daß man aus einer Partie Schach die Gemütslage eines Menschen ablesen kann, selbst den Charakter eines Spielers ...

Nun folgen einige Sätze aus diesem Artikel, von denen ich sage: Hier ist der PURUṢA am Wort. Am 10. Februar 1986 hebt das Flugzeug mit Schtscharanski ab von Moskau, ohne daß er genau weiß, wohin die Reise geht. »*Mein erstes Gefühl war rätselhafterweise Trauer.* Hinter mir lag eine Welt, die ich bis ins kleinste Detail kannte, wo ich wußte, wer ein Freund und wer ein Feind war«, sagt Schtscharanski.

»Plötzlich fühlte ich, wie mir die Kontrolle über mein Schicksal entglitt.« ... Wie paradox, endlich kommt er in die Freiheit, und jetzt entgleitet ihm die Kontrolle über sein Schicksal ... es ist offensichtlich die Kontrolle vom Selbst, vom PURUṢA her, die ihm jetzt entgleitet, denn sein PURUṢA war es, der direkt wirksam gewesen war in dieser Zeit. Im Gulag fühlte er sich deshalb von innen her als freier Mensch und setzte dies nach außen hin auch konsequent durch. Jetzt hat er Mühe, seine Freiheit zu verteidigen. Er lebt zwar in seinem Lieblingsland Israel, muß aber Kompromisse eingehen, die sich mit seinem Leitsatz nicht vereinbaren lassen. Auch manches an der Politik mißfällt ihm, etwa das Unrecht den Palästinensern gegenüber, das er eigentlich anprangern müßte, gerade weil es von seinen »Brüdern« begangen wird ...

Die meisten Häftlinge erlebten sich aber im Gulag keineswegs als freie Menschen und gingen psychisch und physisch zugrunde. Von Yogins und Sāṃkhyas wurde übrigens empfunden und erlebt, daß von einem bestimmten Standpunkt aus wir alle – auch wenn wir hier in voller Freiheit leben und tun und lassen können, was wir wollen – in einer Strafzelle leben.

* * *

ARCHIPEL GULAG, von Alexander Solschenizyn

vorgetragen und redigiert von Anne-Rose Schenck

»GULAG« ist eine Abkürzung für die Hauptverwaltung aller Straflager im stalinistischen Rußland. Alexander Solschenizyn betrachtet diese Straflager als Inseln einer eigenen Welt innerhalb der normalen Welt. Er hat das Buch über dieses Inselland aus eigenen Erinnerungen und aus den Erzählungen und Briefen von 227 Personen geschrieben als ein »gemeinsames Denkmal für alle Gemordeten und zu Tode Gemarterten«. Aber ein anderer, unerwarteter Blick auf diesen Archipel Gulag taucht auf, wenn Solschenizyn im Prolog über sich selbst schreibt: »Der ich gelernt habe, meine dort verbrachten elf Jahre nicht als Schande, nicht als verfluchten Alptraum zu verstehen, sondern jene häßliche Welt beinahe zu lieben ...«, und er beschreibt diese häßliche Welt sehr genau und schonungslos. Der Verlag, der sein Buch herausgebracht hat, nennt das Ganze zu Recht eine Chronik des Schreckens. Solschenizyn will nicht Gleiches mit Gleichem vergelten. Er will keine Rache. »Aber wir sind unserem Land und unseren Kindern verpflichtet, ALLE ZU FINDEN UND ALLE ZU RICHTEN! Nicht so sehr *sie** zu richten als vielmehr ihre Verbrechen.« »Indem wir über das Laster schweigen ... *säen** wir es, und morgen geht es tausendfach auf ... wir berauben damit die neuen Generationen jeder Grundlage der Gerechtigkeit.«

Solschenizyn beschreibt die Leiden, die Verzweiflung, die Hoffnungslosigkeit der Gefangenen und beschreibt, wie Menschen fast oder ganz gebrochen werden, aber er hält immer wieder inne um zu zeigen: *Was kann Menschen durchhalten lassen, was kannst du lernen*? Und er berichtet auch, was und wie er selbst gelernt hat, wie z.B. sein Offiziersdünkel, dessen er sich vorher nicht einmal bewußt war, zerkrümelt wurde und wie durch Demut der Häftling Ruhe, ja sogar Gelassenheit gewinnen kann.

Das Buch besteht eigentlich aus zwei Büchern. Im ersten Buch, genannt »Die Gefängnisindustrie«, werden Verhaftung, Verhör, Foltermethoden und das Warten in einer Zelle mit anderen auf das Urteil beschrieben. In jenen Jahren wurden Millionen Menschen verhaftet, unvorbereitete, unschuldige Menschen aus allen Bevölkerungsgruppen. Solschenizyn beschreibt den Moment der Verhaftung so: »Die Verhaftung! Soll ich es eine Wende in Ihrem Leben nennen? Einen direkten Blitzschlag,

* Für dieses Kapitel (S. 226 bis S. 233) gilt: Die mit * gekennzeichneten Wörter sind im Original kursiv. Die anderen kursiv gedruckten Stellen haben wir selber kursiv gesetzt. Sie sind im Original nicht hervorgehoben.

der Sie betrifft? Eine unfaßbare seelische Erschütterung, mit der nicht jeder fertig werden kann und oft in den Wahnsinn sich davor rettet? Das Universum hat so viele Zentren, so viele Lebewesen darin wohnen. Jeder von uns ist ein Mittelpunkt des Alls, und die Schöpfung bricht in tausend Stücke, wenn Sie es zischen hören: ›SIE SIND VERHAFTET!‹«

Die Verhafteten hatten keine Chancen, wieder freigelassen zu werden, denn die Ermittlungen und die Verhöre hatten nie den Zweck, eine Wahrheit zu finden, sondern einzig und allein, ein Geständnis zu erpressen und womöglich Namen zu bekommen, um das vorgegebene Verhaftungssoll zu erreichen. Die Geständnisse wurden generell durch Folter erzwungen. Solschenizyn beschreibt 52 der üblichsten Foltermethoden, eine milde Form war z.B. kontrollierter Schlafentzug. Nachts wurde der Häftling zum Verhör geschleppt und tags war das Schlafen verboten – und es wurde durch strenge Kontrollen dafür gesorgt, daß der Häftling wach blieb, bei grellem Licht, das in den übermüdeten Augen brannte. Und Solschenizyn stellt die Frage: »*Was kann dich standhalten lassen*, der du Schmerzen empfindest und schwach bist und unvorbereitet und voll lebendiger Zuneigungen? *Was braucht einer, um stärker zu sein als der Verhörende mitsamt seiner ganzen Mausefalle?* Laß, wenn du über die Schwelle des Gefängnisses trittst, deine Angst um das vergangene warme Leben zurück. Sprich es dir selbst vor: Das Leben ist zu Ende, zu früh zwar, was soll's, da ist nichts zu machen. Die Freiheit sehe ich nicht wieder. Ich werde zugrunde gehen – jetzt oder etwas später, aber später wird's sogar schlimmer sein, also lieber jetzt. Ich besitze nichts mehr. Die Familie ist für mich gestorben – und ich für sie. Mein Körper ist mir von heut an eine überflüssige fremde Last. Einzig *meinen Geist und mein Gewissen will ich bewahren.*«

Solschenizyn schreibt, daß ihm solche Gedanken am Anfang gänzlich unbekannt waren. Er selbst war nicht bereit, so ohne weiteres die »warmen Lebensfäden ... zu durchtrennen« und litt entsprechend. Aber etwas bewahrte ihm die Offenheit zu erkennen und zu lernen. »Dieses Bewußtsein kam mir sehr früh und sehr klar: daß das

Gefängnis für mich kein Abgrund ist, sondern *die wichtigste Wende meines Lebens*.«

Er beschreibt viele Gelegenheiten zu lernen und sich selbst zu erziehen, z.B. das Essen, bzw. das Hungern. Er schreibt, daß der Untersuchungshäftling in den ersten Tagen kaum einen Bissen runterbringt, aber »allmählich kehrt der Appetit wieder, ein ewiges Hungrigsein, das sich bis zur Gier steigert. Wem es gelingt, sich zu bezähmen, dem schrumpft jedoch bald der Magen, er gewöhnt sich an die Kargheit und hat am hiesigen kümmerlichen Essen sogar gerade genug. Da braucht es Selbsterziehung: sich das Schielen nach fremden Bissen abgewöhnen, die magenfeindlichen Schwelgereien in Speisebeschreibungen sich und anderen untersagen und so oft wie möglich in höhere Sphären entfliehen.«

Was es bedeutet, einen *inneren Halt* zu haben, beschreibt Solschenizyn anhand von Oberst Konstantin Konstantinowitsch Jassewitsch. »... für ihn war mit Beendigung des Bürgerkrieges der Kampf gegen den Bolschewismus offensichtlich nicht zu Ende gewesen. Wie er da gekämpft hatte, wo und womit, das hat er mir nicht erzählt. Trotzdem muß er sich, scheint's, auch in der Zelle wie im lebenslangen Einsatz vorgekommen sein. Inmitten des begrifflichen Wirrwarrs, der teils verschwommenen, teils gebrochenen Linien unserer Standorte hat er sich als einer der wenigen anscheinend einen präzisen und klaren Blick für die Dinge rundum bewahrt, und das wiederum, die deutlich umrissene Einstellung zum Dasein, *gab auch seinem Körper eine unermüdliche Kraft und Beweglichkeit.* Er war bestimmt schon ein Sechziger und kahlköpfig bis aufs letzte Haar ... aber seine Haut war trotz allem jung, ja, rosig sogar, und er gab es – von allen Zelleninsassen der einzige – nicht auf, in der Früh seine Morgengymnastik zu absolvieren und mit kaltem Wasser sich abzureiben (wir anderen sparten mit den Kalorien, die die Gefängnisration enthielt). Er versäumte keine Gelegenheit, wenn zwischen den Pritschen ein Durchgang frei wurde – und marschierte diese fünf bis sechs Meter ab, ein harter Schritt, ein hartes Profil, die Hände auf der Brust gekreuzt, auf und ab und auf und ab, und die klaren jungen Augen sahen die Wände nicht.« Wie als Kontrast dazu kommt weiter unten die Beschreibung von Solschenizyn selbst, der, zusammen mit einem Altersgenossen, damals Ende zwanzig war. Beide sahen wie Greise aus, »... abgemagert und zitterig, die Knochen mit gelblichgrauer Haut überzogen *(warum ließen wir wirklich so leicht nach? Ich meine, weil wir den seelischen Halt verloren)* ...«

Mancherorts war aber Gymnastik und Umhergehen in der Zelle auch verboten. Es wurde u.a. als Tobsucht bestraft. Einer der Häftlinge, Kosyrew, bekam deswegen fünf Tage Karzer: Aufenthalt in einem ungeheizten Raum. Kleider und Schuhe nahm man ihm weg und er fror erbärmlich. Auf dem Boden stand nur ein Schemel (manchmal war auf dem Fußboden auch nasser Schlamm oder die Häftlinge mußten im Wasser stehen). »Gleich am Anfang sah sich Kosyrew schon tot, erfroren. Doch *allmählich stieg eine Art innerer geheimnisvoller Wärme in ihm hoch*, die die Rettung bedeutete. Er lernte im Sitzen zu schlafen. Dreimal am Tag brachten sie einen Becher voll heißen Wassers, er wurde trunken davon ...« Nach diesem Aufenthalt im Karzer »kam ihm die Zelle wie ein Schloßgemach vor. Ein halbes Jahr lang war Kosyrew taub und hatte einen vereiterten Hals. Sein Zellengenosse aber hatte vom häufigen Karzer den Verstand verloren, und Kosyrew mußte länger als ein Jahr die Zelle mit einem Irren teilen.«

Nachdem Solschenizyn auf über vierhundert Seiten mit aller Akribie geschildert hat, wie Menschen in der Gefängnismaschinerie betrogen, geschunden und gedemütigt wurden, ändert er den Ton. Das andere, das immer wieder vereinzelt anklang, bricht sich Bahn – *das, was der Mensch durch all das Leid gewinnen kann.* Und er beendet den ersten Teil des Buches mit der Beschreibung mystischer Erlebnisse. »Und eben erst hier – erst hier! – hätte dieses unser Kapitel beginnen sollen. *Es hätte jenes schimmernde Licht einfangen müssen, das mit der Zeit wie ein Heiligenschein der Seele eines Einzelhäftlings entsteigt.* Der Hast des Lebens so absolut entrissen, daß selbst das Messen der verrinnenden Minuten zum *intimen Umgang mit dem All* wird, findet sich der Einzelhäftling *von aller Halbheit geläutert*, die ihn im vergangenen Leben quälend umfing und das Trübe in ihm sich absetzen ließ ... *Wie wendet sich doch sein Haupt ganz von selbst dem Ewigen Himmel zu* (na, im übrigen ist's verboten! ...). Wieviel gerührte Aufmerksamkeit erweckt in ihm ein am Fenstersims hüpfender Spatz ... Und was für klare Gedanken, was für erstaunliche Einfälle ihm zuweilen aufs zugeteilte Papier fließen ... und schon wissen wir nicht mehr, ob im Gefängnis ... *die Seele des Menschen geläutert wird? oder endgültig zugrunde geht*?«

»... Kosyrew, dessen brillante astronomische Laufbahn durch die Verhaftung unterbrochen worden war, wußte *sich nur durch die Gedanken an Ewiges und Unendliches zu retten*: an die Weltordnung – und ihren Obersten Geist; an die Sterne; an ihre innere Beschaffenheit; und darüber, was eigentlich *Zeit** ist, Zeit und der Lauf der Zeit. Und so eröffnete sich ihm ein neues Gebiet der Physik. Und nur das hielt ihn im Dmitrower Gefängnis am Leben. Bald jedoch stießen seine Überlegungen an vergessene Ziffern, er konnte nicht weiterbauen, weil er viele Ziffern dazu brauchte ... Und der Gelehrte erhob seine Stimme zu Gott: ›Herr! Ich habe alles getan, was ich konnte. Aber ich brauche Deine Hilfe! Hilf mir weiter!‹ Zu jener Zeit stand ihm in je zehn Tagen ein Buch zu ... Seit seinem Stoßgebet war eine halbe Stunde verstrichen, da kam einer von der Bibliothek das Buch austauschen und warf ihm – wie immer, ohne zu fragen – ein ›Lehrbuch der Astrophysik‹ auf den Tisch!...«

Im zweiten Teil des Buches, genannt »Ewige Bewegung«, wird ein anderer Bereich des Archipel behandelt: die Beförderung der Gefangenen. Sie wurden in Zugwaggons gepfercht – Hunger, Durst, Schmutz, extreme Hitze im Sommer, eisige Kälte im Winter – viele überlebten nicht. Hier werden die politischen Gefangenen mit Kriminellen zusammengesteckt – und von diesen ausgeraubt. Die Versuchung taucht auf, mit den Kriminellen gemeinsame Sache zu machen, um ein leichteres Leben zu haben.

Niemand weiß, wohin es geht. Aber manchmal kann einer die Stationstafel erkennen, versteht einer die Lautsprecherdurchsage, und dann kann man versuchen, einen Brief durch die Toilette nach draußen zu schmuggeln. Vielleicht wird er gefunden und weiterbefördert, so daß die zu Hause wenigstens wissen, wo man ist. »Fünfundneunzig zu fünf, daß der Brief nicht ankommt. Und wenn, dann bringt er auch keine Freude ins Haus. Ach laßt es schon sein, nach Stunden und Tagen zu leben: Ihr habt das Land des Epos betreten! Hier liegen zwischen Kommen und Gehen Jahrzehnte, Vierteljahrhunderte. Eine *Rückkehr** in die frühere Welt gibt es für euch *nicht**! Je rascher ihr eure Sehnsucht nach den Daheimgebliebenen überwindet, je rascher die Daheimgebliebenen euch aus ihrer Erinnerung streichen – desto besser. Desto leichter ist's. Und seht zu, daß eure Habe klein bleibt, dann braucht ihr darum nicht zu zittern! ... Habt keine neuen Stiefel, habt keine modischen Schuhe, und einen Anzug aus Wollstoff habt lieber auch nicht: ... spätestens bei der Aufnahme ins Durchgangsgefängnis – gestohlen wird er euch doch, vom Leib gerissen, bestenfalls eingetauscht. Gebt ihr ihn kampflos her, brennt euch die Schmach in der Seele. Versucht ihr euch zu wehren, kriegt ihr fürs eigene Gut noch die Zähne eingeschlagen.« »... der Pullover aber wird morgen gegen einen Liter Wodka und einen Kranz Wurst verschachert. Nächsten Tags sind auch sie so blank wie du ... *Besitzlosigkeit* predigten uns Buddha und Christus, die Stoiker und die Zyniker. Warum findet sie bloß bei uns Habgierigen noch immer kein Gehör, die einfache Mahnung? Warum woll'n wir nicht begreifen, daß der Besitz unsere Seele verdirbt?«

»Die unvernünftigen Anverwandten! Sie reißen sich draußen die Beine aus, sie stürzen sich in Schulden (denn so viel Geld hat niemand im Haus) und schicken dir was zum Anziehn, schicken dir was zum Essen – eine letzte Gabe der Witwe, eine vergiftete Gabe, denn aus einem hungernden, dafür aber freien Sträfling macht sie dich zum rastlosen und feigen Zitterling und beraubt dich *jener beginnenden Klärung, jener sich härtenden Festigkeit*, die allein dir zunutze sein kann vor dem Abstieg in den Abgrund. Oh, wie weise ist das Gleichnis vom Kamel und dem Nadelöhr! *Ins*

himmlische Reich des befreiten Geistes kommst du mit diesen Sachen nicht hinein.« ...
»... so schlagen wir uns die Rippen und die Goschen wund, um wenigstens *mit den Jahren Menschen zu werden ...«*

»Nur wer sich demütig in sein Schicksal fügt, auf die willentliche Gestaltung seines Lebens ganz und gar verzichtet, sich der Erkenntnis beugt, daß es unmöglich ist, im voraus das Bessere oder das Schlechtere zu finden, aber umso leichter, einen Schritt zu tun, der einen dereinst reuen wird, nur solch ein Häftling wird sich *von einem Teil seiner Kettenlast befreien, Ruhe und sogar Gelassenheit gewinnen.«*

Später gab es dann eine besondere Art von Lager, die unter den Häftlingen die Paradiesinseln genannt wurden. Das Paradies war es, weil es genug zu essen gab, Kleidung, Betten und sogar geheizte Räume. Dort wurden Spezialisten gesammelt, Ingenieure, Techniker und Naturwissenschaftler, die dann an geheimen Projekten arbeiteten, meist etwas Militärisches oder Geheimdienstliches. Solschenizyn, der u.a. Mathematik studiert hatte, kam dorthin, weil er auf irgendeiner Kontrollkarte als Berufsbezeichnung »Atomphysiker« geschrieben hatte. Ein Sonderkonvoi brachte ihn auf so eine Insel. Das bedeutet: Er reiste mit nur zwei Bewachern in normalen öffentlichen Verkehrsmitteln. Da erlebte er nach ungefähr vier Jahren Lagerhaft die erste Begegnung mit freien Menschen. Er lauscht »den seltsamen und nichtigen Gesprächen: daß irgendeine Frau von ihrem Mann verprügelt oder verlassen wurde; und die Schwiegermutter, wer weiß, warum, mit der Schwiegertochter verzankt ist« und daß jemand seine Schuhe nicht abstreift und solche menschlichen Kleinigkeiten mehr. »Du hörst es alles – und plötzlich läuft dir ein Schauer der Entsagung über den Rücken: *So klar erkennst du nun das wahre Maß der Dinge im Weltall ringsum*! das Maß aller Schwächen und Leidenschaften! Und den Sündern neben dir ist es nicht gegeben, es zu erkennen. *Wahrhaftig lebendig, wirklich lebendig bist nur du, der Körperlose*, die andern da, die glauben bloß irrtümlich, daß sie lebendig seien. Und unüberbrückbar ist die Kluft zwischen euch! Du darfst sie ... nicht an den Schultern packen und aufrütteln: Du bist ja ein Geist, ein Trugbild bist du, und materielle

Körper sind sie. Wie es ihnen eingeben – durch Versenkung? durch Gedankenübertragung? im Traum? – Brüder! Menschen! *Wozu ist euch das Leben geschenkt*? Zu dumpfer Mitternachtsstunde öffnen sich die Türen der Todeszellen, und Menschen mit einer großen Seele werden zur Richtstätte geschleift ... Ihr aber habt den blauen Himmel über euch und habt unter der heißen Sonne das Recht, über euer Schicksal zu entscheiden, hinzugehen, und Wasser zu trinken, euch hinzusetzen, um die Beine zu strecken, und ohne Bewachung hinzufahren, wohin immer ihr wollt. Was solln die nicht abgestreiften Schuh? und die Schwiegermutter, was tut sie zur Sache? Das Wichtigste im Leben, alle seine Rätsel: Soll ich sie vor euch ausbreiten, hier sogleich? *Bemüht euch nicht um das Trügerische, nicht um Besitz, nicht um Titel*: Das wird mit den Nerven bezahlt, in Jahrzehnten erworben und in einer einzigen Nacht konfisziert. *Lebt in ruhiger Überlegenheit gegenüber dem Leben – fürchtet nicht das Unglück und sehnt euch nicht nach Glück*, 's ist ja einerlei. Das Bittere währt nicht ewig, und an Süßem wird das Maß nicht voll. *Seid zufrieden, wenn ihr nicht friert, wenn Hunger und Durst euch nicht die Innereien zerreißen. Wenn euch das Rückgrat nicht gebrochen ist, wenn ihr auf beiden Beinen gehn, mit beiden Händen zugreifen, mit beiden Augen sehn und mit beiden Ohren hören könnt* – wen braucht ihr dann noch zu beneiden? Wozu? Der Neid zehrt uns selbst am allermeisten auf. *Reibt euch die Augen wach, wascht euch die Herzen rein* – dann werdet ihr jene am höchsten schätzen, die euch lieben, die euch zugetan. Tut ihnen nichts zuleide, sagt kein böses Wort über sie, *laßt keinen im Streit von euch scheiden:* Wie solltet ihr wissen, ob es nicht euer letztes Tun vor der Verhaftung ist – wollt ihr *so** in ihrer Erinnerung bleiben?«

Und dann das Facit seiner Begegnung mit der freien Welt: »Und siehe da: es brauchte nur die wenigen unter *Freien** verbrachten Stunden, um mich fühlen zu lassen: Meine Lippen sind stumm, ich hab unter ihnen nichts verloren, mir ist, als wär ich gebunden und geknebelt. Ich sehne mich – nach der freien Rede! Ich sehne mich – nach der Heimat! Mich zieht es nach Hause auf den Archipel!«

* * *

Fortsetzung Oscar Marcel Hinze:

Durch diese Gulag-Geschichten mußte ich auch an Wild Bill denken, über den in einem Kapitel von George Ritchie's Buch: *Rückkehr von morgen*, die Rede ist. Über dieses Buch habe ich einmal im Rahmen eines Seminars gesprochen. Mitten unter ausgemergelten Leuten in einem Konzentrationslager in der Nähe von Wuppertal, in das der Amerikaner Ritchie und seine Gruppe nach dem Krieg 1945 abgeordnet wurden, um medizinische Hilfe für die erst kürzlich befreiten Gefangenen zu leisten, lebte auch Wild Bill. Nach sechs Jahren Haft sah er, im Gegensatz zu seinen Leidensgenossen, noch recht gut aus – »seine Gestalt war aufrecht, seine Augen hell, seine Energie unermüdlich« –, wie Oberst Jassewitsch aus dem Buch von Solschenizyn. Wild Bill erzählte Ritchie nun seine Geschichte.

Er war polnischer Jude, und seine Frau, seine zwei Töchter und drei Söhne waren – im jüdischen Sektor von Warschau – eines Tages vor seinen Augen von den deutschen Soldaten an die Wand gestellt und erschossen worden. Er bettelte darum, mit seiner Familie sterben zu dürfen, aber da er Deutsch sprach, steckten sie ihn in eine Arbeitsgruppe. Da hatte er in Sekunden für sich zu entscheiden, ob er sich dem Haß diesen Soldaten gegenüber, die seine Familie umgebracht hatten, hingeben würde. In seiner Praxis als Rechtsanwalt hatte er aber »zu oft gesehen, was der Haß im Sinn und an den Körpern der Menschen auszurichten vermochte.« Also entschied er sich dafür, daß er den Rest seines Lebens damit zubringen wollte, jede Person, mit der er zusammen kam, zu *lieben* – eine radikale Alternative! Meines Erachtens ist Wild Bill dadurch zur Erleuchtung gekommen – und außerdem habe ich den Eindruck, daß bei ihm die »ŚUDDHA-TATTVAS« zum Blühen gekommen waren. Diese ŚUDDHA-TATTVAS (die »gereinigten TATTVAS«) kommen im klassischen Sāṃkhya nicht vor, sie sind Teil der 36 TATTVAS des tantrischen Sāṃkhya. Sie gehören dem *göttlichen* Bereich an, befinden sich aber auch verborgen in unserem Körper. Es waren diese ŚUDDHA-TATTVAS, die m.E. Wild Bill physisch in gutem Zustand erhalten haben. Durch die Erleuchtung *können* die ŚUDDHA-TATTVA im Bereich des Leibes aktualisiert werden. Das muß aber nicht in jedem Fall so sein – in der Erleuchtung ist es letzten Endes für den betreffenden Menschen nicht mehr so wichtig, ob er noch in diesem Körper, gesund oder krank, weiterlebt oder nicht. Wild Bill war aber offensichtlich ein Mensch mit einer *sehr speziellen Aufgabe für seine Mitmenschen.* Gott ließ ihn, damit er diese Aufgabe erfüllen konnte, eine strahlende Gesundheit haben, wie klar aus dem Bericht von Ritchie hervorgeht ...

Die Gulag-Erlebnisse von Solschenizyn und Schtscharanski betreffen direkt unser PURUṢA-Thema. Ob man dasjenige nun PURUṢA nennt oder ĀTMAN, ihm einen anderen oder gar keinen Namen gibt, spielt keine Rolle. Gerade bei Menschen, die in einer sogenannten atheistischen Gesellschaft zu Hause sind, ist das geistige Leben oft sehr viel stärker ausgeprägt als bei uns, die wir in einem überwiegend christlichen Umfeld leben. *Die Sache selbst* kommt bei ihnen mehr zur Wirksamkeit. Die Gedanken, mit denen sie sich beschäftigten, weisen unmittelbar auf den PURUṢA hin. Eines von Solschenizyns Themen war: Wenn alles an mir kaputt geht, wie halte ich geistig durch, wie bleibe ich geistig präsent? Letztlich ist dies nur durch den PURUṢA möglich ... Das, was die wahre, unsterbliche Essenz im Menschen ausmacht – und das sich sozusagen »verborgen in sich« seiner Unsterblichkeit bewußt ist – wurde bei Solschenizyn und Schtscharanksi durch diese harten Lebensbedingungen wie »herausgeschält« und damit zugleich nach außen hin sichtbar in Erscheinung gebracht.*

---

* Auf eine eingehende Besprechung des Archipel Gulag-Abschnittes wurde in dieser schriftlichen Ausarbeitung des Seminars verzichtet. Wir sind der Ansicht, daß der Text von Solschenizyn für sich selbst spricht und seinen ganz großen Wert für uns alle hat (ungeachtet der pathetisch anmutenden Ausdrucksweise, deren sich Solschenizyn streckenweise bedient – wir dürfen nicht vergessen, in welch extremer Seelenverfassung sich all diese Häftlinge befanden!). Einige Sätze, die wir – das PURUṢA-Thema betreffend – besonders herausheben wollten, wurden im Text kursiv gesetzt.

Wir können aus diesen Beispielen vieles lernen – auch für unser Leben jetzt. Wir sollten doch so möglich nicht wieder Krieg oder ähnlich schlimme Lebensumstände nötig haben, um der Erleuchtung näherzukommen! Deshalb gab es überall in der Menschheit von jeher Geistesschulungen. Wir haben schon auf den Zen-Weg hingewiesen. Da werden harte Bedingungen in Friedenszeiten geschaffen für einen freiwilligen Todesprozeß, der aufrecht und mit großer Kraft durchgeführt wird, bis man zur Erleuchtung durchgebrochen ist – durch den Tod hindurch, bei vollem Leben!

O: Dieser Erleuchtungsweg, der da gezwungenermaßen durch die Askese in der Gefangenschaft gegangen wird, gehört doch total zum ersten Weg. Jetzt wundert es mich, warum das noch nötig ist nach der Initialerleuchtung der Menschheit.

OM: Ach, du meinst, der zweite Weg würde beinhalten, daß man jetzt ohne Askese auskommt? Letzten Endes kommt es auch im zweiten Weg für uns persönlich darauf an, daß wir durch das sogenannte Nadelöhr – was Solschenizyn so gut verstanden hat – hindurchgehen. Es werden letzte größte Anstrengungen und Kämpfe auch im zweiten Weg nicht zu umgehen sein. Aber die Hilfen, die uns entgegenkommen, sind seit der Initialerleuchtung der Menschheit unermeßlich viel größer als je früher, als es nur den ersten Weg gab. Der erste Weg verliert aber im Grunde, solange es Einzelmenschen gibt, nie seine Bedeutung. Nur wird er in zunehmendem Maße in den zweiten Weg integriert. Unter den bald sechs Milliarden Menschen dieser Erde gibt es immer noch vielleicht hunderttausende Einzelmenschen, die fast nach allen Regeln der Kunst den ersten Weg gehen, und ich habe immer das Gefühl, daß dieses besondere Geschehen seine eigene große Bedeutung im Ganzen hat.

Möchte noch jemand zum Thema Gulag etwas fragen oder sich äußern?

U: Ja, ich fühle mich gedrängt, etwas zu formulieren. Ich habe über die Frage nachgedacht: Wie gehe ich mit dem Leid im Alltag um? Ich nehme das Leiden ja wahr und nehme all das wahr, was geschieht, und dann ist mir bewußt geworden –

ich komme aus dem christlichen Umfeld –, was es heißt: »Wachet und betet!« Also, daß ich die Antennen voll offen habe. Während wir hier sitzen, passieren solche schrecklichen Dinge. Für mich ist es jetzt eine Frage der Proportion, darum zu ringen, wie tief ich ins Leid hineingehen kann, ohne daß ich darin versinke und doch offenbleibe dafür, aber auch für die Freude, die doch auch da ist. Daß ich wach bin dem gegenüber, und dann die Tat- und Wahrnehmungsorgane aus dieser Wachheit heraus versuche einzusetzen, aber auch den Draht nicht verliere zum Beten, damit ich nicht in dieses Geschwür des Leidens versinke ...

OM: Ja – damit hast du etwas ausgedrückt, was viele hier empfinden. Außerdem hast du es ganz ausgezeichnet formuliert. Da läßt sich nichts mehr hinzufügen!

V: Früher gab es ja die Einweihungsmysterien, das haben wir heute nicht mehr, und ich frage mich, ob heute unsere Einweihungsmysterien *so* aussehen. Was dieser Einzelne da im Gulag erlebt hat, sind ja Todesmysterien – Kreuzigung und Auferstehung. Dieser Gulag ist ein echter Durchgang durch den Tod!

OM: In der Tat kann auf eine solche Weise das tägliche Leben in dieser Welt zur Mysterienschulung werden ...

L: Unfreiwilligerweise ...

OM: Vordergründig – ja. Unser bewußtes Alltags-Ich wählt gewöhnlich solche Strapazen nicht freiwillig. Hintergründig aber stellt sich diese Sache doch noch anders dar. Das, was oft das »höhere Selbst« im Menschen genannt wird – also im Grunde der PURUṢA – kann sehr wohl maßgebend beteiligt sein an solch einem schweren Schicksalsverlauf. Normalerweise bekommt jeder Mensch die Chance, in Ruhe den Weg seiner Selbstverwirklichung zu gehen. Wenn er aber – zum Beistpiel – den größten Teil seines Lebens ausschließlich damit beschäftigt ist, sich hier auf Erden im rein weltlichen Sinne zu etablieren und dabei in eine gewisse »Bequemlichkeit« versinkt, ohne je »das andere Drängen« in sich zu bemerken, dann *kann* es sein, daß das »Schicksal« *PURUṢA ARTHA*, »zugeschnitten« auf diesen speziellen Menschen, zuschlägt und ihn durch schwere Krisen hindurchgehen läßt – wie es scheint ungewollt und ungefragt. Und doch ist das nicht ganz so, man würde das »besondere« Drängen in sich bemerken, wenn man innerlich mehr hinhören würde – das gilt für uns alle. Nur werden wir gewöhnlich in unserer Zivilisation, in unseren Schulen und sonstigen Lehrstätten, wie überhaupt in unserer Erziehung so gar nicht geschult, auf unser Inneres zu hören ...

LIṄGA – LIṄGA-ŚARĪRA

Das Sāṃkhya geht davon aus, daß mit jedem Menschen eine charakteristische Persönlichkeit verbunden ist, die die verschiedenen einzelnen Leben überdauert. Damit ist jetzt nicht der PURUṢA gemeint – der PURUṢA ist nicht nur das, was *während* und *zwischen* den Inkarnationen da ist, sondern er ist überhaupt weder geworden, noch hört er auf zu existieren – er ist *bleibend. Mit* dem PURUṢA jedes Menschen ist aber ein durchorganisierter, feinstofflicher Leib verbunden, der sich beim Tod vom grobphysischen Körper löst und dann bei einer nächsten Gelegenheit, irgendwann in späterer Zeit, sich wieder neu grobstofflich verkörpert.

Für diesen feinstofflichen Organismus gibt es im Sāṃkhya einen interessanten Ausdruck: der »*LIṄGA-ŚARĪRA*«: der »LIṄGA-Körper«. In Indien gibt es mehrere Worte für »Körper«. Die Begriffe »KOŚA«, »ŚARĪRA«, »KĀYA«, »DEHA« »UPĀDHI« und »KAÑCUKA« z.B. bedeuten alle »Leib«, aber unter jeweils einem anderen Gesichtspunkt betrachtet.

Ein in Indien sehr gebräuchliches Synonym für LIṄGA-ŚARĪRA ist »*SŪKṢMA-ŚARĪRA*«. Das Wort »SŪKṢMA«: »feinstofflich«, ist uns schon im Zusammenhang mit den SŪKṢMA-BHŪTAS, den TANMĀTRAS begegnet; »SŪKṢMA-ŚARĪRA« heißt also: der »feinstoffliche Körper«. – Der »grobstoffliche Leib« wird auch »*STHŪLA-ŚARĪRA*« genannt; »STHŪLA« bedeutet »grobstofflich«. Nach dieser Einteilung gibt es als drittes außerdem einen »Kausalleib«: »*KĀRAṆA-ŚARĪRA**«. Der KĀRAṆA-ŚARĪRA ist im menschlichen Kontext dasjenige, was wir als AVYAKTA PRAKṚTI, Kausalmaterie, kennengelernt haben.

---

* KĀRAṆA: ursächlich, kausal; nicht zu verwechseln mit KARAṆA: Organ, Instrument in ANTAḤ-KARAṆA.

Das bedeutet, daß es in Indien nicht nur eine 5-Körper-Lehre, sondern auch eine 3-Körper-Lehre gibt. Ganz oben KĀRAṆA-ŚARĪRA (der Kausalleib), dann folgt SŪKṢMA-ŚARĪRA (der feinstoffliche Leib), der dem LIṄGA-ŚARĪRA entspricht, und schließlich STHŪLA-ŚARĪRA (der grobstoffliche Leib), (s. dazu die folgende Darstellung).

Der Begriff LIṄGA-ŚARĪRA ist ausgesprochen ein Ausdruck aus dem Sāṃkhya, der auch von anderen Schulen übernommen wurde. Dieser Körper beinhaltet das ganze Spektrum der Feinstofflichkeit. In Indien umfaßt der feinstoffliche Leib mehrere Ebenen ...

F: Wo ist der Übergang zwischen »grobstofflich« und »feinstofflich«?

OM: Zwischen dem grobstofflichen und dem feinstofflichen Bereich gibt es Grenzgebiete; z.B. rechnet man im Āyurveda Dinge zum grobstofflichen Leib, die wir schon nicht mehr grobstofflich wahrnehmen. Der grobphyische Körper ist aber gewöhnlich eine klar umrissene Angelegenheit. Der nächst höhere Leib, der PRĀṆA-Leib – PRĀṆA-MAYA-KOŚA = KOŚA (Leib), MAYA (gebildet aus) PRĀṆA (Lebenskraft – gehört bereits zum Feinstofflichen.

KĀRAṆA-ŚARĪRA, Ebene von AVYAKTA PRAKṚTI	
	ĀNANDA-MAYA-KOŚA
	VIJÑĀNA-MAYA-KOŚA
SŪKṢMA-ŚARĪRA = LIṄGA-ŚARĪRA	MANO-MAYA-KOŚA
	PRĀṆA-MAYA-KOŚA
STHŪLA-ŚARĪRA	ANNA-MAYA-KOŚA

A: Wo sind da die CAKRAS anzuordnen?

OM: Die CAKRAS drücken sich quer durch alle Leiber bis hinunter in den grobstofflichen Leib aus, aber die CAKRAS »in nicht deformiertem Zustand«, pur so wie sie leben – so betonen die Inder ganz klar – fangen (von unten her gesehen) mit dem Lebensleib (PRĀṆA-MAYA-KOŚA) an und setzen sich dann durch alle Bereiche nach oben hin durch. Die CAKRAS spiegeln das Grundgefüge der ganzen Schöpfung.

Im Buch: *Tantra Vidyā* kann der Leser eine Darstellung der CAKRAS finden, die sich bis in den grobphysischen Leib erstreckt. Die Repräsentanten der CAKRAS in diesem grobphysischen Leib sind die einzelnen Wirbel-Gruppierungen in der Wirbelsäule, die ihre inneren Gliederungen aufgrund eines gestalt-astronomischen Schlüssels erhalten. Das Ordnungsgesetz, das in diesem Schlüssel zum Ausdruck kommt, ist zugleich das gestalt-astronomische Ordnungsgesetz für das CAKRA-System überhaupt, also auch für den feinstofflichen Teil. Ja – an *erster Stelle* bezieht sich dieser astronomische Schlüssel auf den *feinstofflichen* Teil. Erst davon abgeleitet erweist er sich als *auch* gültig für die grobstofflichen Wirbelgruppierungen in der Wirbelsäule. Man beachte, daß der fachtechnische Begriff »CAKRA« oder »PADMA« (Lotosblume) in Indien sich ausschließlich auf die *feinstofflichen* Zentren (die sich also im *feinstofflichen* Leib befinden) bezieht. Ausdrücklich hebt man in Indien hervor, daß diese Lotosblumen nicht grobstofflich wahrnehmbar seien. Deswegen werden wir terminologisch auch nie die erwähnten Wirbelgruppierungen »CAKRAS« etc. nennen, *obwohl* sie – wie erst später entdeckt wurde – das Gepräge der CAKRAS grobstofflich wahrnehmbar in sich tragen! Ich kann erst jetzt abschließend sagen, daß die CAKRAS im feinstofflichen Teil des Leibes solche »in nicht deformiertem Zustand« sind, während die erwähnten spezifischen Wirbelgruppierungen im grobstofflichen Teil von mir als CAKRAS in deformiertem Zustand bezeichnet werden. Die gemeinte »Deformation« ist sozusagen unter dem Gewicht und der Gewalt von Millionen Jahren grobstofflicher, darwinistischer Entwicklung im Felde der Gravitation der grobstofflichen Erde zustande gekommen.

Im Sāṃkhya ist der feinstoffliche Leib, der LIṄGA-ŚARĪRA oder SŪKṢMA-ŚARĪRA, von großer Bedeutung. Er ist aufgebaut aus einmal dem sogenannten *LIṄGA*, welches aus BUDDHI + AHAṂKĀRA + MANAS + 5 JÑĀNENDRIYAS + 5 KARMENDRIYAS zusammen besteht, und den *5 TANMĀTRAS*, den 5 feinstofflichen Elementen, die *das Leibhafte*, den ŚARĪRA-Anteil, daran bilden.

Das Wort LIṄGA bedeutet so etwas wie »Charakteristikum«, »Stempel«, »Daumenabdruck« – das LIṄGA soll jemanden *identifizieren*, es ist ein *charakteristisches Zeichen*, ein *typisches Merkmal*. Über das Wort LIṄGA gibt es diverse gelehrte Abhandlungen. Außer in diesem Sāṃkhya-Sinne wird es in Indien für die verschiedensten Dinge gebraucht, und doch kommt bei all den verschiedenen Bedeutungen des Wortes LIṄGA immer wieder durch, daß es sich um etwas *Typisches, Charakteristisches* handelt. Das LIṄGA im Sāṃkhya ist das, was den individuellen Menschen *als manifestiertes Wesen charakterisiert*, so daß man sozusagen am LIṄGA – wenn man feinstofflich sehen könnte – erkennen würde, welche Individualität man vor sich hat, um was für einen Menschen es sich handelt, *wer* das ist; das LIṄGA ist seine »Visitenkarte«, betrifft aber eigentlich seine ganze feinstoffliche Leibeskonstitution.

BUDDHI, AHAṂKĀRA, MANAS + 5 + 5 bilden also das LIṄGA. Im Urtext steht: »Die 13« bilden das LIṄGA, d.h. diese 13 TATTVAS bilden das LIṄGA, aber erst mit den 5 TANMĀTRAS *dazu* bilden sie den *LIṄGA-ŚARĪRA*, und das ist der *feinstoffliche Leib* oder der *charakteristische Leib*, der sehr *individualistisch geprägte Leib*. Da spricht man dann auch von: »die 18« (13 + 5).

Der LIṄGA-ŚARĪRA ist ein in sich geschlossener Organismus, und wenn ein Mensch stirbt, dann tritt das ganze 18-gliedrige System – also der ganze LIṄGA-ŚARĪRA – aus dem grobstofflichen Körper, geht sozusagen auf die Wanderung, und wenn ein Mensch nach einer gewissen Zeit, nach Jahren, Jahrzehnten, Jahrhunderten oder Jahrtausenden wiedergeboren wird, dann ist er sozusagen erkennbar an diesem

LIṄGA-ŚARĪRA, besonders aber am LIṄGA, welches das am meisten Charakteristische an diesem Leib ist. Zu den 13 TATTVAS des LIṄGA gehört, wie wir eben gesehen haben, auch der AHAṂKĀRA, das Kernstück unseres Ego, unser Ichorgan. Der AHAṂKĀRA, den wir in diesem Leben haben, wird also erachtet als uns durch alle Inkarnationen hindurch erhalten zu bleiben. Daß wir Rückführungen machen können, beruht u.a. auf der Tatsache, daß wir diesen AHAṂKĀRA haben, der auch unsere früheren AHAṂKĀRA-Erfahrungen in sich trägt. Durch den AHAṂKĀRA können wir uns mit unseren früheren AHAṂKĀRA-Erfahrungen *identifizieren*. Doch der letztendliche »Träger« oder »Speicher« aller Eindrücke aus früheren Leben ist die BUDDHI. Die BUDDHI ist der Sitz der sogenannten *»SAṂSKĀRAS«*, das sind die eben erwähnten »Eindrücke«, welche »Dispositionen«, bzw. »Anlagen« in uns bilden, oder auch, wie J.W. Hauer sagt: »Dränger« in uns sind, die nach Manifestation streben. Sie sind auch die »Antreiber«, die uns immer wieder zu bestimmten Taten drängen.

H: Wie sind die SAṂSKĀRAS mit dem Begriff KARMA verbunden?

OM: Der Begriff KARMA, so wie wir ihn meist benützen, bezeichnet die Folgen der Taten eines Menschen in früheren Existenzen, mit denen er später irgendwann einmal konfrontiert wird. KARMA bezeichnet aber in seiner ursprünglichen Bedeutung nicht nur die Folgen einer Tat, sondern auch die Tat selbst. Dieser Tatbegriff umfaßt also sowohl die Tat *als auch* deren Auswirkungen, die später von außen auf uns zurückwirken. Es ist die Tat selbst *in ihrer Verlängerung*, die uns irgendwann wieder einholt. SAṂSKĀRAS nun sind *Niederschläge* in uns von einst ausgeführten Taten, die uns immer wieder zu denselben Verhaltensweisen drängen – insofern sind sie selbst die Folge von früheren Taten und damit KARMA. Sie sind aber auch *potentielles* KARMA, das noch nicht in Bewegung gesetzt worden ist, also noch ruht, jedoch – als neue Tat, die einmal Folgen haben wird – in Gang kommt, wenn wir mit bestimmten Situationen in der Gegenwart konfrontiert werden und darauf reagieren. Die SAṂSKĀRAS bestimmen weitgehend die Art, wie wir unwillkürlich handeln und dadurch Schicksal anziehen – auch jetzt, ohne daß wir es bemerken. SAṂSKĀRAS lösen nie Taten aus, die auf dem *aktuellen* freien Willen beruhen, sondern immer gründen sie auf *früheren Gewohnheiten*. Wir verfügen diesbezüglich noch über relativ wenig wirkliche Freiheit – wir wähnen uns freier als wir eigentlich sind. Die Auslöser für unser persönliches Schicksal kommen uns also aus vergangenen Zeiten durch Vermittlung der BUDDHI entgegen.

Die BUDDHI ist in sich, von ihrem Wesen her, frei und pur geblieben von unseren Verstrickungen in der Welt der Materie. So vermag sie das Organ in uns zu sein, das die Rolle für die objektive Auswertung unserer Erlebnisse übernimmt. Durch sie können wir eine objektive, nicht egobezogene Sicht auf alles Erlebte gewinnen. Die SAṂSKĀRAS erhalten in der BUDDHI ihre letzten und höchsten Bewertungen im Lichte der eigentlichen Bestimmung des Menschen, die im Geiste, im Himmel liegt. All unsere Erfahrungen erreichen über den AHAṂKĀRA die BUDDHI, die das Erfahrene ihrerseits dem PURUṢA darbietet. Es ist prinzipiell mit Hilfe davon, daß der Mensch eines Tages in die besondere und »einmalige« Situation kommt (gewöhnlich im Rahmen einer gezielten Geistesschulung), den Unterschied zwischen dem PURUṢA und der PRAKṚTI schlagartig zu erkennen und damit ebenso schlagartig sich aus seiner gewohnheitsmäßigen Identifikation mit der PRAKṚTI zu befreien.

Wir haben also außer diesem physischen Leib, den wir mit dem Tod verlieren, auch noch einen feinstofflichen Leib, der Träger von einem LIṄGA ist und deswegen auch LIṄGA-ŚARĪRA genannt wird. Man könnte das LIṄGA auch mit einer Art Code, einem Code-System vergleichen, wodurch wir ganz individuell charakterisiert sind. Auch das Bild eines Schlüssels können wir heranziehen – keine zwei Schlüssel sind doch dieselben ... Und dieser Schlüssel wandert sozusagen – wir fragen jetzt nicht wie oder wohin, oder was alles dabei passiert ... Im Tibetanischen Totenbuch z.B. kann man einiges darüber nachlesen.

T: Verändert sich dieser LIṄGA-ŚARĪRA so wenig, daß man ihn jahrtausendelang zurückerkennt?

OM: Ja, darauf beruht auch die Identität in den Rückführungen – natürlich macht der LIṄGA-ŚARĪRA Änderungen durch, ständig ändert sich etwas, aber es gibt eine *einmalige Kombination* von z.B. *deiner* BUDDHI mit *deinem* AHAṂKĀRA, *deinem* MANAS und *deinen* 10 INDRIYAS – das Ganze ist in seiner *spezifischen* Zusammensetzung unglaublich *charakteristisch!* Das Charakteristische entsteht aus der *Proportion* von BUDDHI-AHAṂKĀRA-MANAS und den INDRIYAS untereinander, den *relativen Verhältnissen* zueinander, was ganz charakteristische, typische Formen ergibt. Dadurch erkennt man Menschen quer durch alle Zeiten und Räume zurück – *sogar bis in den physischen Leib hinein* äußern sich Physiognomien des LIṄGA ŚARĪRA. Vielleicht ist auch noch folgende Überlegung hilfreich. Es gibt doch den Ausdruck: »Werde, der du bist«. Natürlich macht der LIṄGA-ŚARĪRA große *inhaltliche* Wandlungen durch. Aber rein *formal* gibt es eine immer sich gleich bleibende Grundstruktur, welche ur-individuell zu jedem einzelnen Menschen gehört. Diese ist gleichsam der ureigene »Name«, mit dem Gott einst jeden Menschen ins Dasein rief ...

Und nun wird im klassischen Sāṃkhya gesagt: Dieser LIṄGA-ŚARĪRA wird so lange existieren, bis der Mensch zur Erleuchtung kommt. Wenn der Mensch zur Erleuchtung, zur Befreiung kommt, dann »rollen« sich – allerdings erst nach dem Tod des grobstofflichen Körpers – alle TATTVAS zurück, in umgekehrter Reihenfolge ihrer Entstehung und kehren zu ihrem Ursprung, in ihre AVYAKTA PRAKṚTI zurück – d.h. auch der ganze LIṄGA-ŚARĪRA wird aufgehoben, wird aufgelöst ...

T: Hat der Mensch dann keinen LIṄGA-ŚARĪRA mehr?

OM: Solange der Befreite ausschließlich in der Erleuchtung verweilt, bleiben alle PRAKṚTI-TATTVAS im unmanifestierten AVYAKTA-Zustand. Sobald er aber wieder in die Welt der Erscheinungen tritt, bildet sich ein *neuer* LIṄGA-ŚARĪRA, der aber doch wieder grundsätzlich das von Ewigkeit her zu einem selbst gehörende Charakteristikum aufweist, einfach, weil die Individualität des PURUṢA sich auch jetzt wieder »durchdrückt«. Das LIṄGA ist platonisch gesprochen die ur-individuelle *Erscheinung* des ur-individuellen *PURUṢA-Seins.* *

Das klassische Sāṃkhya sagt aber nichts darüber aus, was passiert, nachdem der Mensch die Befreiung, MOKṢA, erreicht hat. Das Ziel des Sāṃkhya ist es lediglich, den Menschen zur *Erleuchtung* zu bringen. Damit hören die Erläuterungen der Sāṃkhyas auf. Das einzige, was darüber gesagt wird, ist – frei übersetzt –, daß der PURUṢA jetzt sozusagen immer im Lichte seines Seins lebt. An diesem Satz haben sich dann einige Sāṃkhya-Interpreten »festgebissen« und diese Aussage auch noch ausgeschmückt, indem sie beschrieben, wie der »Befreite« jetzt in ewiger Selbstbespiegelung verweilt, weil er kein Objekt des Bewußtseins mehr hat (weil die TATTVAS alle in die AVYAKTA PRAKṚTI zurückgekehrt sind). Manche nehmen gar an, daß der Betreffende dann wohl bewußtlos sein muß, daß er zwar *da* sei, aber bewußtlos in alle Ewigkeit ... Die Wirklichkeit sieht aber *ganz* anders aus! Zwar sind die PRAKṚTI-TATTVAS alle zurückgerollt in ihre AVYAKTA, doch ist diese – wie wir früher gesehen haben – für den PURUṢA sein »absolutes Objekt«! Nach wie vor also hat er ein Objekt des Bewußtseins! Entsprechendes gilt für den großen PURUṢA: Bei Sir John Woodroffe kann man nachlesen, daß der ĪŚVARA in der Zeit des PRALAYA – das ist der Zustand, wenn die makrokosmischen PRAKṚTI-TATTVAS sich alle in ihre AVYAKTA zurückgezogen haben – die dauernde Erfahrung seines ĀNANDA-MAYA-KOŚA – KOŚA (Leib), MAYA (gebildet aus) ĀNANDA (Glückseligkeit) – hat, und das ist für ihn eine äußerst schöpferische, kreative Angelegenheit! Dasselbe gilt entsprechend auch für den einzelnen Menschen. Auch er lebt dann in der Erfahrung *seines ĀNANDA-*

---

* Das Thema LIṄGA – LIṄGA-ŚARĪRA wird im Kapitel SCHÖPFUNGSPROZESS noch einmal aufgegriffen und abgerundet.

MAYA-KOŚA, der, wie wir aus der Darstellung auf S. 240 gesehen haben, der Ebene der *AVYAKTA PRAKṚTI* entspricht.

Wie geht es dann aber weiter, nachdem der Mensch voll PURUṢA-bewußt geworden ist, seine Materie zurückgerollt hat auf die AVYAKTA PRAKṚTI und er sich wieder am Weltgeschehen beteiligen will? – Auf dieses Thema bin ich in der bereits an früherer Stelle erwähnten, bisher unveröffentlichen Schrift*, wo ich auf der Basis der tantrischen Philosophie eine Bewußtsein/Materie-Lehre entwickelt und dargestellt habe, ausführlich eingegangen. – Am Anfang dieser Schrift wird der Sāṃkhya-Weg beschrieben als ein Weg der stufenweisen Ent-Identifizierung von der PRAKṚTI, und wenn dann der Durchbruch zur Erleuchtung da ist, sage ich: Ab jetzt kann der Mensch, wenn er will, sich wieder nach unten hin mit der PRAKṚTI »identifizieren« und auf jeder ihrer Stufen wirksam werden, *ohne* je durch diese Identifizierung in eine Gebundenheit zu geraten. So wird es im ersten Teil beschrieben. Im zweiten Teil wird dasselbe dann etwas anders und genauer formuliert. Der Mensch, der auf die AVYAKTA-Stufe zurückgekehrt ist, wird sich nicht etwa auf jeder Stufe mit einer *bereits vorhandenen PRAKṚTI* identifizieren, sondern, er wird jede (von ihm) gewünschte PRAKṚTI-Entfaltungsstufe *selbst hervorbringen!*** Und so, wie eine Spinne ihr Gewebe hervorbringt,*** so bringt der Mensch dann immer aus eigener Kraft und Fähigkeit seinen eigenen Leib aus sich hervor. Denn es bleibt so, daß wir aus einem PURUṢA und einer PRAKṚTI bestehen, letztere nur eben im AVYAKTA-Zustand. Diese beiden bleiben zusammen, sie haben bleibend miteinander zu tun ...,

---

* *Das Mysterium der Materie – Die tantrische Lehre der 36* TATTVAS.

** In der genannten Schrift wird sehr ausführlich auf das Wesen der PRAKṚTI und ihre besondere Entstehungsweise eingegangen, was an dieser Stelle nicht möglich ist.

*** Dieses Bild mit der Spinne und ihrem Netz berücksichtigt nicht die strikte Trennung zwischen PURUṢA und PRAKṚTI. Es stammt aus einer älteren Sāṃkhya-Quelle!

denn *die AVYAKTA PRAKṚTI ist praktisch seine ŚAKTI**. Das Aussprechen dieser im Tantrismus erkannten Wahrheit wird im klassischen Sāṃkhya strengstens untersagt – wie wir wissen, aus praktisch-methodischen Gründen.

Jetzt kann sich dieser erleuchtete Mensch zu jeder Zeit frei irgendwo manifestieren, er braucht im Grunde dafür keine Eltern mehr. Die ganze Regelung, daß man als Kind von Eltern geboren wird, beruht letztlich darauf, daß man noch nicht in der Lage ist, selbsttätig diese TATTVAS hervorzubringen. Natürlich kann der Befreite auch jetzt durch Eltern in die Welt kommen – durch irgendeine besondere Aufgabe bedingt (dann haben wir es z.B. mit einer solch großen Gestalt zu tun, wie es – im 6. Jahrhundert vor Chr. – Gautama Siddharta, der Buddha, war). In beiden Fällen wird der sich Manifestierende mit vollem Bewußtsein in Erscheinung treten.

Wenn ein Mensch also zur Befreiung gekommen ist, verfügt er ab jetzt über die ununterbrochene Fähigkeit, zu jeder Zeit – sowohl in der grobstofflichen, als auch in jeder der feinstofflichen Welten – einen eigenen, mehrfach gegliederten Leib hervorzubringen. Haben sich die TATTVAS einmal zurückgerollt bis zu ihrem Ursprung, dann ist von hier aus für so eine Wesenheit *alles* möglich – so jemand macht sich allerdings eine immerwährende Freude daraus, ununterbrochen entsprechend dem SANĀTANA-DHARMA zu handeln! Diese Wesenheit kann alle Arten von Verkörperungen annehmen, indem sie die entsprechenden TATTVAS »entfaltet« – sie kann sich aber auch sofort wieder aus diesen Verkörperungen zurückziehen, indem sie diese TATTVAS wieder »einfaltet«.

---

* Die ŚAKTI wird im makrokosmischen Kontext als die weibliche Seite Gottes gesehen. Gott ist hier ŚIVA, und ŚAKTI – wörtlich »Kraft« – ist seine Kraft. Im Kontext des Einzelmenschen kann sie entsprechend als die weibliche Seite oder als Kraft-Aspekt des PURUṢA betrachtet werden.

G: Kann dann so eine Wesenheit auch einen ganzen Kosmos erschaffen?

OM: Jeder Mensch *ist* bereits potentiell ein kleiner Kosmos für sich,* nur ist er, solange er unerleuchtet ist, sich seines eigenen Kosmos-Seins erst zu einem kleinen Bruchteil bewußt. *Nach* seiner Erleuchtung kann er sich zu einem ganzen Kosmos entfalten, einem »Mikrokosmos«, der dann integrierendes Mitglied des »großen Kosmos«, des »Makrokosmos« ist.

Wie verhält es sich nun aber diesbezüglich mit dem großen Kosmos, dem Makrokosmos? – Bisher haben wir, wenn wir über das System der TATTVAS gesprochen haben, dies sehr oft auch ohne besondere Rücksicht auf die Frage getan, ob dieses System nun den »großen« oder den »kleinen« Kosmos betrifft ... In allen früheren Jahren, wenn ich das TATTVA-System des klassischen Sāṃkhya darstellte, haben meine Zuhörer eine bestimmte »Ungereimtheit« nicht bemerkt, und zu meiner Freude ist es auch euch bis jetzt noch nicht besonders aufgefallen; ihr braucht nur die Entwicklung der 25 TATTVAS nochmals sorgfältig an eurem inneren Auge vorbeiziehen zu lassen – dann *müßte* sich plötzlich ein Rätsel auftun ... Alsbald werde ich erzählen, wie die grobphysischen Elemente – und damit der sichtbare Kosmos – aus den TANMĀTRAS entstanden sind. Zwischen ihnen gibt es einen genetischen, direkten, sehr systematischen Zusammenhang. Wenn ich diesen Prozeß dargestellt habe, kommen wir auf dieses Thema zurück – jetzt habt ihr noch Zeit, darüber nachzudenken ...

---

* Es sei erinnert an den alten, archaischen Satz: Der *Mensch* ist ein *Mikro-Kosmos (kleiner Kosmos)* und der *Kosmos* ist ein *Makro-Anthropos* (großer Mensch)!

Anhand des Schöpfungsprozesses möchte ich nochmals kurz auf die einzelnen TATTVAS eingehen, dabei auch einige Ergänzungen geben, und schließlich erzählen, wie das physische Universum, das wir kennen, vom Standpunkt der Elemente her eigentlich zustande kam.

Ganz zu Anfang PURUṢA – wir rufen ihn auf, und er kommt, als stille Gegenwart ...

AVYAKTA PRAKṚTI – Wie der PURUṢA, so ist auch die AVYAKTA PRAKṚTI unvergänglich, ungeworden und allgegenwärtig. Hier liegt der Ursprung der 3 GUṆAS. Ihre Bewegung auf AVYAKTA-Stufe ist von einer so ausgewogenen Harmonie, daß »nach außen hin« nichts zu bemerken ist. – Als Übung können wir versuchen, die 3 GUṆAS in allem um uns herum wahrzunehmen, in Menschen, in Situationen, in Prozessen aller Art. Dann können wir dazu übergehen, die GUṆAS wie *für sich* zu betrachten. Dabei geht es eigentlich um deren *Loslösung* aus ihrer Verflechtung mit den Phänomenen, an denen sie sich demonstrieren. Wenn man auf diese Weise vorgeht, verläßt man nicht nur die grobphysische Welt, sondern geht auch wie geflügelt durch alle feinstofflichen Bereiche hindurch und landet schließlich in der AVYAKTA PRAKṚTI, wo die GUṆAS in ihrem *puren Sein* vorhanden sind. Aus der AVYAKTA PRAKṚTI entfaltet sich durch eine spezifische Nähe des PURUṢA das erste VYAKTA-TATTVA, die BUDDHI.

BUDDHI/MAHAT – hell, groß, strahlend. Die BUDDHI hat etwas ganz Transparentes, etwas Räumlich-Umfassendes. Sie ist von einem Licht, das mit PURUṢA vergleichbar ist, aber nicht zu vergessen: das Licht in der BUDDHI *ist* PURUṢA-Licht. Von einem Standpunkt aus gibt es – man könnte fast sagen: – eine organische Einheit zwischen PURUṢA und BUDDHI, BUDDHI an der PRAKṚTI-Seite, PURUṢA jenseits der

PRAKṚTI. Die BUDDHI ist PURUṢA-Licht umgesetzt in feinstofflichste Materie.

Obwohl die BUDDHI als Lichtorgan verglichen mit allen anderen PRAKṚTI-TATTVAS am meisten SATTVA-haft ist, kann man sie für sich wiederum gliedern in einen SATTVA-Aspekt, einen RAJAS-Aspekt und einen TAMAS-Aspekt: SĀTTVIKA-BUDDHI, RĀJASA-BUDDHI und TĀMASA-BUDDHI. Man kann mit der BUDDHI zu Urteilen kommen über das *Wesen* der Dinge (Menschen, Wesenheiten, Naturzusammenhänge ...), wie sie *wirklich* sind, ohne daß die Urteile belastet sind durch Ego-Projektionen.

Wir haben auch besprochen, daß sich innerhalb der BUDDHI acht Organe befinden, vier im leuchtenden SATTVA-Teil und ihre vier »Schattenwürfe« im entsprechenden TAMAS-Teil. Zu diesen acht eingeborenen Organen gehört u.a. der wahre Erleuchtungssinn, JÑĀNA-BHĀVA. Schon die BUDDHI selbst wird das Organ genannt, das wir nötig haben, um zur Erleuchtung zu kommen. Aber dasjenige in der BUDDHI, was speziell dafür als Organ geboren ist wie das Auge für das Licht, ist der JÑĀNA-BHĀVA.

AHAṂKĀRA – So wie die AVYAKTA PRAKṚTI die BUDDHI hervorgebracht hat, so bringt jetzt die BUDDHI den AHAṂKĀRA aus sich hervor. Man hat den Schöpfungsprozeß auch mit der Evolutionslehre von Plotin verglichen, einem Brunnen mit abgestuften Tellern, die überlaufen.

(1) PURUṢA

---

(2) AVYAKTA PRAKṚTI

....

↓

(3) BUDDHI

↓

(4) AHAṂKĀRA

Die Hauptstationen der Evolution von oben nach unten hören in dieser Form mit dem AHAṂKĀRA auf. Ab hier wird die Sache komplexer. Aus dem AHAṂKĀRA gehen nämlich verschiedene TATTVAS hervor:

AHAṂKĀRA ↗ MANAS + 5 + 5 (»die 11«) (5. – 15. TATTVA)

Wenn die Sāṃkhyas solche Aufstellungen machten, haben sie sich immer sehr genau *vergewissert*, was sie da »aufzählten«, aber auch, wie sie es darstellten. Sie haben nicht einfach blind gesagt: »11«, sondern sie gaben sich vollständig und anschaulich Rechenschaft über jedes einzelne dieser 11 TATTVAS, also über MANAS, jedes der 5 JÑĀNENDRIYAS und jedes der 5 KARMENDRIYAS ... So wollen auch wir uns jetzt vergewissern, »was« wir »wie« darstellen.

Warum setzen wir jetzt diese 11 TATTVAS nicht einfach vertikal untereinander in der Verlängerung von AVYAKTA PRAKṚTI – BUDDHI – AHAṂKĀRA, sondern horizontal nebeneinander? Weil jedes einzelne dieser 11 TATTVAS *auf direktem Wege* aus dem AHAṂKĀRA entsteht, und nicht jedes nachkommende TATTVA aus dem vorhergehenden! Der erste Sinn, der nach MANAS aus dem AHAṂKĀRA hervorgeht, ist der Sinn des Hörens, sagen wir jetzt der Einfachheit halber das »Hören«. Dann entläßt der AHAṂKĀRA aus sich das »Fühlen/Tasten« bzw. »Berühren«. Dann das »Sehen«, schließlich das »Schmecken« und zum Schluß das »Riechen«. Das »Hören« wird also *nicht* von MANAS produziert, und das »Hören« seinerseits produziert nicht das »Tasten«, und das »Tasten« produziert nicht das »Sehen«, usw. Dies wollen wir jetzt durch die *horizontale Anordnung* dieser 11 TATTVAS zum Ausdruck bringen.

Eine vertikale Anordnung dieser 11 INDRIYAS findet man im Tantrismus. Da werden die einzelnen Sinne bestimmten CAKRAS zugeordnet. Dabei wird MANAS zusammen mit AHAṂKĀRA und BUDDHI als *ein* Sinn, den wir als ANTAḤKARAṆA kennengelernt haben, an der Stelle zwischen den Augenbrauen lokalisiert. Die Zuordnung des ANTAḤKARAṆA und der JÑĀNENDRIYAS zum CAKRA-System sieht so aus:

ANTAḤKARAṆA	=2=
Hören	=16=
Fühlen/Tasten/Berühren	=12=
Sehen	=10=
Schmecken	=6=
Riechen	=4=

Es ist eine gute Übung, sich in sein *Hören, Tasten, Sehen, Schmecken* und *Riechen* einmal richtig zu vertiefen! Normalerweise nämlich schmeckt man z.B. nur, wenn man etwas ißt. Sartre sagt: Wenn die Sinne sich richten auf die Dinge, wird der Körper ständig »depassé sous silence«, das bedeutet »stillschweigend übergangen«; d.h. ich *übergehe* normalerweise mein Auge – und meinen Sehvorgang – stillschweigend, während ich sehe. Erst wenn mich z.B. jemand fragt: »Hast du was am Auge?«, wird dieses zum Objekt – man wird durch so eine Frage erst auf das Auge *geworfen.*

Für die Reihenfolge der Tatorgane, der KARMENDRIYAS, gibt es, wie bereits auf Seite 187 erwähnt, zwei verschiedene Reihenfolgen, eine vedāntische und eine tantrische, die offensichtlich unter zwei jeweils verschiedenen Gesichtspunkten bestimmt wurden. Es lohnt sich, beide Reihenfolgen auf sich wirken zu lassen. Die KARMENDRIYAS in der *vedāntischen Reihenfolge*, die auch der Reihenfolge in der SĀṂKHYA-KĀRIKĀ entspricht, wurde auf Seite 188 bereits dargestellt.

Die *tantrische Reihenfolge* der KARMENDRIYAS ist zugleich auch die Reihenfolge, nach der die KARMENDRIYAS im CAKRA-System angeordnet sind:

1. Tatsinn des Sprechens =16=
2. Tatsinn des Zeugens =12=
3. Tatsinn des Ausscheidens =10=
4. Tatsinn des Greifens =6=
5. Tatsinn des Gehens. =4=

In Indien werden die 10 INDRIYAS ganz klar von den entsprechenden grobstofflichen Organen unterschieden – diese werden als »Träger«: »ADHIṢṬĀNAS« bezeichnet und als die grobstofflichen *Aufenthaltsorte* der INDRIYAS betrachtet. Laut Sāṃkhya befindet sich *der Sitz* der 10 INDRIYAS nicht im grobstofflichen Leib, sondern im feinstofflichen. Wenn jemand etwa durch einen Unfall das grobstoffliche Auge verliert, so verliert er zwar den grobstofflichen Träger (ADHIṢṬĀNA) der Sehfunktion, das INDRIYA des Sehens wird dabei aber *nicht* zerstört, es bleibt unversehrt Die INDRIYAS sind auf grobstofflichem Wege nicht zerstörbar – dies gilt sowohl für die JÑĀNENDRIYAS wie für die KARMENDRIYAS. Durch keinen physischen Unfall können wir also je unser Hörvermögen, unsere Tastfähigkeit etc. verlieren.

Allerdings können INDRIYAS durch *seelisch-geistige Faktoren* außer Funktion gesetzt werden. Darauf weist z.B. Joan Grant hin.* Sie erzählt als Beispiel die Geschichte eines Mannes, der sich in die Taubheit geflüchtet hatte, um die zänkische Stimme seiner Frau nicht mehr hören zu müssen. Dieser Taubheit lag also eine psychosomatische Ursache zugrunde, und so ein Mensch kann auch nach seinem Tod noch lange taub sein. Joan Grant schreibt, daß dieses selbstverschuldete Leiden ihm

---

* Joan Grant + Denys Kelsey: *Wiedergeburt und Heilung* (S. 80).

so lange anhaften würde, »bis er sich klarmacht, daß es besser gewesen wäre, seiner Frau das Herumkommandieren abzugewöhnen oder sie zu verlassen, statt sich feige in die Taubheit zu flüchten.« Seine *Weigerung zu hören* hatte seine Hörfähigkeit auch in den *feinstofflichen Bereichen* verkümmern lassen ...

Der Sitz der INDRIYAS liegt also im Feinstofflichen. So ist z.B. auch das KARMENDRIYA des Greifens, bzw. Handelns von feinstofflicher Natur. Letztlich ist es m.E. sogar so, daß ursprünglich *aus dieser Feinstofflichkeit heraus* sich überhaupt die Hände gebildet haben. In dem Moment aber, daß ich mit meinen Händen nicht greife, sondern auf ihnen *laufe*, ist der *Tatsinn des Gehens* in Betrieb und nicht der Tatsinn des Handelns. Dies gilt auch umgekehrt. Wenn jemand, weil er keine Hände hat, mit den Füßen ein Bild malt oder einen Brief schreibt, dann benützt er das INDRIYA des Handelns. Es kommt also nicht auf den äußeren Körperteil an, der für diese Aktivität benützt wird, weil die äußeren Arme und Füße letztlich nur die *grobstoffliche Verwirklichung der feinstofflichen Impulse* sind. Im Grunde könnte der Mensch mit jedem Körperteil lesen und sehen – in besonderem Ausmaß hierfür sind die Fingerspitzen wie prädestiniert.

Die Tatsache der Unzerstörbarkeit der INDRIYAS könnte man m.E. therapeutisch nutzbar machen. Da liegt ein großes Feld brach, um z.B. blinden Menschen zum Sehen zu verhelfen. Damit verbunden gibt es aber auch eine ganz bestimmte Problematik. Durch diese Art von Sehen nämlich, die ohne physisches Auge funktioniert, nimmt man unter Umständen ein größeres Spektrum von Dingen wahr, als man normalerweise durch die Augen wahrnimmt. Das heißt, daß man auf diese Weise nicht nur Dinge sehen kann, die auf der grobstofflichen, sondern auch solche, die auf der feinstofflichen Ebene liegen, und das immer klar zu unterscheiden, ist – besonders, wenn man erst am Anfang solcherart Erfahrungen steht – gar nicht so einfach. Solange man Feinstoffliches noch nicht von Grobstofflichem unterscheiden kann, sind mit dieser Art von Sehen große Gefahren verbunden. Zu diesem Thema gibt es auch Literatur. Zum Beispiel findet man im Buch von Anker Larson: *Der Stein der Weisen,* die Geschichte von Jens Dahl, der u.a. bewußt aus dem grobstofflichen Körper gehen und Wanderungen im feinstofflichen Körper unternehmen konnte, der aber zunehmend an Unterscheidungsschwierigkeiten litt zwischen der grobstofflichen und der feinstofflichen Welt. Eines Tages fand sein Leben deswegen ein tragisches Ende. Er ging mit seinem physischen Körper auf eine Straße hinab, die er da sah, die es aber grobstofflich gar nicht gab – die feinstoffliche Straße war in der grobstofflichen Welt ein Gewässer, und er ertrank. Er konnte nicht unterscheiden! Dadurch läuft man Gefahr, Eindrücke aus der feinstofflichen Welt grobstofflich zu interpretieren.

Rudolf Steiner kannte diese Gefahren. Seine Schulung ist deswegen so aufgebaut, daß so etwas a priori eigentlich nie passieren kann. Seine Geistesschulung setzt primär beim Bewußtsein an, das mit Hilfe der Methode der »Erkraftung des Denkens« eine stufenweise Entfaltung auf höheren Ebenen ermöglicht. Jede Wahrnehmungs-Ebene entspricht einer charakteristischen »Metamorphose« des wachen Bewußtseins. (Um drei Ebenen zu nennen: die Ebene der irdischen Umwelt unseres Alltagslebens, die ätherische Welt der Lebens- und Bildekräfte, die typisch seelisch-astrale Welt – bedürfen je zu ihrer adäquaten Wahrnehmung *einer* bestimmten, charakteristischen Bewußtseinsausrichtung.) Das adäquate Erfassen der ganz eigenen Wesensart einer jeden Ebene ist für Steiner eine zentrale Forderung. Man hat es in seiner Schulung auch gar nicht eilig damit, »rasch hellsehend« zu werden, um dann »irgendwelche übersinnlichen Dinge« zu sehen. Wenn man schließlich auf einer höheren Ebene »erwacht« – z.B. in einem Bereich der astralischen Welt –, dann stellt man fest, daß diese so total anders ist als alles, was wir hier im irdischen Bereich kennen, daß es keine Möglichkeit der Täuschung gibt. Außerdem wird es nicht so leicht »Vermischungen« der verschiedenen Welten geben. Wir haben, um in einer astralen Welt adäquat wahrzunehmen – wie Steiner es formuliert – die astralischen Sinne nötig. (Für die Inder sind es dieselben Sinne wie jene, die wir brauchen, um die grobstoffliche Welt wahrzunehmen, nur daß sie jetzt emporgehoben sind aus der grobphysischen Welt und damit ebenfalls je eine Metamorphose durchgemacht haben.) Wir brauchen aber vor allem als adäquate Basis jeglicher astralen Wahrnehmung ein »astrales Bewußtsein«, und ein Mensch wie Jens Dahl hatte zwar ein bestimmtes esoterisches Training durchgemacht, hatte dabei aber nie ein ausreichend höheres *Bewußtsein* entwickelt. In so einem Fall kann es dann sein, daß bei einem Menschen Objekte aus allen möglichen Bereichen, die er nicht durchschaut – weil er das adäquate Bewußtsein dafür nicht hat – sich umsetzen in die Form von irgend etwas »Physischem«, und er wird schwören, daß da ein Stein ist oder daß da ein Mensch hereinkommt ... Ich hatte in meiner Jugend Freunde, die auf der Straße einen lebenden Menschen fast umwarfen, weil sie einem Toten aus dem Weg gingen ...

In der Verlängerung dieser Umstände hätte man einige Dinge zu beachten, wenn man eine Therapie für Blinde entwickeln wollte. Wenn ein Mensch zuerst normal sehend war und *dann* durch einen Unfall seine Augen verliert, so ist es außerdem wichtig, sich bewußt zu machen, daß die Art, *wie* wir sehen, auch sehr viel mit Gewöhnung zu tun hat. Daß wir mittels unserer grobstofflichen Augen sehen, ist ein gewohnheitsmäßiger Griff unseres Sehaktes, der auf Anhieb gar nicht so leicht zu ändern ist.* Seit unserer frühesten Kindheit ist uns dieser Griff auf das Sehen einprogrammiert. Deswegen müßten wir in so einem Fall zuerst lernen, *auf einem anderen Weg* sehen zu lernen. Wir müssen unseren Sehvorgang umstellen, und das braucht Zeit.

---

* Eine genauere phänomenologische Untersuchung – auf die wir an dieser Stelle nicht näher eingehen können – darüber, welche Rolle das Auge eigentlich beim *Seh*akt spielt, führt zur folgenden, skizzenhaften Formulierung: Wir sehen gar nicht durch das Auge – sondern »am Auge entlang«.

Jetzt aber zurück zum AHAṂKĀRA. So wie MANAS und die 10 INDRIYAS aus dem SĀTTVIKA-Teil des AHAṂKĀRA hervorgehen, so entstehen die 5 TANMĀTRAS aus dem TĀMASA-Teil des AHAṂKĀRA.

AHAṂKĀRA → MANAS + 5 + 5

AHAṂKĀRA → 5 TANMĀTRAS (16. – 20. TATTVA)

Die TANMĀTRAS – die feinstofflichen Gegenstände der Wahrnehmungsorgane – sind, wie bereits an früherer Stelle erwähnt, Stück für Stück *gleichzeitig* mit den 5 Wahrnehmungsorganen aus dem AHAṂKĀRA entstanden. Zuerst entstand zusammen mit dem Wahrnehmungsorgan des Hörens das TANMĀTRA des Hörens. Dann entstand im gleichen Wurf zusammen mit dem Wahrnehmungsorgan des Tastens, bzw. Fühlens oder Berührens das TANMĀTRA des Tastens, Fühlens bzw. Berührens. Danach entstand das Wahrnehmungsorgan des Sehens, gleichzeitig mit dem TANMĀTRA des Sehens. Daraufhin entließ der AHAṂKĀRA das Wahrnehmungsorgan des Schmeckens, zusammen mit dem TANMĀTRA des Schmeckens. Und schließlich entstand das Wahrnehmungsorgan des Riechens, gleichzeitig mit dem TANMĀTRA des Riechens. Die Wahrnehmungsorgane und die entsprechenden TANMĀTRAS sind unmittelbar aufeinander bezogen. Sie stehen je auf derselben Ebene, dem gleichen Niveau der Entwicklung, wie Richard Garbe sich ausdrückt. Jeder »Wurf« aus dem AHAṂKĀRA bezeichnet eine jeweils tiefere, von unserem heutigen Standpunkt »erdnähere« Ebene. Die Wahrnehmungsorgane – links in der folgenden Darstellung – stehen dabei an der relativen Subjekt-, der relativen Ich-Seite, die TANMĀTRAS – rechts gezeichnet – an der entsprechenden, relativen Objekt-Seite.

G: Aber, wenn die JÑĀNENDRIYAS Organe sind, dann sind sie doch eigentlich *auch* Gegenstände!

OM: Ja, für den Yogin gibt es im Grunde nur *ein* Subjekt, und das ist der PURUṢA, und es gibt nur *ein* Objekt, und das ist alles, was PRAKṚTI ist. Aber, wie kommt es denn, daß ich mich selbst im Hören, Fühlen, Sehen ... überhaupt als Subjekt erfahre? Nun, das ist deswegen der Fall, weil dieser PURUṢA, das Ur-Subjekt, sich *identifiziert*, und dort, *wo* er sich identifiziert, wird PRAKṚTI *subjektiviert*, »ver-icht«. Und was macht jetzt der Yogin? Er löst diese Beziehung mit der PRAKṚTI wieder, so daß er im gegebenen Augenblick plötzlich an der PURUṢA-Seite den Blick für das bekommt, was früher für ihn noch nicht sichtbar war, weil er es durch die Subjektivierung noch selber *war!* – es wird dann endlich für ihn wirklich »Objekt«.

AHAṂKĀRA

SĀTTVIKA-AHAṂKĀRA:		TĀMASA-AHAṂKĀRA:	
Hören	↔	TANMĀTRA des Hörens	(ŚABDA-TANMĀTRA)
Fühlen	↔	TANMĀTRA des Fühlens	(SPARŚA-TANMĀTRA)
Sehen	↔	TANMĀTRA des Sehens	(RŪPA-TANMĀTRA)
Schmecken	↔	TANMĀTRA des Schmeckens	(RASA-TANMĀTRA)
Riechen	↔	TANMĀTRA des Riechens	(GANDHA-TANMĀTRA)

U: Ich höre jetzt deine Stimme – was ist hieran das TANMĀTRA?

OM: Das ist eine gute Frage. Was ist jetzt eigentlich in dieser Stimme das TANMĀTRA des Hörens? – Es ist *das rein Klanghafte als solches*, das den Unterschied ausmacht gegenüber dem Optischen und dem, was getastet werden kann, es ist der *Klang als solcher!* Wenn du wirklich auf das TANMĀTRA eingehst, wirst du den Inhalt meiner Worte nicht mehr hören ... Eigentlich ist es sogar so, daß man eine besondere Anstrengung auf die Beine bringen muß, um das, was rein TANMĀTRA-haft auf einen zukommt, nun auch zu apperzipieren als einen *physischen* Klang. Hierzu trägt zum Beispiel bei, daß man sich – wenn auch nicht immer voll bewußt – vergewissert, daß der Klang aus einer ganz bestimmten Richtung kommt und/oder auch, daß der Klang offensichtlich von einer weiten, bzw. nahen Quelle herstammt ... Mit dem Licht verhält es sich ähnlich. Das Licht selbst ist eigentlich nicht sichtbar – sehen wir nicht eigentlich nur die beleuchteten Dinge? Und doch sagt man eventuell hinterher: »Im Zimmer, in dem wir vorher waren, war es doch sehr hell; ja, viel Licht war dort!« D.h., vorhin im Zimmer haben wir das Licht eigentlich gar nicht so bemerkt, da wir abgelenkt waren von den beleuchteten Dingen. Hinterher aber, wenn wir nicht direkt mit den beleuchteten Dingen konfrontiert sind, fällt uns plötzlich auf, wie hell, wie licht das Zimmer war. Auch dies ist eine gegenständliche Wahrnehmung und bezieht sich jetzt auf das TANMĀTRA des Sehens. Vorhin im Zimmer wurde dieses TANMĀTRA des Sehens bereits *implizite* wahrgenommen, oder – um es mit dem schönen Ausdruck von Heidegger zu formulieren: es wurde *unthematisch* wahrgenommen. Jetzt hingegen, im Nachhinein, stellt es sich *explizite* heraus, d.h. das Licht oder der Lichteindruck, das oder der vorhin im Zimmer noch unthematisch gegeben war, wird jetzt *thematisch* gesichtet, d.h. bewußt wahrgenommen.

Jetzt sollten wir uns einen Augenblick klarmachen, daß für jeden von uns das Wort *Bewußtsein* irgendwie mit *Licht* verbunden ist, ja, wir können so weit gehen zu sagen, daß unser Bewußtsein so etwas wie ein Licht in uns ist, wodurch wir überhaupt Dinge wahrnehmen, zur Kenntnis nehmen, durchschauen. Ausdrücke im Volksmund verdeutlichen dies, z.B.: »Da ist mir doch plötzlich ein Licht aufgegangen«, was bedeutet: da ist mir plötzlich etwas bewußt geworden, was mir vorher noch nicht bewußt war – bezüglich dieser bestimmten Sache tappte ich nämlich noch im »Dunkeln«. Wir könnten vielleicht vorläufig zu der Formulierung kommen, daß das Bewußtsein, das innere Licht, mehr an der Subjekt-Seite steht, während das, was wir gewöhnlich als das Licht draußen in der Welt wahrnehmen, eher an der Objekt-Seite steht. So spricht man in der Naturwissenschaft von dem Phänomen Licht als von einer physikalischen Realität. Es wird in der Physik mit Licht praktisch experimentiert, und es gibt physikalische Lichttheorien. Der Physiker heute sagt, das Licht sei eine elektromagnetische Schwingung, und er wird dieses Licht aufgrund der gängigen Erkenntnislehre abtrennen von der inneren Erfahrung des Menschen, in der ihm »ein Licht aufgeht«. Für den Phänomenologen aber besteht kein Unterschied. Macht er eine äußere Erfahrung, die er spontan als Licht erfährt, so wird er sagen: Wie auch immer dieses Licht physikalisch beschaffen sein mag, seine *Essenz* ist *das Lichthafte.* Wenn derselbe Phänomenologe sagt: »Da ist mir ein Licht aufgegangen«, so wird er in diesem inneren Licht derselben Essenz der Lichthaftigkeit begegnen, und unbeirrt von allen sonstigen wissenschaftlichen Theorien wird er in beiden Fällen sagen, daß er zu einer *Wesenserschauung des Lichtes als solches* gekommen ist. Diese Stellungnahme des Phänomenologen entspricht total der Position des Sāṃkhya. Wenn wir uns abschließend zu diesem Thema an die Aussage des Griechen Empedokles in den Worten Goethes erinnern: »Wär' nicht das Auge sonnenhaft, wie könnten wir das Licht erblicken ...«, so ist hiermit nicht das grobphysische Auge gemeint, sondern das JÑĀNENDRIYA »Auge«, das den eingeborenen Lichtsinn des Menschen betrifft, der auf der feinstofflichen Ebene lokalisiert ist. Ziehen wir das Licht von der äußeren Sonne über das grobstoffliche Auge und den feinstofflichen Lichtsinn hinaus durch zu seiner letzten Quelle, so landen wir im PURUṢA!

A: Ich denke gerade an die Bibel. »Am Anfang war das Wort« – das muß doch ein Klang gewesen sein, und nun geht es mir nicht ein, daß die TANMĀTRAS so spät kommen, die müßten dann doch ganz *oben* stehen!

OM: Ich verstehe, was du meinst. Dazu ist zu sagen, daß nach dem SAT-KĀRYA-VĀDA, dieser Ursache-Wirkung-Lehre, alles, auch der Klang, in der AVYAKTA PRAKṚTI *latent* verborgen ist. Später tritt er an einer bestimmten Stelle des Schöpfungsprozesses als Klang-TANMĀTRA in feinstoffliche Erscheinung. Er gilt jetzt als feinstofflich – *jedoch nicht grobstofflich* – manifestiert.

Jetzt werde ich anhand unserer TATTVA-Darstellung noch einmal auf LIṄGA und LIṄGA-ŚARĪRA zurückkommen. Was macht das LIṄGA eines Menschen aus? Das LIṄGA ist gebildet aus den TATTVAS: BUDDHI-AHAṂKĀRA-MANAS (ANTAḤKARAṆA), das sind 3 TATTVAS, + 5 Wahrnehmungsorgane + 5 Tatorgane sind zusammen »die 13«.

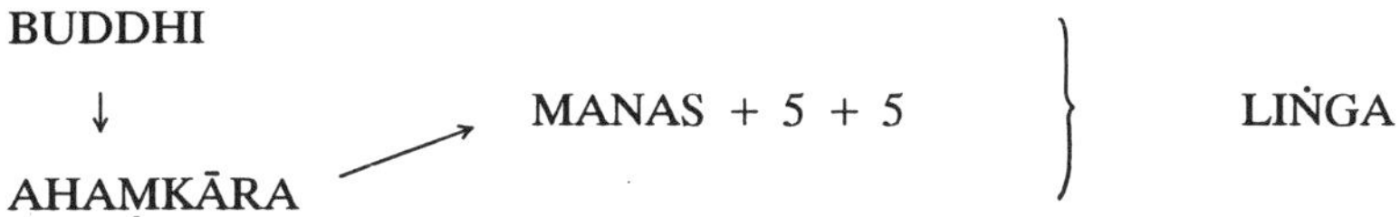

In der Praxis tritt aber nie jemand mit nur diesen 13 TATTVAS auf. Er kommt als LIṄGA-ŚARĪRA, als LIṄGA-Leib. Und was macht jetzt noch zusätzlich diesen Leib aus? Die 5 TANMĀTRAS. Also »die 13« + die 5 TANMĀTRAS ergeben zusammen »die 18«; die TANMĀTRAS bilden zu diesem LIṄGA die Hüllennatur, so daß das Ganze der LIṄGA-ŚARĪRA heißt. Der LIṄGA-ŚARĪRA wird also bestimmt durch diese 18 TATTVAS.

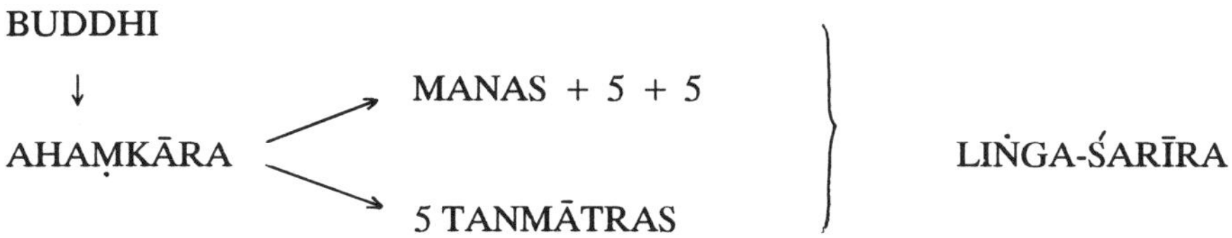

Haben wir nicht darüber gesprochen, daß die Entfaltung der TATTVAS sich immer PURUṢA ARTHA, »for the sake of PURUṢA« entwickelte? Durch eine sehr spezielle

PURUṢA-Nähe fing die PRAKṚTI an, sich zu entfalten, wobei jede ihrer Bewegungen und Ausgestaltungen bis ins kleinste Detail dem Willen des PURUṢA entsprach. Auf dieselbe Weise wurde auch die LIṄGA-Struktur im einzelnen Menschen ganz unter dem Einfluß des jeweiligen PURUṢA gestaltet. Da nun aber jedes LIṄGA individuell und unverwechselbar ist – wodurch laut Sāṃkhya ein Mensch durch alle Zeiten und in allen Welten zurückerkannt werden kann – so muß auch der dazugehörende PURUṢA, der die PRAKṚTI dazu veranlaßt hat, sich auf eine so einmalige Weise zu bewegen, daß sie dieses einmalige LIṄGA hervorgebracht hat, individuell und einmalig sein.

Hierin liegt ein Beweis für die Verschiedenartigkeit und Individualität eines jeden PURUṢA!

Die *verborgene* einmalige Individualität des *PURUṢA*, die also nicht manifestiert ist, wird sozusagen *durch das LIṄGA manifestiert* – und dieses LIṄGA braucht dann noch ein Vehikel, einen Leib, um als lebendige Wesenheit durch die Welten wandern zu können. Dabei hat der PURUṢA Seins-Charakter, das LIṄGA Erscheinungs-Charakter, *das LIṄGA ist also die Erscheinung des PURUṢA.*

G: Wenn mit den Wahrnehmungsorganen zugleich auch die TANMĀTRAS gegeben sind, dann ist doch der LIṄGA-ŚARĪRA gleich als Ganzer da ...

OM: Du willst damit sagen, daß es von Anfang an den LIṄGA-ŚARĪRA als Ganzen gegeben hat und nie nur das LIṄGA alleine ... Ja, das stimmt. Hier ist auch lediglich von einer Unterscheidung, keineswegs von einer Scheidung, die Rede! Dabei ist es an erster Stelle der LIṄGA-Teil des LIṄGA-ŚARĪRA, der dem Ganzen sein charakteristisches Gepräge verleiht ...

D: Du hast einmal gesagt: »Zuerst das Sehen, dann erst das Auge«, wie verhält sich das nun im Zusammenhang mit dem Sehen und dem TANMĀTRA des Sehens?

OM: Du bist ganz nah an einem gewaltigen Geheimnis. In dem Moment, daß das JÑĀNENDRIYA des Sehens in Bewegung kommt und das TANMĀTRA des Sehens erblickt, bildet sich ein Spannungsfeld, in welchem sich wirklich »Auge« bildet, bis später sogar unser grobphysisches Auge in der Verlängerung dieses Geschehens entsteht. Da ist also nicht erst ein Auge, womit ich dann sehen kann, sondern *der Sehakt* schafft ein Gebilde, das augenartig aussieht ... In der von mir entwickelten »Bewußtsein-Materie-Lehre« bin ich auf dieses Thema näher eingegangen. In den Sāṃkhya-Texten, die ich bis jetzt kennenlernte, bekommt man keinen direkten Aufschluß darüber, aber wenn man über die wenigen Dinge, die gesagt werden, immer wieder konsequent nachsinnt, kann man zu eindeutigen Schlüssen über deren wahre Zusammenhänge kommen.

Daß die TANMĀTRAS als die Gegenstände der entsprechenden Wahrnehmungssinne definiert werden, ist wirklich etwas, worüber man sich fast wundern muß. Wir haben doch (auf Seite 193) darüber gesprochen, daß das TANMĀTRA des Hörens *nur* gehört wird, das TANMĀTRA des Tastens *nur* getastet wird, etc., das heißt: das, was gehört wird, wird nicht getastet, nicht gesehen, nicht geschmeckt und nicht gerochen ... TANMĀTRAS haben also die Eigenart, von nur *einem* Sinn wahrgenommen zu werden. Man muß sich genau vergewissern, was das eigentlich heißt! – Ich habe hier eine Flasche in der Hand, ich taste sie – und doch ist sie kein TANMĀTRA! Und warum nicht? Weil sie zwar getastet wird wie ein TANMĀTRA, gleichzeitig aber auch *gehört* und *gesehen* werden kann – vom Standpunkt des Schmeckens und Riechens gibt sie da weniger her. Mit anderen Worten, wir haben in dieser Flasche eine »*Sammlung* von TANMĀTRAS« sozusagen. Ein TANMĀTRA für sich ist nur auf einen einzigen Sinn spezialisiert, also nur von diesem *einen* Sinn wahrzunehmen ... Wie kann das in der Praxis aussehen? Da muß ich zur Illustration doch eine kurze Geschichte erzählen.

Im Alter von sechzehn Jahren hatte ich vorübergehend das ganz stark befremdliche Symptom, daß ich Klänge hörte, die nicht von außen, sondern sehr deutlich von innen kamen. Diese Klänge hatten etwas Beängstigendes an sich. Ein normaler Klang, der z.B. davon kommt, daß jemand redet, ist flach verglichen mit einem solchen dreidimensionalen, sich wie eine Schraube hineindrehenden Ton, den ich da zu hören bekam. Es konnten entweder spontan Laute entstehen, aber es konnte auch sein, daß ich plötzlich wie von einer Schallplatte Worte hörte, die meine Mutter im Laufe des Tages gesprochen hatte. Diese Worte kamen als innerliche Klänge zurück, ganz unangenehm eindringlich und nah – und sehr plastisch. Außerdem, wenn ich diesen Klängen zuhörte, wurde ich wie aus dem Körper herausgezogen. Das brachte eine bestimmte Angst, ja, sogar Todesangst mit sich, so daß ich mich von diesen Klängen distanzieren mußte. In dieser Zeit fing zusätzlich auch etwas ganz anderes noch an, ich bekam nämlich regelmäßig so etwas wie Gespensterbesuch; die ersten Gestalten, die da auftauchten, sahen so aus, wie wenn Kinder mit einem Leintuch umwickelt »Gespenster spielen«. Diese Gestalten schwebten einfach so durch die Wände – später haben sie sich dann auch zu menschlichen Figuren verdichtet, und vorübergehend bin ich nachts bei vollem Wachbewußtsein in der Situation gewesen, daß ich absolut Menschen – mir unbekannte Personen – physisch in meinem Zimmer sah, die aber grobstofflich nicht da waren.

Diese Menschen, die da quer durch die Wand kamen, haben aber nie etwas zu mir gesagt – ich habe sie oft etwas gefragt, worauf ich aber nie eine Antwort erhielt, aber nicht nur das, sie machten *überhaupt keine Geräusche*! Ich habe sie nur *gesehen*. Ich habe dann auch nach ihnen getastet – aber da war nichts. Normalerweise ist es doch so: wenn du ein Gespenst siehst, und du tastest nach und merkst, daß da nichts ist, sagst du: »Gott sei Dank, es war eine Täuschung!« In Wirklichkeit aber – zu diesem Schluß mußte ich kommen – ist das keine Täuschung. Erst später habe ich durch die TANMĀTRA-Lehre verstanden, daß diese Gestalten aus *so etwas wie* dem

TANMĀTRA des Sehens bestanden, das eben nicht getastet, nicht gehört, nicht geschmeckt und nicht gerochen wird. Dennoch handelt es sich hierbei nicht um ein pures TANMĀTRA-Erleben, wie auf den nächsten Seiten noch näher erläutert wird.

Bedenklich wurde die Sache aber, als eines Tages Dinge mitsamt mir selber durch das Zimmer geworfen wurden – du mußt dir vorstellen, du siehst und hörst niemanden (gerochen und geschmeckt habe ich denjenigen auch nicht ...) und wirst plötzlich gepackt, aus dem Bett geworfen, und zur gleichen Zeit stürzen mit lauten Fallgeräuschen reihenweise Bücher von ihrer aufrecht stehenden in die nach vorne gekippte Haltung mit dem Buchrücken nach oben ... Trotz meinem Schrecken war das für mich gleichzeitig eine erkenntnistheoretische Entdeckung: Ich kann gepackt werden von etwas, das ich nicht sehen kann! Normalerweise kann man doch etwas, das *unsichtbar* ist, auch *nicht tasten* (abgesehen von einem vollkommen reinen, durchsichtigen Glas ...), und gewöhnlich wird man auch etwas, das man *tasten* kann, gewiß auch *sehen* können, nicht wahr?! Aufschluß darüber, wie so etwas möglich ist, bekam ich aber erst, als ich später die indische Lehre der TANMĀTRAS kennenlernte, die besagt, daß je ein Sinnesorgan mit je einem ihm zugeordneten Sinnesobjekt zusammen eine innere Polarität bildet und daß diese feinstofflichen Sinnesobjekte nicht wie unsere grobstofflichen Elemente *mehrere* Sinne auf sich ziehen. *Das* macht u.a. den Unterschied zwischen den TANMĀTRAS, also den feinstofflichen Gegenständen, und den Elementen, bzw. den grobstofflichen Gegenständen aus. – Feinstofflich? Ich bin aber ganz schön grobstofflich auf den Boden geworfen worden! Und woran liegt das? Der Tastsinn nimmt unter den fünf Sinnen eine besondere Rolle ein, er ist über unseren ganzen Körper verteilt. Eigentlich ist das, was wir Körper nennen, nur einer unserer fünf Sinne. Wir haben Augen, die sehr stark auf einen Ort beschränkt sind – Nase, Zunge, Ohren und das alles an *einem* Kopf, und *dann* breitet sich noch das Tastorgan über den ganzen Körper aus – manchmal sage ich doch: der Körper ist ein spazierendes Tastorgan ... Und ich muß sagen, ich fühlte ein ganzes Stück Sorge und

Entrüstung weniger, als ich später Texte über die TANMĀTRAS las. Die Lehre der 5 TANMĀTRAS empfand ich als genial ...

H: Ich verstehe hier den Unterschied zwischen feinstofflich und grobstofflich noch nicht so ganz.

OM: In Wirklichkeit sind diese Bereiche auch gar nicht immer so leicht zu unterscheiden. Wenn da jemand völlig ›life‹ durch das Zimmer spaziert, der nur gesehen wird – übrigens: mit Kleidern –, nicht aber Gegenstand des Tastens usw. ist, so ist diese Gestalt eigentlich auch schon – fast – grobstofflich, also bereits kein richtiges TANMĀTRA mehr! Die Klänge, Erscheinungen und Tastwahrnehmungen, die ich vorhin beschrieben habe, sind eigentlich nicht pure TANMĀTRAS, sie sind aber *so etwas wie* auf der grobphysischen Ebene sichtbar gewordene TANMĀTRAS – sie benehmen sich insofern *wie* TANMĀTRAS, als sie nur *einen Sinn* ansprechen ... Meines Erachtens ist die Grenze zwischen fein- und grobstofflich in Wirklichkeit ziemlich fließend. Das Sāṃkhya – soweit es uns überliefert ist – erklärt nicht *alles*, was es gibt, aber das Prinzipielle, die *Schlüssel-Faktoren*, werden jeweils gegeben, und als solche sind die TANMĀTRAS zu betrachten – und wenn diese dann noch Mischungen eingehen ... Es scheint also noch bestimmte Arten von Substanzbildungen zu geben, die *zwischen* dem Bereich der puren TANMĀTRAS und jenem der grobstofflichen Elemente Gestalt annehmen. Wie aber kommen all diese Arten von Mischübergängen zustande? Ich glaube, daß sie auf den Plan gerufen werden durch die persönlichen Anliegen und Wunschvorstellungen jener Entitäten, die sich in Erscheinung bringen wollen.

Für die TANMĀTRAS ist es nun nicht nur charakteristisch, daß sie jeweils nur *einen Sinn* ansprechen, sondern auch die *Abwesenheit von jeglicher Differenzierung* (AVIŚEṢA) an der Objektseite ist maßgebend für ein TANMĀTRA – beim TANMĀTRA des Tastens die Abwesenheit aller Differenzierung außer der *puren Tast- oder Be-*

rührungs-Qualität. Zum Beispiel kann ich mit der Hand die *Umrisse* dieser Flasche ausmachen, während gleichzeitig die *Glattheit* der Oberfläche mir nahelegt, daß das Material meines Gegenstandes wohl *Glas* sein dürfte. *Glattheit*, *Glas*, *Flasche* sind schon Besonderheiten, Differenzierungen (VIŚEṢA) der puren Tast-oder Berührungsqualität und somit bereits keine TANMĀTRAS mehr! Ein TANMĀTRA ist im weitesten Sinne »unspezifisch« (AVIŚEṢA), nach allen Richtungen hin ... All die Besonderheiten (VIŚEṢA) – Umrisse, Glattheit etc. – zusammen versetzen übrigens mein Bewußtsein in die *grobstoffliche* Welt, oder besser: belassen mein Bewußtsein, das gewöhnlich sowieso grobstofflich ausgerichtet ist, in dieser Welt. Sogar wenn ich es in Wirklichkeit nur mit einem TANMĀTRA auf einmal zu tun bekomme, reicht ein *kurzes* Verweilen bei dieser Erfahrung nicht aus, um mit meinem Bewußtsein aus der grobstofflichen Welt herauszukommen, und zwar aus einfachen, psychologischen Gründen. Richte ich mich nur für eine kurze Zeit auf ein TANMĀTRA, so werden mühelos – wie bei der Flasche – durch Assoziation noch viele andere Merkmale (VIŚEṢA) spontan produziert und auf den Gegenstand projiziert: man hält nunmehr dieses Ding für »dies oder das«, ein ganz bestimmtes Objekt, das Bestandteil ist der grobstofflichen Welt, wodurch unser Bewußtsein sofort wieder grobstofflich ausgerichtet wird. Nur ein beharrliches, immer wieder erneuertes Zurückkehren zu dem TANMĀTRA-Objekt (sinnigerweise bedeutet »TANMĀTRA« ja u.a. wörtlich: »*nur* dieses« ...) ermöglicht eines Tages – und dann u.U. sehr plötzlich – buchstäblich ein »Entrückt«-Werden, ein Losgerückt-Werden aus den vielen Fängen der grobstofflichen Welt. Erst dann bemerkt man, daß man in bezug auf sein Bewußtsein das »Niveau« gewechselt hat. Dabei kann man übrigens fast aus dem physischen Körper gezogen werden ... Das Sāṃkhya nennt diese neuerworbene Ebene nunmehr die »feinstoffliche« Welt. In der Tat ist es *jetzt* auch leichter geworden, mit eben derselben beharrlichen Sammlung, sich beliebige *andere* TANMĀTRAS zu eigen zu machen. Mit dieser Anweisung kann jeder mit seiner eigenen Intelligenz und Fantasie anfangen zu praktizieren – und eine Reihe neuer Entdeckungen machen!

Die TANMĀTRAS sind aber in *jeder* Wahrnehmung, also auch einer grobstofflichen, *immer* mit drin. Sie liegen sozusagen an der Oberfläche aller Dinge und sind zum Greifen nah, aber sie werden schlicht *als solche* übersehen – wir sehen normalerweise immer an den TANMĀTRAS vorbei zu den Blumen, zum Menschenantlitz –, die TANMĀTRAS werden überfühlt, überschmeckt etc. d.h., sie treten für unser Bewußtsein in den Hintergrund. Sie spielen wie *unthematisch* – ihr erinnert euch an das Wort von Heidegger – mit eine Rolle. Letztlich *sehen* oder *tasten* etc. wir alle Dinge nur, weil in ihnen die TANMĀTRAS – als »*das* Objekthafte« für unsere Wahrnehmungssinne – stecken.

Entstehung der MAHĀBHŪTAS aus den TANMĀTRAS

Es fängt damit an, daß – und nun kommt ein ganz merkwürdiger Satz – etwas mit dem *TANMĀTRA des Hörens* passiert, wodurch es »grobstofflich« wird. Aber wie ist das möglich? Wodurch kommt der Übergang von Feinstofflichkeit zu Grobstofflichkeit zustande? Durch eine verstärkte TAMAS-Wirkung! Das TANMĀTRA des Hörens gerät, durch einen bestimmten Energiezuschuß aus der AVYAKTA PRAKṚTI, wie in eine Art *Gravitationsfeld* – im Sāṃkhya wird in der Tat das Phänomen der Gravitation dem TAMAS zugeordnet. Dadurch gelangt es »eine Stufe tiefer« – wobei es aber in sich dasjenige bleibt, was es war, nämlich das, was »hörbar« ist, bzw. gehört wird – und »verwandelt sich« dabei in das Element ĀKĀŚA. Und ĀKĀŚA wird deswegen gehört, weil es eigentlich das TANMĀTRA des Hörens *ist*, das jetzt aber – in seinem Zustand der Energetisierung in Richtung »Entstehungsprozeß der Schöpfung« (»SṚṢṬI«*) – etwas näher in die Sphäre der Schwerkraft und Dunkelheit geraten ist ... Liebe Freunde, probiert ruhig, jeder für sich, wie auch gemeinsam im Dialog, die Werdungsgeschichte des ĀKĀŚA aus dem Klang-TANMĀTRA zu erschauen. Wir sind damals alle mit dabei gewesen, wir müssen uns – so Kapila – nur wieder daran erinnern!

Und jetzt geht es weiter: Das TANMĀTRA des Hörens und das *TANMĀTRA des Tastens* (bzw. des Berührens oder des Fühlens) tun sich zusammen, bekommen aus der AVYAKTA PRAKṚTI einen neuen energetischen Schub und geraten durch die Wirkung des TAMAS-Pols ebenfalls in dieses Schwerefeld. – Und was ist die Folge? Es entsteht das Element LUFT, das in Indien immer Wind genannt wird: VĀYU. Und da VĀYU entstanden ist, weil das TANMĀTRA des Hörens und das TANMĀTRA des

---

* So, wie SṚṢṬI in Richtung des Schöpfungsprozesses liegt, so liegt LAYA in Richtung Auflösung, Aufhebung, Rückgängigmachen des Schöpfungsprozesses. SṚṢṬI und LAYA sind also genaue Gegensätze im Sinne einer lebendigen Polarität.

Fühlens (bzw. des Tastens oder Berührens) sich zusammentaten, wird Luft sowohl *gehört* wie *gefühlt* (bzw. *getastet* oder *berührt*).

Man muß sich diesen Prozeß bildhaft vorstellen: Vom Element ĀKĀŚA wird gesagt, daß es allgegenwärtig ist in unserem physikalischen Raum – eine der Übersetzungen von ĀKĀŚA *ist* Raum – es ist also unermeßlich groß, ein unendliches Universum. In dem Augenblick, daß sich zum TANMĀTRA des Hörens das TANMĀTRA des Fühlens gesellt und beide in das Schwerefeld hineingeraten, fängt es in diesem riesigen ĀKĀŚA-Raum an zu wehen und zu brausen und zu stürmen – ein gewaltiger Weltenwind entsteht quer durch den Kosmos. ĀKĀŚA bildet jetzt für VĀYU, für diesen Wind, den Raum. Es wird gesagt, daß ĀKĀŚA dazu da ist, den anderen Elementen ihren *Raum zu geben*, damit sie sich entfalten können ... Dieser Wind ist schon begrenzter als ĀKĀŚA, aber immer noch sehr groß und »sich überallhin bewegend«.

Dann geht der Schöpfungsprozeß weiter. Drei TANMĀTRAS tun sich zusammen: das TANMĀTRA des Hörens, das TANMĀTRA des Fühlens und das *TANMĀTRA des Sehens*. Sie geraten in dieses Schwerefeld hinein, was zur Folge hat, daß plötzlich mitten in diesem riesengroßen ĀKĀŚA-Raum, in dem es stürmt und braust, an ungezählten Stellen FEUER – TEJAS oder AGNI – auflodert. Stellt euch plastisch-anschaulich vor, wie plötzlich dieses Feuer zwischen diesen Winden in diesem unermeßlich großen Weltenraum aufflammt! Alles ist jetzt durchsetzt von diesem lodernden Feuer – gewaltige leuchtende Flammen schießen in alle Richtungen. ĀKĀŚA, Wind und Feuer zelebrieren miteinander einen mächtigen Tanz in kosmischen Dimensionen ... ĀKĀŚA wird nur gehört, Wind wird gehört und gefühlt, und dieses überall jetzt aufbrechende lodernde Feuer wird *gehört, gefühlt* und *gesehen*, gemäß der Beteiligung der drei entsprechenden TANMĀTRAS.

Und jetzt gesellt sich zum TANMĀTRA des Hörens, TANMĀTRA des Fühlens und TANMĀTRA des Sehens das *TANMĀTRA des Schmeckens*. Sie geraten zusammen in dieses Schwerefeld des TAMAS, und zwischen all den vorigen Elementen, die sich in dem Riesen-ĀKĀŚA-Raum entfaltet haben – dem Wind mit seinem Tosen und Toben, diesen lodernden Feuersbrünsten – ergießen sich plötzlich umfangreiche Wassermassen in Wirbeln und Strömungen von Größen, die unser Planetensystem weit übertreffen. Überall fließt jetzt WASSER – AP, ĀPAS –, und dieses Wasser wird nun *gehört, gefühlt, gesehen* und *geschmeckt*, weil die TANMĀTRAS des Hörens, des Fühlens, des Sehens und des Schmeckens sich zusammengetan haben.

Man muß sich vorstellen, daß ungezählte Wesen – Luftgeister, Feuergeister, Wassergeister usw. – sich in diesem Geschehen inkarnieren. Alles ist durchseelt und belebt – da ist keine tote Materie! Diese Wesen haben großen Spaß am Entstehungsprozeß der MAHĀBHŪTAS ...

Und schließlich wirken alle 5 TANMĀTRAS zusammen, das TANMĀTRA des Hörens, das TANMĀTRA des Fühlens, das TANMĀTRA des Sehens, das TANMĀTRA des Schmeckens und das *TANMĀTRA des Riechens* – sie geraten in das Schwerefeld, und mitten zwischen diesen kosmischen Klängen und orkanhaften Lufteinbrüchen, diesen lodernden Feuersbrünsten, sich ergießenden Wasserläufen und dreidimensional sich hineinschraubenden Wasserstrudeln, die sich da in allen Dimensionen quer durch den gewaltigen Weltenraum bewegen, entsteht jetzt ERDE – PṚTHIVĪ. Erde, das 25. TATTVA, wird deswegen *gehört, gefühlt, gesehen, geschmeckt* und *gerochen*.

Dieses ganze Geschehen verläuft auf jeder Stufe immer sehr gesetzmäßig PURUṢA ARTHA, »for the sake of PURUṢA«. ĀKĀŚA ist also unendlich groß, Wind ist immer noch sehr groß, Feuer und Wasser dagegen sind schon viel beschränkter, und darin Erde: sie ist am beschränktesten im Ausfüllen des Raumes. Dabei sind ĀKĀŚA und Erde in Ruhe, ĀKĀŚA ist Ruhe in der Allgegenwart – Erde ist Ruhe in der Beschränkung, während Wind, Feuer und Wasser in ständiger Bewegung sind.

Diese 5 Elemente werden die 5 MAHĀ-BHŪTAS (die großen Elemente), oder die 5 STHŪLA-BHŪTAS (die grobstofflichen Elemente) genannt.

So sind also als letzte 5 der 25 TATTVAS die 5 MAHĀBHŪTAS aus den 5 TANMĀTRAS entstanden. Habt ihr übrigens bemerkt, daß die TANMĀTRAS sowohl hervorgebracht worden sind (vom AHAṂKĀRA), als auch später selbst neue TATTVAS (die MAHĀBHŪTAS) hervorbringen? – Also sind sie »Transit-TATTVAS«. Die MAHĀBHŪTAS selber bringen aber keine TATTVAS mehr hervor, also sind sie »Sackgasse-TATTVAS«.

AHAṂKĀRA → MANAS + 5 + 5

AHAṂKĀRA → 5 TANMĀTRAS

↓ ↓ ↓ ↓ ↓

5 MAHĀBHŪTAS (21. – 25. TATTVA)

Diese 5 MAHĀBHŪTA-TATTVAS sind jetzt die *»Bausteine«*, woraus sich die ganze grobstoffliche Welt um uns herum, mitsamt unseren grobstofflichen Leibern, aufbaut. Diese MAHĀBHŪTA-TATTVAS stellen die Elemente in ihrem »reinen Urzustand« dar. In diesem reinen Urzustand waren sie im Grunde nur im Moment ihrer Entstehung anzutreffen. Seither sind diese Bausteine »Mischungen« eingegangen; verschiedene Zwischenformen und Entfaltungsstufen sind entstanden, darunter auch das uns bekannte Universum in verschiedenen Stadien der Entwicklung – der ganze Erdball, das ganze Sonnensystem bestehen also aus *»Mischungen«* dieser 5 Ur-Elemente. Das Sāṃkhya erklärt den Schöpfungsprozeß nur bis zur Entstehung dieser »reinen Bausteine«, der MAHĀBHŪTA-TATTVAS. Über den nachfolgenden Prozeß der Evolution gibt das Sāṃkhya keinen Aufschluß mehr. Das Anliegen des Sāṃkhya ist es letztendlich, anhand der einzelnen PRAKṚTI-TATTVAS die Schöpfung stufenweise zurückzuverfolgen bis in die AVYAKTA PRAKṚTI, um durch deren *Unterscheidung* von PURUṢA die *Befreiung (MOKṢA)* zu erlangen.

Zuständig für die Darstellung der Weiterentfaltung der grobstofflichen Materie aus ihren »Bausteinen« ist die bereits an früherer Stelle erwähnte philosophische Schule des *NYĀYA-VAIŚEṢIKA* (Logik-Naturphilosophie). Sie beschäftigt sich im Ansatz mit dem Aufbau der grobstofflichen Materie aus den MAHĀBHŪTA-TATTVAS, sowohl was das anorganische Geschehen betrifft, wie auch den Prozeß der »darwinistischen Evolution« betreffend – wie also anorganische Stoffe stufenweise in organische Lebensprozesse integriert und weiterentwickelt werden. So war es auf der archaisch-erkenntnistheoretischen Grundlage des NYĀYA-VAIŚEṢIKA, daß der Āyurveda eine breit angelegte und gut fundierte Pharmakologie entwickelte, die bis zum heutigen Tag ihre praktische Anwendbarkeit unter Beweis stellt.

Vor diesem Hintergrund können wir auch eine Aussage von Professor Dwarakanath, Experte für Āyurveda, verstehen, der zum Thema der Elemente sagte: »Wenn wir ein Stückchen von unserer Erde da draußen in die Hand nehmen, sind darin immer *alle 5 MAHĀBHŪTAS zusammen* anwesend, am meisten aber das MAHĀBHŪTA ›Erde‹.« Bleiben wir noch einen Augenblick hierbei stehen. Wie vorhin bereits gesagt, gab es die »reine Erde« als TATTVA nur im Moment ihrer Entstehung als grobstoffliches Element. *Unsere* grobstofflichen Elemente: Erde, Wasser, Feuer, Luft und ĀKĀŚA, die wir draußen antreffen, bestehen immer aus allen 5 MAHĀBHŪTAS zusammen, wobei z.B. die Erde ein Übergewicht des MAHĀBHŪTA »Erde« aufweist. Unser Wasser, bestehend aus allen 5 MAHĀBHŪTAS, weist ein Übergewicht an »Wasser« auf. Ebenso besteht auch unser Feuer aus allen 5 MAHĀBHŪTAS – mit einem Übergewicht an »Feuer«. Die Tatsache, daß man das Meer auch *riecht*, wird von den Indern als eine im Grunde zur »Erde« gehörende Angelegenheit betrachtet, worin das TANMĀTRA des Riechens das eigentlich Charakteristische ist! (Man erinnere sich: Durch das Hinzukommen des 5. TANMĀTRA, des TANMĀTRA des Riechens, zu den 4 oberen TANMĀTRAS – und deren Hineingeraten in das Schwerefeld des TAMAS – war das MAHĀBHŪTA »Erde« erst entstanden! Deshalb betrachtet man in Indien das *TANMĀTRA des Riechens* als charakteristisch für die *»Erde«*.) – Die MAHĀBHŪTAS als TATTVAS beziehen sich also immer auf den *reinen Urzustand der 5 grobstofflichen Elemente*, der sozusagen den verschiedenen Erscheinungsformen zugrunde liegt ...

Und auf welche Weise können wir nun – abgeleitet hiervon – eine Vorstellung von dem MAHĀBHŪTA-TATTVA »Erde«, dem MAHĀBHŪTA-TATTVA »Wasser« etc. gewinnen? Indem wir uns anhand eines uns aus dem täglichen Leben bekannten Elementes in das jeweils Spezifische des entsprechenden MAHĀBHŪTA einzuleben versuchen. Es ist ein selektierendes Wahrnehmen, das uns hierbei hilft. So können wir bei allen Elementen vorgehen, eventuell auch im raschen Wechsel – es kann von Vorteil sein, gar nicht zu lange hintereinander bei einem einzelnen Element stehenzubleiben. Anhand des Elements Erde um mich herum, in dem immer alle MAHĀBHŪTAS zusammen anwesend sind, versuche ich nun, die *»pure Erde«*, das MAHĀBHŪTA »Erde« wahrzunehmen – durch dasjenige, was wir hier als Wasser kennen, eine Mischung aus allen fünf MAHĀBHŪTAS mit einem Übergewicht von »Wasser«, versuche ich zum *»puren Wasser«*, zum MAHĀBHŪTA »Wasser« zu gelangen etc.

Dem Spezifischen, Prinzipiellen des MAHĀBHŪTA »Erde« könnten wir uns auch durch das Erlebnis: »das Feste« annähern – das, was das spezifisch »Erdhafte« im Unterschied zu allen anderen Elementen auszeichnet, ist im allgemeinen sein fester Aggregatzustand. Im Unterschied dazu könnte man das Spezifische des MAHĀBHŪTA »Wasser« mit »das Flüssige« oder noch besser: »das Fließende« charakterisieren. »Hinter« allen *fließenden Gewässern* steht als Prinzip das MAHĀBHŪTA »Wasser«. Wir können aber auch zu der Wahrnehmung kommen, daß verglichen mit dem

Prinzip »Wasser« die »Erde« stabil an einem Ort ruht, »Wasser« hingegen die Tendenz hat, sich horizontal nach allen Seiten hin zu ergießen. »Luft« wiederum bewegt sich auf leichteste Art dreidimensional in alle Richtungen, während »Feuer« die Tendenz hat, heiß und kraftvoll nach oben zu »steigen« ... Indem man sich auf eine solche spielerische Weise bildhaft in das Wesen der einzelnen MAHĀBHŪTAS einzuleben versucht – wobei jeder Mensch seinen eigenen schöpferischen Zugang dazu finden kann – und diese verschiedenen Wesenheiten auf sich wirken läßt, lernt man sie im Laufe der Zeit – um es mit einem Wort von Edmund Husserl zu sagen – »leibhaft schauen«. Man wird dann auch bemerken, daß das *Bewußtsein*, womit man schaut, *Wandlungen* durchmacht, je nachdem, welchem TATTVA man sich zuwendet! Unser Bewußtsein wird z.B. »ausgedehnter« sein, wenn wir uns in die Fließ-Dynamik des »Wassers« einleben, als wenn wir uns in das Wesen der »Erde« vertiefen ...

VYAKTI BHEDA – DER KOSMISCHE PURUṢA UND DIE DIFFERENZIERUNG IN EINZELWESEN

M: Ich habe ein großes Problem: Der erste Teil der TATTVAS im klassischen Sāṃkhya behandelt doch die Erschaffung eines einzelnen Menschen, aber dann wird plötzlich über die Erschaffung der Elemente gesprochen ...

OM: Ja, jetzt kommt M. endlich auf *den* Punkt! Das war der Punkt, von dem ich erzählte, daß ihn während all der Jahre niemand bemerkt hat.

Die SĀṂKHYA-KĀRIKĀ handelt tatsächlich allem Anschein nach ausschließlich vom Aufbau des einzelnen Menschen. Die Experten des klassischen Sāṃkhya berücksichtigen expressis verbis keinen kosmischen PURUṢA – das hängt wohl auch unmittelbar mit ihrer atheistischen Weltsicht zusammen. Nun – laßt uns diese Sicht und ihre Konsequenzen einen Augenblick allen Ernstes durchspielen.

Da haben wir also den PURUṢA eines Einzelmenschen, z.B. den PURUṢA von M., und mit ihm im Zusammenspiel die persönliche AVYAKTA PRAKṚTI von M. Natürlich verfügt sie (M.) dann auch über eine – aus ihrer AVYAKTA PRAKṚTI entstandene – BUDDHI, aus der wiederum ihr ein AHAṂKĀRA erwuchs, und daraus sind, wie wir gesehen haben, die Sinne und parallel dazu die TANMĀTRAS hervorgegangen. Bis hierher kann man sich alles noch gut vorstellen. Aber jetzt plötzlich erleben wir, wie in kosmischem Ausmaß ĀKĀŚA erschaffen wird, das so überwältigend groß ist, daß M. selbst fast darin verschwindet ... Dann geht es weiter mit diesem brausenden Wind, mit dem lodernden Feuer, dem strömenden Wasser, und da kristallisiert sich am Ende noch die Erde heraus, und wir laufen alle auf dieser Erde unter unseren Füßen hier herum. Ist diese Erde eben erschaffen worden von M.? Aber M. ist nicht allein, wir sind *alle* da – ja, haben wir diese Elemente denn alle gemeinsam produziert? Sehr unwahrscheinlich! –, und außerdem kommen wir so auch nicht zur Welt ... Mit anderen Worten: die SĀṂKHYA-KĀRIKĀ behandelt die Entfaltung der

TATTVAS nur im Kontext des Einzelmenschen, während doch dieser Prozeß an erster Stelle im großen, kosmischen Umfang abläuft! Das heißt, die SĀṂKHYA-KĀRIKĀ beweist durch die Art, wie sie die Entfaltung der TATTVAS darstellt, daß sie im Grunde – aber stillschweigend – *doch* ausgeht von einem *kosmischen PURUṢA* und damit auch, daß die 5 grobstofflichen Elemente aus den 5 *kosmischen* TANMĀTRAS, und diese schließlich aus einem *kosmischen* AHAṂKĀRA hervorgehen.

Richard Garbe schreibt dazu in seinem Buch: *Die Sāṃkhya-Philosophie*, auf Seite 298, daß Vijñānabhikṣu – der im 16. Jh. lebte und die Sāṃkhya-Texte untersucht, kommentiert und übersetzt hat – am Schluß seines Kommentars zu SŪTRA I. 63* die Bemerkung macht:

> »daß die Schöpfung aus der k o s m i s c h e n Buddhi (*samaṣṭi buddhi*), nicht aus einer i n d i v i d u e l l e n (*vyaṣṭi buddhi*) hervorgegangen sei, und deutet durch ein 'usw.' ... an, daß auch die nächsten Evolutionsstufen in demselben Sinne zu verstehen sind.«

»SAMAṢṬI« und »VYAṢṬI« sind zwei wichtige Begriffe, die man öfter antrifft. SAMAṢṬI bedeutet »kollektiv«, impliziert aber auch »kosmisch«, das heißt: im großen Weltzusammenhang – VYAṢṬI bedeutet »individuell« und betrifft den einzelnen Menschen.

In diesem Buch von Garbe fand ich zum ersten Mal bestätigt, daß es Sāṃkhya-Texte gibt, worin expressis verbis erklärt wird, daß die Schöpfung aus einer SAMAṢṬI-BUDDHI entstanden ist, nicht aus einer individuellen BUDDHI und daß auch die nächsten Evolutionsstufen in diesem Sinne zu verstehen sind. (Um es klar herauszustellen: Es wird darauf hingewiesen, daß es in diesem Zusammenhang nicht nur um eine SAMAṢṬI-BUDDHI, sondern auch um einen SAMAṢṬI-AHAṂKĀRA, um ein SAMAṢṬI-MANAS, um SAMAṢṬI-INDRIYAS und SAMAṢṬI-TANMĀTRAS geht. Wie zum Schluß

---

* Hier ist das SĀṂKHYA-PRAVACANA-SŪTRA, und nicht die SĀṂKHYA-KĀRIKĀ gemeint. (Über das SĀṂKHYA-PRAVACANA-SŪTRA haben wir bereits in der Fußnote auf Seite 108 gesprochen.)

aus diesen SAMAṢṬI-TANMĀTRAS die SAMAṢṬI-MAHĀBHŪTAS, die grobstofflichen Elemente von kosmischem Umfang entstehen, haben wir bereits zur Kenntnis genommen.)

Weiter schreibt Garbe, Vijñānabhikṣu referierend:

»Es wird einfach gelehrt, daß der innere Leib (*liṅga*)*, der im wesentlichen aus den Organen besteht, von denen hier die Rede ist, ursprünglich nur einer gewesen sei« (also nicht so viele wie es einzelne Menschen gibt), »daß aber eine Spaltung in Individuen (*vyakti-bheda*) eingetreten sei,«

Die *äußere* Auswirkung dieses Prozesses habe ich früher immer folgendermaßen dargestellt: Die Menschheit war – lange bevor die Erde in ihrer heutigen Gestalt sichtbar war – ursprünglich *ein* Wesen, *ein* großes biologisch-biographisches Wesen. Dieses Wesen fing dann irgendwann an, sich zu differenzieren, und zwar war die Reihenfolge in großen Zügen so: zuerst in die großen Rassen, dann weiter in die in den großen Rassen eingegliederten Völkergemeinschaften ... in immer kleiner werdende Sippenverbände, dann in Familien, bis am Ende die einzelnen Menschen als selbständige Entitäten sich herauskristallisierten. Dieser Prozeß ist die *nach außen sichtbar werdende* Auswirkung dessen, was sich im oben bezeichneten VYAKTI BHEDA-Prozeß abspielte. »VYAKTI« bedeutet: die »Entfaltung«, und »BHEDA«: die »Aufsplitterung«, die »Differenzierung«. Durch VYAKTI BHEDA also entstanden schließlich aus dem ursprünglichen, kosmisch großen Wesen die einzelnen Menschen. Aber warum entsteht überhaupt diese Aufspaltung in Individuen?

»›wegen der Verschiedenheit des Werkes‹«, heißt es weiter, »d.h. der den einzelnen Seelen eigenen moralischen Bestimmtheit.« (SŪTRA III. 10)

---

* Wenn Garbe Leib (liṅga) schreibt, meint er LIṄGA-ŚARĪRA. Auch der Inder kürzt manchmal LIṄGA-ŚARĪRA mit LIṄGA ab.

Das bedeutet, es liegt dieser Aufspaltung ein *Hervortreten*, eine *Aktualisierung von vielen einzelnen Wesensströmungen innerhalb der großen Urwesenheit* zugrunde, welche somit die Chance bekommen, sich weitgehend – entsprechend ihrem innersten Wünschen – zu eigenen, freien Teilwesenheiten zu entwickeln. Dies bewirkt in der äußeren Natur eine *Differenzierung des ursprünglichen großen, kosmischen Menschen*, und dann ist es natürlich verständlich, daß alle einzelnen Menschen im Grunde zwar dieselbe Struktur mitbekommen – die Struktur des Mensch-Seins als solches – darüber hinaus aber ihre je eigene individuelle Wesensnatur zur Entfaltung bringen können.

U: Es ist so schön zu sehen, daß durch die 5 MAHĀBHŪTAS, also durch die Grobstofflichkeit, wir alle miteinander verbunden sind!

OM: Ja, das ist von ganz großer Bedeutung. Die Erde spielt diesbezüglich eine herausragende Rolle. Dazu gibt es im Tibetanischen Totenbuch, in welchem auch die Elemente eine wichtige Rolle spielen, einen sehr interessanten Ausdruck. So wie wir es z.B. beim Element *Wasser* mit der »göttlichen Weisheit der Spiegelgleichheit« zu tun haben, so hat die *Erde* mit der »göttlichen Weisheit der *Wesensgleichheit«* zu tun. Das heißt, wie verschieden Menschen auch sind, dadurch, daß sie auf dieser Erde geboren sind, werden sie in einer Art »wesensgleich« und können sich begegnen. Man kann sich in anderen Welten als dieser oft gar nicht so leicht begegnen, weil es so viele unterschiedliche – nehmen wir mal das Wort, das ich sonst nicht so gern benütze: – »Schwingungen« gibt. Diese Erde aber bringt Wesen unterschiedlichster Art auf *einer* Ebene zusammen.

Im Sāṃkhya gibt es ein wichtiges Begriffspaar: PRAKṚTI / VIKṚTI, wonach alle 25 TATTVAS eingeteilt werden. In der Sāṃkhya-Schulung kann es hilfreich sein, dieses Begriffspaar möglichst früh kennenzulernen und damit zu arbeiten. Die Verbindung vom PRAKṚTI-Begriff *hier*, und der Art und Weise, wie wir bisher über PRAKṚTI gesprochen haben, werden wir gleich sehen, wenn wir diesen Begriff anwenden.

Im Wort PRAKṚTI stecken folgende Bestandteile: »PRA«, »KṚ« und »TI«.

»KṚ« heißt »handeln«, »tun«; das »T« in »TI« hat zu tun mit einem Zum-Abschluß-Bringen. »KṚTI« ist also das zum Abschluß gebrachte *Ergebnis* von »KṚ«, das Ergebnis einer Handlung, wobei das »T« bzw. »TI« das *Ende* der Handlung anzeigt. Auf kosmischer Ebene bezeichnet »TI« den Abschluß des Weltschöpfungsprozesses, in welchem die TATTVAS sich alle entwickelt haben. »KṚTI« ist dann die Schöpfung. Es muß nun noch die Silbe »PRA« vor »KṚTI« erklärt werden; »PRA« bedeutet »vor«; »PRAKṚTI« bedeutet also eigentlich: »*vor der Schöpfung*«. Der Indologe S. Radhakrishnan sagt deswegen zu Recht: PRAKṚTI alleine ist schon ein Wort für die AVYAKTA PRAKṚTI. Das heißt, man bräuchte AVYAKTA eigentlich gar nicht dazuzuschreiben – die Silbe »PRA« in PRAKṚTI deutet bereits auf die Vorstufe aller manifestierten Materie hin ...

Das Wort PRAKṚTI hat aber in einem erweiterten Sinne – und damit sind wir beim zweiten PRAKṚTI-Begriff – auch die Bedeutung erhalten von *hervorbringen, erschaffen, gestalten, umgestalten, verändern.*

Und nun folgt die diffizile Unterscheidung zwischen PRAKṚTI und VIKṚTI.

PRAKṚTI bedeutet, in dem eben erwähnten Sinne: *hervorbringen, erschaffen, gestalten, umgestalten*; es ist damit ein Vorgang, ein Prozeß gemeint, eigentlich also dasjenige, was wir vorhin »KṚ« genannt haben. Das ganze Wort PRAKṚTI steht jetzt für diese Tat, für diese Handlung des Hervorbringens.

VIKṚTI ist dann das *Ergebnis* von PRAKṚTI: *das Hervorgebrachte, das Erschaffene, das Gestaltete, das Umgestaltete.*

Frauwallner übersetzt PRAKṚTI mit »Umgestaltendes«, VIKṚTI mit »Umgestaltetes«. G.J. Larson benützt die Worte »creative« für PRAKṚTI, »created« für VIKṚTI.

Und nun gehen wir den 25 TATTVAS entlang und betrachten sie unter dem Gesichtspunkt von PRAKṚTI / VIKṚTI – hervorbringend, erschaffend / hervorgebracht, erschaffen:

PURUṢA	ist nicht hervorgebracht und bringt auch keine weiteren TATTVAS hervor; ist also weder VIKṚTI noch PRAKṚTI.
AVYAKTA PRAKṚTI ↓	ist auch nicht hervorgebracht, bringt aber weitere TATTVAS hervor; ist nicht VIKṚTI, aber PRAKṚTI.
BUDDHI ↓	ist hervorgebracht, und bringt weitere TATTVAS hervor; also: sowohl VIKṚTI wie PRAKṚTI.
AHAṂKĀRA ↓	ist erschaffen und bringt auch weitere TATTVAS hervor; ist sowohl VIKṚTI, wie auch PRAKṚTI.
MANAS	ist hervorgebracht, bringt aber keine weiteren TATTVAS mehr hervor; ist VIKṚTI, aber nicht PRAKṚTI.
10 INDRIYAS	sind erschaffen, und zwar direkt aus dem AHAṂKĀRA. Sie erschaffen aber selber nicht; sie sind also VIKṚTI, aber nicht PRAKṚTI.
5 TANMĀTRAS ↓	sind hervorgebracht und bringen weitere TATTVAS hervor; sie sind sowohl VIKṚTI, wie auch PRAKṚTI.
5 MAHĀBHŪTAS	sind hervorgebracht, bringen aber keine TATTVAS mehr hervor; VIKṚTI, aber nicht PRAKṚTI.

Aus dieser Aufstellung können wir eine Liste erstellen:

PURUṢA	nicht VIKṚTI, nicht PRAKṚTI weder hervorgebracht, noch hervorbringend	1 TATTVA	(A)
AVYAKTA	nicht VIKṚTI, aber PRAKṚTI ist nicht hervorgebracht, bringt aber hervor	1 TATTVA	(B)
BUDDHI + AHAṂKĀRA + 5 TANMĀTRAS	»TRANSIT-TATTVAS« VIKṚTI und PRAKṚTI sind hervorgebracht und bringen hervor	7 TATTVAS	(C)
MANAS + 10 INDRIYAS + 5 MAHĀBHŪTAS	»SACKGASSE-TATTVAS« VIKṚTI, hervorgebracht, aber nicht PRAKṚTI, also nicht hervorbringend	16 TATTVAS	(D)

Wir haben in dieser Liste also vier verschiedene Typen, Klassen oder Kategorien von TATTVAS, die wir mit den Buchstaben: (A), (B), (C) und (D) bezeichnet haben.

Das Nachsinnen über diese PRAKṚTI/VIKṚTI-Einteilung kann sehr zur Transparenz des TATTVA-Systems beitragen.

Jetzt schlage ich die SĀṂKHYA-KĀRIKĀ* auf und lese daraus einen Satz, SŪTRA III, zu diesem Thema:

»Primordial nature (*mūlaprakṛti*) is uncreated. The seven – the great one (*mahat*), etc. – are both created and creative. The sixteen are created. *Puruṣa* is neither created nor creative.«
(Die uranfängliche Natur (*mūlaprakṛti*) ist nicht erschaffen. Die Sieben – das Große (*mahat*), etc. – sind beides, sowohl erschaffen wie erschaffend. Die Sechzehn sind erschaffen. *Puruṣa* ist weder erschaffen noch erschaffend.)

Was fällt hier auf? PURUṢA kommt erst ganz zum Schluß dran! Und warum? – Laßt uns das noch einen Augenblick offenlassen.

Jetzt zu einem Buch von Johannes Scotus Eriugena: *Über die Einteilung der Natur*, auf das ich aufmerksam wurde durch das Buch von Radhakrishnan: *Indische Philosophie*, Band II. Johannes Eriugena hat zur Zeit Karl des Kahlen gelebt; sein Buch ist zwischen 864 und 866 entstanden, also noch vor der Scholasik – damals war das platonische Denken noch führend in der westlichen Welt. Das ganze Buch besteht aus Gesprächen zwischen Lehrer und Schüler. Gegen Ende des Buches, S. 410, folgt eine Zusammenfassung des Inhalts, deren Anfang ich vorlesen will (L. = Lehrer, Sch. = Schüler):

»L. Was ist also noch übrig, was uns hinderte, unser Werk zu beschliessen?

Sch. Ich wüßte nichts anders, als dass du eine kurze Wiederholung des Hauptinhaltes, d.h. der Eintheilung der gesammten Natur hinzufügst.

---

* in einer englischen Übersetzung von G.J. Larson aus dem Sanskrit, abgedruckt in seinem Buch: *Classical Sāṃkhya*.

L. Die gesammte Natur, welche in Gott und in der Creatur begriffen wird, haben wir viergestaltig eingetheilt. Die e r s t e Art derselben ist diejenige, welche die schaffende und nicht geschaffene Natur, die z w e i t e diejenige, welche die sowohl geschaffene als schaffende Natur, die d r i t t e diejenige, welche die geschaffene und nicht schaffende Natur, und die v i e r t e diejenige, welche die weder schaffende noch geschaffene Natur betrachtet und unterscheidet.«

Das ist doch unglaublich, nicht wahr? Eriugena faßt also die »Natur« in dieselben vier Kategorien zusammen wie das Sāṃkhya es tut, aber nicht nur das. Auch bei ihm wird der PURUṢA erst am Schluß aufgeführt! Warum? Bevor ich diese Frage beantworte, möchte ich noch dieses Stückchen zu Ende lesen:

»Und zwar wird die erste und vierte Form nur von Gott ausgesagt,«

Demnach ist Gott bei ihm Inbegriff von PURUṢA *und* AVYAKTA PRAKṚTI! Und da mit diesen beiden eigentlich ein enormer Gegensatz, ja, ein Dualismus ausgedrückt wird, fügt er gleich hinzu:

»nicht weil seine einfache und mehr als einfache Natur getheilt wäre,«

Er sagt also: nicht, daß Gott etwa ein geteiltes Wesen wäre, davon ist keine Rede,

»sondern weil sie« (die Natur Gottes) »die Weise einer doppelten Anschauung annimmt.«!

Ist das nicht enorm? Wir treffen hier auf ein Stück Sāṃkhya im Rahmen eines Christentums, das damals in erkenntnistheoretischer Hinsicht noch überwiegend platonistisch gestaltet war. Leider ist diese Sicht auf Gott und die Schöpfung im heutigen Christentum weitgehend verloren gegangen. Das Buch von Eriugena zeigt aber, daß wir diese Überlieferung durchaus auch in der eigenen Tradition antreffen.

So ein Mensch wie Johannes Scotus Eriugena war natürlich ein Gottessucher, das ist ganz klar, aber auch er fand es wichtig, *über die Natur* zu schreiben. Zuerst geschieht wie im Sāṃkhya eine enorme Arbeit an der Naturseite, die später kurz zusammengefaßt wird – und zum Schluß kommt der Durchbruch zum Göttlichen hin. *Deswegen* wird sowohl hier wie im Sāṃkhya der PURUṢA – und bei Eriugena ist es der *SAMAṢṬI*-PURUṢA, also Gott – zum Schluß erwähnt!

Im Zusammenhang mit dem letzten Abschnitt möchte ich zum Thema Hiob noch etwas hinzufügen.*

Wir setzen das unermeßliche Leiden Hiobs, das Gott selbst ihm zufügte und das eine ganz enorm wichtige Rolle spielte, jetzt voraus.

Gegen Schluß des Buches nun, nachdem alle Freunde Hiobs fertig sind mit ihren Reden, erscheint Gott – von Hiob provoziert – und spricht, d.h. »brüllt« ihm zu wie ein Zenmeister: *»Wo warst du, als ich die Erde gründete?«!*** (38, 4) – Hiob *vor* seinem Leiden hätte eine Antwort in Übereinstimmung mit der jüdischen Orthodoxie gegeben. *Bewirkt* hätte diese Frage bei ihm damals aber gar nichts.

»Sag an, wenn du Bescheid weißt!«, fährt Gott weiter fort. *»Wer hat ihre Maße bestimmt ...«* (38, 4 – 5).

Beim Wort »Maße« denkt man unwillkürlich an die einschränkende Macht der Göttin MĀYĀ. Das Wort MĀYĀ bedeutet wörtlich messen und dadurch einschränken, beschränken – die Schöpfung ist nach indischer Auffassung ein Einschränkungsprozeß im Kontinuum Gottes.

Weiter spricht Gott: *»– du weißt's ja! –«* (38, 5)

Ist dieser Satz eine Floskel von Gott, die nichts weiter zu bedeuten hat? – Nein, diese Bemerkung ist in dem Sinne gemeint, wie *Kapila* zu seinen Schülern sagte: »Ihr wißt es ja!« Aus Gründen, die an dieser Stelle vorzutragen zu weit führen würde, gehe ich davon aus, daß Kapila ihnen erzählte, daß er, als er zur Erde kam, gewußt

---

* Im Rahmen der Achbergtagung 1988: *Die Mysterien der göttlichen Sophia*, wurde ausführlich auf die Gestalt des Hiob eingegangen ...

** Bibelzitate aus: *Die Heilige Schrift des Alten und Neuen Testaments*. (Zürcher Bibel, 1987)

und lebendig in sich gehabt hat, wie die Schöpfung entstanden ist – weil er selber dabei gewesen war. Kapila hat aber hinzugefügt: »Ihr seid *auch* alle mit dabeigewesen, ihr könnt euch nur nicht mehr daran erinnern. Ich kann euch aber ein bißchen auf die Sprünge helfen!« Und diese Hilfe nennt man »Sāṃkhya-Schulung«. Gegen diesen Hintergrund muß man nun diese Hiob-Passage sehen. Gott ruft praktisch, durch seine Reden über die Schöpfung, Hiobs verborgenes Wissen auf ...

Zuerst hatte Gott sich so ausgedrückt: *»Sag an, wenn du Bescheid weißt!«* Warum sagt Gott das? Er *prüft*, ob Hiob den Punkt schon erreicht hat, Bescheid zu wissen. Dann fügt Gott gleich hinzu: *»Wer hat ihre Maße bestimmt ...«* – und er wartet sozusagen auf Hiobs Reaktion und stellt schließlich fest: *»– du weißt's ja! –«* Das heißt, Gottes prüfendes Auge hat jetzt entdeckt, daß dieses Wissen in Hiob dämmert ...

Es kommt nicht selten vor, daß auch ein Zenmeister (oder ein Therapeut) so ein Wort sagt, aber erst, wenn er gesehen hat, daß der andere es »weiß«, sonst sagt er es nicht.

Gott fährt dann mit seiner ersten Rede fort: *»... oder wer die Meßschnur über sie ausgespannt? ...«* (38, 5) Die Antwort, die Hiob darauf gibt – nachdem Gott noch eine ganze Weile weitergesprochen hat – zeugt noch immer nicht von seiner Erleuchtung, er sagt: *»Siehe, ich bin zu gering, was soll ich dir antworten? Ich lege die Hand auf meinen Mund. Einmal habe ich geredet und wiederhole es nicht, zweimal, und tue es nicht wieder.«* (39, 34 – 35)*

Mittlerweile *wirken* Gottes Reden in Hiob schon längst, und Gott wird auch in seiner zweiten Rede nicht müde – übrigens zum Ärger von C.G. Jung –, weiter »nur« über die Schöpfung zu sprechen – aber *dann* kommen die Durchbrüche! Ganz zum Schluß erklärt Hiob: *»Vom Hörensagen hatte ich von dir gehört; nun aber hat dich mein Auge gesehen.«!* (42, 5)

---

* Die Stelle: 39, 34 – 35 bei Zwingli entspricht in der Zählung bei Luther: 40, 4 – 5.

Diese Hinweise auf Hiob wollte ich als Ergänzung zu unserem Thema noch beifügen. Hiobs lange Prüfungzeit, die diesem Gespräch mit Gott vorausging, war wirklich eine extrem schwere Zerreißprobe. Was dann aber zum Schluß kommt, ist wie eine *geraffte Sāṃkhya-Schulung,* denn Gott setzt bei seiner *Schöpfung* an! Und dieser Prozeß endet mit *Gottesschau* zum Schluß ...

ANHANG

ZUR AUSSPRACHE DER SANSKRIT-WÖRTER

Die in diesem Buch vorkommenden *Sanskritwörter* sind in der wissenschaftlichen Transskription wiedergegeben. Das Sanskrit wird im DEVANĀGARĪ-Alphabet geschrieben. Dieses lautet wie folgt:*

Vokale: a ā i ī u ū ṛ ṝ ḷ e ai o au

Konsonanten:

gutturale:	ka	kha	ga	gha	ṅa
palatale:	ca	cha	ja	jha	ña
cerebrale:	ṭa	ṭha	ḍa	ḍha	ṇa
dentale:	ta	tha	da	dha	na
labiale:	pa	pha	ba	bha	ma
Halbvokale:	ya	ra	la	va	
Zischlaute:	śa	ṣa	sa		
Hauchlaut:	ha				

Sekundäre Lautzeichen: ṃ (ANUSVĀRA) und ḥ (VISARGA)

---

* Wir folgen der Aufstellung von A.F. Stenzler.

Damit der Leser weiß, wie die im Text vorkommenden Sanskrit-Ausdrücke in etwa auszusprechen sind, werden im folgenden einzelne Laute gesondert erläutert – und zwar dort, wo Buchstaben sind, die es im Deutschen nicht gibt, wo Abweichungen von der deutschen Aussprache bestimmter Laute vorliegen oder schlicht ein Erklärungsbedarf besteht. Die nicht extra aufgeführten Laute entsprechen in etwa denen der deutschen Sprache. Die meisten Sanskrit-Wörter, die wir auf diesen Seiten als Beispiele benützen, sind dem vorliegenden Sāṃkhya-Buch entnommen.

Ein *Strich über einem Vokal* bedeutet: Dieser Vokal wird *lang* ausgesprochen.
z.B. »*Ā*TMAN«, wird »*AA*TMAN« ausgesprochen; »P*Ū*RṆA« als »P*UU*RṆA«.

Zur Aussprache der *im Deutschen unbekannten Vokale*:

ṛ: wird wie »ri« ausgesprochen, wobei das »i« kurz ist. (Bsp.: »*Ṛ*G-VEDA« = »*RI*G-VEDA«)

ḷ: wird wie »lri« ausgesprochen (»l« + »ṛ«) oder auch einfach wie »li«.

Die *Konsonanten* im DEVANĀGARĪ sind Silben, die grundsätzlich auf den Vokal »-a« enden. Will man einen Konsonanten ohne das »-a« schreiben, so wird dies in der DEVANĀGARĪ-Schrift mit einem Spezialzeichen angegeben, das sozusagen den Endvokal »-a« »abzieht«. In der vorliegenden Erklärung zur Aussprache der einzelnen Laute schreiben wir die Konsonanten aber ohne ihre Endsilbe »-a« .*

* Ein anderer Vokal als »-a«, wird in der DEVANĀGARĪ-Schrift jeweils durch ein spezielles Sonderzeichen gekennzeichnet. Die Kombinationen von einzelnen Konsonanten, ohne daß ein Vokal dazwischenliegt, werden in »gedrängten« Verbindungen von »verkürzten« Schriftzeichen, in sogenannten »Ligaturen« geschrieben (wie z.B. »khya« im Wort »Sāṃkhya«).

gutturale: Diese Konsonanten werden im Bereich der Kehle gebildet.

kh wird ausgesprochen wie »k« + »h«, mit deutlich hörbarem »h« (wie etwa in »Blo*ckh*aus«).

gh »g« + »h«, mit deutlich hörbarem »h« (wie in »we*gh*olen«).

ṅ tönt wie »ng«, etwa im Wort »Ho*ng*ko*ng*«. (Bsp. aus dem Sanskrit: »LI*Ṅ*GA«)

palatale: Diese Konsonanten werden am vorderen Gaumen artikuliert.

c entspricht dem deutschen Klang »tsch« in »Ma*ttsch*eibe«. (Bsp. aus dem Sanskrit: »*C*AKRA«, wird »*TSCH*AKRA« ausgesprochen.)

ch »tsch« + »h«, mit deutlich hörbarem »h« wie z.B. im Wort »Pa*tschh*ände«. (Bsp. aus dem Sanskrit: »IC*CH*Ā«, wird »ITSCH*TSCHH*AA« ausgesprochen)

j kann mit dem deutschen Laut »dsch« wiedergegeben werden. (Bsp. aus dem Sanskrit: »*J*AGAT«, wird »*DSCH*AGAT« ausgesprochen)

jh »dsch« + »h«, mit deutlich hörbarem »h«.

ñ tönt wie das n im spanischen »español«. (Bsp. aus dem Sanskrit: »J*Ñ*ĀNA«, wird in etwa »DSCH*NJ*AANA« ausgesprochen)

cerebrale: Beim Aussprechen dieser Konsonanten legt sich die Zunge nach hinten gegen den Gaumen.

ṭ ein »t« mit der Zungenspitze am Gaumen. (Bsp. aus dem Sanskrit: »SAMAṢ*Ṭ*I«)

ṭh »ṭ« + »h«, wobei das »h« deutlich hörbar ist. (Bsp. »HA*ṬH*A-YOGA«)

ḍ ein »d« mit der Zungenspitze am Gaumen. (Bsp. »GARU*Ḍ*A«)

ḍh »ḍ« + »h«, mit deutlich hörbarem »h«.

ṇ	»n« mit der Zungenspitze gegen den Gaumen. (Beispiel: »GUṆA«)

dentale: Diese Konsonanten werden mit Zunge und Zähnen erzeugt.

th	entspricht dem deutschen Laut »t« + »h«, mit deutlich hörbarem »h« wie in »Gas*th*aus«. (Beispiel aus dem Sanskrit: »AVAS*TH*Ā«)

dh	»d« + »h«, mit deutlich hörbarem »h« wie in »Nor*dh*immel«. (Bsp. aus dem Sanskrit: »*DH*ARMA«)

labiale: Beim Aussprechen dieser Konsonanten berühren sich die Lippen.

ph	»p« + »h«, mit deutlich hörbarem »h« wie in »Al*ph*orn«.

bh	»b« + »h«, mit deutlich hörbarem »h« wie in »A*bh*ang«. (Sanskrit-Beispiel: »*BH*ĀVA«)

Halbvokale:

y	klingt wie das deutsche »j« im Wort »ja«. (Beispiel: »KAIVAL*Y*A«)

r	das »r« wird immer mit der Zungen*spitze* ausgesprochen, ist also ein rollendes »r«.

v	klingt wie ein v, das dem deutschen »w« gleicht. (Beispiel: »*V*ĀYU«, wird »*W*AAYU« ausgesprochen)

Zischlaute:

ś	könnte man wie ein dünnes »sch« umschreiben, worin so etwas wie ein j-Klang mitschwingt; übertrieben würde es wie »sj« klingen. (Bsp. aus dem Sanskrit: »Ī*Ś*A«, wird wie »II*SCH*A« ausgesprochen)

ṣ	wird meist ebenfalls mit »sch« umschrieben, was aber eine Notlösung ist. Der Laut ist »zerebral«. d.h. die Zungenspitze legt sich hinten gegen den Gaumen. (Beispiel aus dem Sanskrit: »Ṛ*Ṣ*I«, wird also »RI*SCH*I« ausgesprochen; »KṚ*Ṣ*ṆA« als »KRI*SCH*ṆA«)

Sekundäre Lautzeichen:

ṃ: könnte man ein summendes »m« nennen – welches auch nahe bei einem summenden »n« oder »ng« liegen kann –, wobei der Gaumen in Schwingung gerät. (Bsp.: »O*Ṃ*«)

ḥ: wird als kurzes »h« ausgesprochen, wenn es im Satz*innern* vorkommt. Wenn »h« als *letzter* Laut in einem Satz auftaucht, klingt der letzte Vokal nochmals echohaft nach: z.B. »ANTA*Ḥ*«, wird »ANTA*HA*« ausgesprochen; »ŚANTI*Ḥ*« als »ŚANTI*HI*«.

In der DEVANĀGARĪ-Schift werden die einzelnen Wörter nicht voneinander getrennt. Unterbrechungen der Schriftzeichen erfolgen im allgemeinen nach speziellen Regeln. Im vorliegenden Sāṃkhya-Buch halten wir aber die einzelnen Wörter voneinander getrennt oder verbinden sie mit einem Bindestrich, außer bei solchen, die zusammen einen bestimmten Begriff bilden, wie z. MAHĀBHŪTA (MAHĀ-BHŪTA) oder JÑĀNENDRIYA (JÑĀNA-INDRIYA).

QUELLENVERZEICHNIS

Den Verlagen, die uns ihre Genehmigung erteilt haben, Zitate abzudrucken, möchten wir an dieser Stelle ganz herzlich danken!

– Emil Abegg: *Indische Psychologie.* Rascher Verlag, Zürich 1945.

– T.R. Anantharaman: *Die Bhagavadgita in Sanskrit und Deutsch.* Hans E. Günther Verlag, Stuttgart 1961.

– Arthur Avalon, s. Sir John Woodroffe.

– *Die Bibel oder die ganze Heilige Schrift des Alten und Neuen Testaments*, nach der deutschen Übersetzung Martin Luthers, mit erklärenden Anmerkungen. Württembergische Bibelanstalt, Stuttgart 1964.

– *Bi-Yän-Lu, Meisters Yüan-wu's Niederschrift von der Smaragdenen Felswand.* Ullstein Materialien, Ullstein Buch Nr. 35156, Ullstein Verlag, Frankfurt/M – Berlin – Wien 1983.

– Paul Brunton: *Yogis. Verborgene Weisheit Indiens.* Wolfgang Krüger Verlag, Berlin © 1937.

– Hermann Diels: *Die Fragmente der Vorsokratiker.* Rowohlt Verlag, Hamburg 1963.

– *Einheitsübersetzung der Heiligen Schrift. Die Bibel.* Gesamtausgabe. Katholische Bibelanstalt GmbH, Deutsche Bibelstiftung Stuttgart, Österreichisches katholisches Bibelwerk Klosterneuburg. Stuttgart 1980.

– Johannes Scotus Eriugena: *Über die Einteilung der Natur.* © Felix Meiner Verlag, Hamburg 1984.

– Erich Frauwallner: *Geschichte der indischen Philosophie.* © Otto Müller Verlag, Salzburg 1953.

– Richard Garbe: *Die Sāṃkhya-Philosophie.* H. Haessel Verlag, Leipzig 1917.

– Eugen Gendlin: *Focusing*. Otto Müller Verlag, Salzburg 1981.

– Helmuth von Glasenapp: *Der Stufenweg zum Göttlichen, Shankaras Philosophie der All-Einheit.* Bühler Verlag, Baden-Baden 1948.

– Joan Grant + Denys Kelsey: *Wiedergeburt und Heilung.* Edition Sven Erik Bergh im Ingse Verlag, Zug 1975.

– J. W. Hauer: *Der Yoga, ein indischer Weg zum Selbst.* W. Kohlhammer Verlag, Stuttgart 1958.

– *Die Heilige Schrift des Alten und Neuen Testaments*, Verlag der Zürcher Bibel, Zürich 1987.

– Oscar Marcel Hinze: *Kosmologische Betrachtungen zur Chymischen Hochzeit Christiani Rosencreutz anno 1459.* Verlag Akademie für Phänomenologie und Ganzheitswissenschaft, Moos-Weiler 1991.

– Oscar Marcel Hinze: *Tantra Vidyā.* Aurum Verlag, Freiburg 1983. (© beim Autor)

– Oscar Marcel Hinze: *Wahrnehmung, Wissenschaft und Wirklichkeit.* Akademie Selbstverlag, Moos-Weiler 1987.

– *I GING. Das Buch der Wandlungen.* Aus dem Chinesischen übertragen und erläutert von Richard Wilhelm. Eugen Diederichs Verlag, Düsseldorf und Köln 1970.

– Johann Wolfang Goethe: *Farbenlehre*. Verlag Freies Geistesleben, Stuttgart 1979.

– Frits H. Julius: *Metamorphose*. J. Ch. Mellinger Verlag, Stuttgart 1969. © by Uitgeverij Vrij Geestesleven, NL - Zeist.

– Gerald James Larson: *Classical Sāṃkhya.* Motilal Banarsidass, Delhi 1969.

– Larson & Battacharya: *Encyclopedia of Indian Philosophies.* Vol IV, Sāṃkhya. Motilal Banarsidass, Delhi 1987.

– J. Anker Larson: *Der Stein der Weisen.* Grethlein & Co, Leipzig/Zürich 1924.

– Eliphas Lévi: *Dogme et Rituel de la Haute Magie.*

– Arthur Anthony Macdonell: *A practical Sanskrit Dictionary.* Oxford University Press, London 1958.

– Raymond A. Moody: *Leben nach dem Tod.* Rowohlt Verlag GmbH, Reinbek bei Hamburg 1977.

– Max Müller: *The six systems of Indian Philosophy.* The Chowkhamba Sanskrit Series Office, Varanasi 1971.

– *Das Neue Testament.* Übersetzt und herausgegeben von Prof. Dr. Josef Kürzinger. Paul Pattloch Verlag, 22. Ausgabe, Aschaffenburg 1971.

– S. Radhakrishnan: *Indische Philosophie.* Band II, Holle Verlag, Darmstadt 1956.

– Otto Rahn: *Kreuzzug gegen den Gral.* Hans E. Günther Verlag, Stuttgart 1964.

– George G. Ritchie / Elisabeth Sherill: *Rückkehr von morgen.* Verlag der Francke-Buchhandlung GmbH, Marburg/Lahn.

– *The Sāṃkhya Philosophy.* Translated by Nandalal Sinha. Oriental Books Reprint Corporation, New Delhi 1979.

– Henri le Saux (Swami Abhishiktananda): *Der Weg zum anderen Ufer. Die Spiritualität der Upanishaden.* Eugen Diederichs Verlag, Düsseldorf und Köln 1980.

– Gershom Scholem: *Die jüdische Mystik in ihren Hauptströmungen.* Alfred Metzner Verlag, Frankfurt/M. © Rhein Verlag, Zürich 1957.

– Chandradhar Sharma: *A Critical Survey of Indian Philosophy.* Motilal Banarsidass, Delhi 1964.

– Alexander Solschenizyn: *Der Archipel Gulag.* © deutsche Rechte by Scherz Verlag, Bern und München.

– Rudolf Steiner: *Die Bhagavad Gita und die Paulusbriefe.* 5 Vorträge Köln 1912 (R. Steiner Gesamtausgabe GA 142) 4. Aufl., © Rudolf Steiner Verlag, Dornach 1982.

– Rudolf Steiner: *Mein Lebensgang.* Philosophisch-anthroposophischer Verlag, Dornach 1949.

– Adolf Friedrich Stenzler: *Elementarbuch der Sanskrit-Sprache.* Verlag Alfred Töpelmann, Berlin 1960.

– STERN (25/1989): *Ein Mann sehnt sich nach dem Gulag.* Picture Press, Hamburg.

– Pierre Teilhard de Chardin: *Lobgesang des Alls.* © Walter-Verlag Solothurn.

– *Das Tibetanische Totenbuch.* Hrsg. W.Y. Evans-Wentz. Walter-Verlag, Solothurn.

– Friedrich Weinreb: *De Bijbel als schepping.* N.V. Servire, Den Haag 1963.
Deutsche Ausgabe (gekürzte Fassung): *Der göttliche Bauplan der Welt.* Origo Verlag, Bern 1978.

– Karl Vorländer: *Philosophie des Altertums.* Geschichte der Philosophie I. Rowohlt, München 1963.

– Sir John Woodroffe (Arthur Avalon). Zu den wichtigsten seiner Werke gehören:
- *The Serpent Power.* Ganesh & Co. Madras 1918.
- *Śakti and Śākta.* Ganesh & Co. Madras 1918.
- *The Garland of Letters* (VARṆAMĀLĀ). Ganesh & Co. Madras 1922.

– Paramahansa Yogananda: *Autobiographie eines Yogi*, © deutsche Rechte by Otto Wilhelm Barth; im Scherz Verlag, Bern und München.

– Heinrich Zimmer: *Bericht über das Berliner Seminar.*
»Indische Mythen im Lichte neuerer Psychologie«, Berlin 1934.

*INDEX (Sach- und Namensregister)**

* Auch die Reihenfolge der *Sanskrit-Ausdrücke* erfolgt in diesem Index nach dem *lateinischen* Alphabet.